부흥의 사도행전

일러두기

- 본문에 인용한 성경은 《개역개정성경》을 사용하였습니다.
- '시각장애인'과 '지체장애인'은 《개역개정성경》과의 혼란을 줄이기 위해 '소경', '앉은뱅이'로 표기하였습니다.

LIVE
성경강해

부흥의 사도행전

Not for Survival, But for Revival

박대영 지음

사도행전 1-4장

중국과 방글라데시에서

기도와 물질과 손발로 하나님의 선교에 동참하셨고,

하나님이 시키셨다는 이유 하나로

잘 알지도 못했던 한 청년을 도와 영국에서 공부하게 해주신

이계식 장로님, 문선미 목사님께 이 책을 드립니다.

낯선 곳에 가면 사람은 누구나 취약해진다. 그 장소와의 연관성이 부족하기 때문이다. 그곳을 잘 아는 길 안내인이 동행한다면 긴장감은 설렘과 기대로 바뀐다. 낯익은 장소를 걸을 때 사람들은 아무 것도 발견하지 못한다. 이미 알고 있는 곳이기에 별다른 기대가 없기 때문이다. 그러나 낯익은 곳에 숨겨진 낯섦을 보는 이들이 있다. 그들의 눈을 통해 보는 순간 세상이 달리 보인다. 성경은 우리에게 낯선 세계인 동시에 낯익은 세계이다. 성경 속 여행을 떠날 때 좋은 길 안내자를 만나는 것보다 더 큰 복은 없을 것이다. 박대영 목사는 그 두 가지 측면에서 모두 탁월한 안내자이다. 안내자이지만 실은 영혼의 순례자이다. 그가 조근조근 들려주는 사도행전 이야기를 듣는 이들은 우리가 어떤 세계에 초대받았는지를 자각하게 될 것이다.

－ **김기석 목사** | 청파교회

사도행전은 뜨거운 책이다. 뜨겁기에 위험하다. 그 안에 성령의 불이 펄펄 끓고 있기 때문이다. 초대 교회는 성령의 불길이 추동력이 되어 인간이 만들어 놓은 강고한 장벽과 차별을 차례로 무너뜨리고 하나님 나라를 드러냈다. 그것은 주님께서 다시 오실 때까지 믿는 이들과 교회를 통해 지속되어야 할 거대한 생명의 운동이다. 저자는 학자로서의 철저한 연구와 묵상가로서의 깊은 사유 그리

6

고 목회자로서의 끓는 애정으로 초대 교회의 이야기를 풀어가면서 오늘 우리 가운데서 그 일이 이어지도록 돕는다. 그의 말과 글에는 남도의 소리꾼들에게서 느낄 수 있는 뜨거움이 있다. 애끓는 열정과 사랑이 있다. 그래서 때로 설교문을 읽는 것이 아니라 명창의 판소리를 듣는 것 같은 착각이 든다. 초대 교회의 생명력이 그의 해설을 통해 재현되고 있다.

— 김영봉 목사 | 와싱톤사귐의교회

한국교회의 민낯을 목격하면서 이십대 초반에 길을 잃고 절망하였던 나는 사도행전을 읽고 공부하며 꿈을 꾸었었다. 가슴이 벅차올랐었다. 오늘날 교회의 현실은 나의 어린 시절보다 더 절망적이다. 박대영 목사는 우리를 이 '절벽의 끝'으로 초대하고, 그곳에 서 있는 우리를 '슬쩍 밀어' 이 '부흥행전'과 함께 '날아오르게' 한다. 소망이 없는 시대에 스스로의 한계에 갇혀있던 평범한 사람들에게 오셔서, 그들을 통해 활동하신 예수의 영의 놀라운 역사를 생생하게 그려낸다. 목양의 현장에서 성도들과 씨름하면서, 우리 자신의 연약함을 부여안고 선포한 메시지이기에, 갈 길을 잃은 한국 교회와 성도들에게 때로 따뜻하게 때로 절절하게 다가온다. 부흥을 더 이상 기대할 수 없을 것 같은 시대에, 《부흥의 사도행전》은 우리로 하여금 오래된 꿈을 다시 꾸게 한다.

— 김형국 목사 | 하나님나라복음DNA네트워크

우리는 부흥을 간절히 원하지만, 어떻게 그것을 만들어내는지 알지 못한다. 리바이벌을 위한 레시피? 그런 것은 없다. 부흥은 우리가 만들어내는 무엇이 아니라, 하나님이 우리를 만들어 가시는 과정이기 때문이다. 믿었던 스승이 하늘로 올라가시고 땅에 남겨진 채 망연자실하여 텅 빈 하늘만 쳐다보고 있던 제자들에게, 왜 그들이 이 땅에 서 있는지를 알려준 역사가 사도행전이다.
사도행전은 친절하면서도 거친 책이다. "데오빌로여"라는 정중한 말로 시작하여 청중의 눈높이에 맞추어 꼼꼼하게 역사를 전달한다. 그러면서도 누구도 상상하지 못할 폭과 속도로 변화를 이끌어 가시는, 그래서 가장 진취적인 이도 당황하게 하는 레디컬Radical한 성령의 역사를 그대로 담고 있다. 그 결과 독자는 삶의 레디컬한 변화를 요구 받는다.

내가 아는 박대영 목사는 사도행전의 저자를 닮아 있다. 꼼꼼한 연구와 주해로 이끌어 가다가 소름 돋는 상상력으로 내닫는 설교, 온화한 웃음으로 시작하여 비장한 결단으로 이끌어 가는 대화, 적지 않은 이를 불편하게 해 왔다. 이 책 역시 독자를 불편하게 만드는 고민을 안기기를, 그래서 왜 우리가 오늘 이 땅을 살아가고 있는지를 진지하게 숙고하게 만들기를 기대한다.

— 박영호 목사 | 포항제일교회

사도행전은 부흥의 책이다. 개인의 부흥, 가정의 부흥, 교회의 부흥, 나라와 민족의 부흥, 땅 끝까지 이르는 온 세상의 부흥Revival의 책이다. 사도행전을 펼치는 순간 우리는 모든 것을 살리시는 활활 타오르는 성령님의 부흥의 역사를 목격한다. 성령이 임하시면 평범한 이들이 권능을 받고 죽은 자들은 살아난다. 성령이 임하시면 설교에 권능이 임하고 삼천명이 회심한다. 성령이 임하시면 거짓과 허위가 사라지고 진실과 진리가 지배한다. 성령이 임하시면, 막힌 담이 허물어지고 장벽이 사라지며, 하나님 나라가 임한다. 학자이자 목사의 전형인 저자는 이 놀라운 성령의 행전을 유려한 필치로 흥미진진하게 강론한다. 저자를 처음 만난 건 8년 전 이맘때였고 당시 그의 《묵상의 여정》을 읽고 그 깊이에 엄청난 충격을 받았다. 아! 사람이 이렇게도 글을 쓸 수 있구나! 궁정설교가 존 오웬이 《천로역정》을 쓴 존 번연의 상상력을 살수만 있다면, 자신의 모든 학식이라도 다 버릴 수 있다고 했는데 저자에 대해 내가 그러했다. 모든 것을 버리고서라도 그의 묵상의 깊이를 사고 싶었다. 그 묵상의 깊이는 《부흥의 사도행전》에서도 여실히 폭발한다. 이 책을 통해 조국 교회가 살아나고 성도들이 살아나고, 가정이 살아나고 나라와 민족이 복음으로 다시 살아나기를 소망하며 기쁘게 추천하는 바이다.

— 신호섭 목사 | 올곧은교회, 《교회다운 교회》 저자

많은 교회들이 부흥Revival이 아니라 생존Survival을 염려하고 있는 때에《부흥의 사도행전》이 출간된다니 우선 반가웠다. 박대영 목사는 바른 해석에 기초한 깊은 묵상을 통해 역사 속의 사도행전을 오늘 우리의 행전으로 재해석하여 참된 부흥의 모습을 보여준다. 저자는 낡은 체제에 환멸하고 새로운 체제를 환대하는 것, 곧 성령의 역사로 말미암아 이전의 삶에서 돌이켜 하나님 나라 운동에 헌신하는 것이 참된 부흥이라고 강조한다. 이 책이 조국 교회가 다시 한 번 참된 부흥을 맛보는 데 귀하게 쓰이기를 기대하며 기도한다.

— 안진섭 목사 | 새누리2교회

사도행전을 바르게 이해하기 위해서는 세 단어를 정확하게 아는 것이 필요하다. 그것은 '성령', '부흥', '교회'이다. 이 땅의 모든 교회가 성령 충만을 말하고 부흥을 꿈꾸지만 엉뚱한 길로 가는 이유는 이 세 단어에 대한 이해의 잘못에서 기인된다. 박대영 목사님의《부흥의 사도행전》은 한국교회가 가장 중요하게 생각하는, 그러나 안타깝게도 많이 왜곡되어 있는 이 세 단어에 대한 하나님의 본의本義를 바르게 보여준다. 성령을 받았다고 하면서도, 교회의 부흥을 그렇게 원하면서도 보냄 받은 자들의 바른 모습이 무엇인지, 보내심의 장場이 어디인지 찾지도 못해 헤매 온 한국교회에 이 책을 권한다.

— 오대식 목사 | 높은뜻덕소교회

저자의 설교를 읽다 보면 내 영혼에 절로 미소가 지어진다. 어쩌면 사도행전을 이렇게 부드럽게 풀어낼 수 있는 것인지, 그가 가진 지혜가 놀랍다. 우리가 박대영 목사를 읽는 것은 그가 전달하는 정보 외에도 얻는 것이 많기 때문이다. 이번에 쓴《부흥의 사도행전》을 읽으며 새삼 그런 점을 실감한다. 통찰과 지혜가 배어 있는 이 책을 읽는 것은 시야가 넓어지는 3차원적 경험이다. 만약 누군가가 사도행전을 읽는다면 나는 주저 없이 박대영 목사의 이 책을 읽으라고 추천하겠다.

— 이정일 목사 |《문학은 어떻게 신앙을 더 깊게 만드는가》저자

가다 말고 길 한가운데 서 있었습니다. 우두커니. 그러다 주저앉아 멍하니 허공을 응시하곤 했습니다. 방향을 잃은 듯합니다. 낙담落膽이 제법 컸습니다. 시야는 흐리고 소음은 요란합니다. 앞으로 갈 수도 없고 그렇다고 뒤로 물러날 수도 없었습니다. 모든 소리가 다 들리니 아무 소리도 붙잡을 수 없었습니다. 나 자신에 대한 확신도 상당히 잃었습니다. 그저 겸손하게 만드는 정도면 좋겠는데, 뭔가 시작할 엄두조차 못 내게 하니 두려움에 가깝습니다. 방향을 잃었다는 건 좋은 사람, 좋은 교회, 좋은 세상에 대한 그림을 놓쳤다는 뜻이기도 합니다. 누가 빼앗은 것은 아니고, 내가 내려놓았고, 슬그머니 버렸는데, 그러고도 안 그런 척하면서 더 열심히 지냈습니다. 그런데 사실 길 한가운데였습니다. 그림이 아름답지 않아서가 아니라 비현실적으로 아름다워서였고, 그래서 아예 이루어질 것 같지 않아서였습니다. 그러든지 말든지 연연해하지 않는 사람처럼 초연히 '낭만'을 말할 수 없었고, 별일 아닌 듯 진지함을 접어둔 채 '유머'로 웃어넘길 수도 없었습니다. 어느 날은 마음의 고통이 몸으로 뼈저리게 전해왔습니다. 주로 가슴뼈가

저렸습니다. 이런 저런 제 바깥에서 일어나는 일들이 신경 안 쓰였으면 좋겠는데, 저는 그게 잘 안 되는가 봅니다. 여러분은 안녕하십니까? 여러분의 교회는 괜찮습니까? 여러분의 눈에 이 세상은 별일 없이 잘 돌아가고 있는 것 같습니까? 그게 신경이 쓰입니까?

의외로 그런 나를 간신히라도 일으킨 것은 '봄'이었습니다. 또 봄 같이 희망을 머금은 사람들이었습니다. 봄이 죽은 듯 잠자코 있던 세상을 일제히 깨워 꽃을 피우고 순식간에 산천을 녹음으로 물들여 놓는 것을 보고 화들짝 놀랐습니다. 담양潭陽으로 이사 와서 세 번째 맞는 봄인데, 아내는 올해 처음으로 봄을 '보았다'고 하더군요. 저도 다른 의미에서 그 봄이 보였습니다. 생명이 미진한 상태여서인지 약동하는 봄의 생기와 활기가 더 잘 느껴졌습니다. "와, 대단하구나!" 탄성이 절로 나왔습니다. 이 조화造化에 내가 기여한 것은 전혀 없습니다. 기원을 담아 주문을 외운 것도 아니고, 삭막한 겨울의 나목들을 진득하게 바라본 것도 아닙니다. 그런데도 생명은 내 절망에 아랑곳하지 않고 제 할 일을 해내고 있었더군요. 세상이 정의롭든 불의하든 상관없이, 인간이 창조주를 인정하든 말든 관계없이, 악인과 의인 모두에게 햇빛과 비를 공평하게 내려주고 있었습니다. 어느 날은 내가 죄인으로서 그 자비의 빛과 은혜의 단비를 받았고 또 다른 날은 의인으로서 그 자연의 품에 있었겠구나, 싶은 생각이 들더군요. 살아 있는 동안은 어떻게든 살아가고, 살려내고, 다른 생명을 만들어내는 것이 생명의 도리라고 말해주는 것 같았습니다. 그것이 윤리이고 도덕이라고 말입니다.

우리가 살아가는 이 시간은 역사의 부침浮沈이나 순환이나 발전 같은 몇 가지 말로 잘 규정되지 않습니다. 갑작스런 감염병으로 너무나 잦은 허망한 이별을 겪고 나서는 더욱 그렇습니다. 연습과 시행착오를 거쳐서 더 나은 삶을 만들어갈 기회가 아예 없이 생이 절단切斷 나는 것이 현실이었습니다. 맞는지 모르겠지만, 점점 모든 것은 순간마다 완성된다는 생각이 듭니다. 어떤 조건이 갖춰지면 최상의 인간이나 공동체가 되는데 그 순간을 위해서 예비적인 단계가 필요하다는 식의 말이 이젠 별로 와닿지 않습니다. 알면 아는 대로 모르면 모르는 대로 순간순간 대답하고 결단하고 살아가야 할 것 같고, 그것마저도 대부분 우리가 통제할 수 없는 것들에 둘러싸인 채 간신히 더듬어 결정하고 생각도 못했던 그 결과를 감내하면서 사는 것 같습니다. 그런데 말입니다. 아이러니하게 저에게는 바로 그 명백한 인간의 한계라고 하는 것이 도리어 삶에 '희망'을 걸어볼 가장 확실한 근거로 보였습니다. 눈앞에 펼쳐진 온갖 부조리와 무질서와 몰상식과 몰염치의 향연은 한계치를 설정하지 않는 오만하고 무례한 '힘'이 만들어낸 결과들이기 때문입니다. 돈이 뭐라고, 땅이 뭐라고, 권력의 자리가 대체 뭐라고, 그렇게 생명을 짓밟고 진실을 호도하고 신성한 교회를 망가뜨린단 말입니까? 그런데 그런 것들로는 저 생명이 만들어내는 아름다움과 질서와 희망을 하나도 창조할 수 없다고 하는 그 '한계'가 역설적으로 당장 엄혹한 상황을 바꿀 능력이 하나도 없는 내가 기댈 수 있는 가장 확실한 희망입니다. 최후의 보루인 하나님과 사람과 성경과 교회마저도 물성화物性化시키고 있는 이 야만의 시대에도 하나님께서는 여전히 인간의 시간에 부여하신 생명을, 당신의 방향을 따라서 당신의 사랑과 자비의 능력으로 발휘하고 계심을 이 봄의 조화를 통해서 말씀해주시는 것 같습니다.

　　그런데 그 소리를 언제 어디에선가 들어본 듯했습니다. 더듬어 보니, 약 수년 전에 소명공동체와 나눴던 '사도행전'에서 들었습니다. 다시 찾아 들어 보니 내가 그때 그 생명의 역동성을 '부흥'Revival이라는 말로 표현했더군요. 대단한 절박함 없이 썼던 그 시절의 그 표현이, 깊은 절망 속에 있는 오늘의 나를 격려하고 도전하여 일으켜 주는 주님의 말씀이 되어 주었습니다. '부흥'은 하나님의 변함없고 다함없고 고집스런 '사랑'Steadfast Love과 동의어요, 우리를 향한 지치지 않는 주님의 '기대'Expectation와 같은 말이었습니다. 부흥은 우리를 사용하여 이루시는 하나님의 그 어떤 역사가 아니라, 우리로 하여금 하나님을 그 크기 그대로, 그 사랑 그대로 믿고 수용하는 사람이 되게 하시는 역사입니다. 우리를 크게 하시는 것이 아니라 크신 하나님이 우리를 통해서 드러나시는 역사입니다. 살아 있다는 것이 무엇인지, 생명이 무엇인지를 알게 하는 역사입니다. 죽은 것들, 숨 쉬지 못하는 것들, 사랑하지 못하는 것들이 위력을 발휘하는 세상에서, 그래서 생명의 주님을 인정하지 않는 세상에서, 이제 우리를 구원하신 생명의 주, 창조주 하나님을 가장 의식하면서 그분의 존재에 우리의 존재를 조율하며 순간순간 그 존재를 완성해 나아가는 것, 그것이 저에게 다가온 '부흥'의 그림입니다.

솔직히 아직도 잘 모르겠습니다. 제가 할 수 있는 것이 무엇이고 또 해야 할 일이 무엇인지 정말 모르겠습니다. 다만 어렵고 힘들어도, 의미 있는 결과가 안 나오는 것 같아도, 내가 잘못 살았다고 서둘러 결론 내리지 않으려고 합니다. 순간순간 마음을 다해 주님 의지하여 한 일을 쓸모없는 것으로 여기지 않으려고도 합니다. 살면 살수록 제 실력으로는 이해할 수 없는 일들도 많고 사람들도 너무 많습니다. 그렇더라도 누군가를 상종 못할 사람으로 만들지 않고, 무언가는 반드시 이뤄야 할 일로 여기지 않는 법을 배워가고 있습니다. 다 이루었다고 말하지도 않고, 다 끝장났다고 말하지도 않으면서, 어둠의 시간을 보내는 법도 익혀가고 있습니다. 아무리 힘들어도 예수님만큼 힘들지는 않을 것이고, 아무리 캄캄해도 메시아를 십자가에 못 박은 날보다 더 어둡지 않을 것이고, 아무리 절망스러워도 십자가 앞에서 다 도망친 제자들을 둔 예수님보다 더 가망 없지는 않으리라고 여기면서 지내보렵니다. 그 십자가의 수모를 통해서, 그렇게 배반한 제자들을 끝까지 데리고, 기어이 세상에서 가장 절망적인 소식Bad News을 가장 복된 소식Good

News으로 바꾸어 놓으신 주님의 역사를 오늘 여기서도 기대해 보기로 하였습니다. 부흥, 그 생생한 생명의 역사, 그 역동적인 전복과 갱신과 변혁의 현장을 이제 설교자의 입장이 아니라 독자의 입장에서 듣고 풀어보려고 합니다.

《부흥의 사도행전》은 LIVE 시리즈의 첫 번째 책입니다. "말씀을 경청하고Listen to the Word, 바르게 해석하고Interpret the Word, 가치를 정립하고Value by the Word, 연대를 추구하는Eat with the Word" 것을 목표로 합니다. 저로서는 큰 영광이면서 동시에 첫 번째 책이라서 겁나 부담스럽습니다. 본서는 설교입니다. '읽고 묵상하는 설교'에 맞게 원래의 설교 원고에서 내용을 좀 더 보완했지만, 현장에서 듣는 효과를 기대하였기에 신학적인 논쟁까지 꼼꼼하게 챙기지는 않았습니다. 여느 책을 읽듯이 읽으셔도 좋겠지만, 주일 설교를 듣듯이 한 주에 한 편씩만 읽고 한 주 내내 그 말씀을 곱씹어 묵상하면서 지내면 어떨까 싶습니다. 각 장의 시작과 끝부분에 QR 코드가 있습니다. 설교 본문과 마무리 기도를 저의 목소리로 녹음해두었습니다. 현장 설교를 대체할 수는 없겠지만, 제가 작가로서만이 아니라 설교자로서 좀 더 생생하게 독자이면서 청중이 되는 여러분에게 다가가려고 해봤습니다.

이 책이 나오도록 영감을 주시고 애써주신 분들이 많습니다. 저는 이 책을 방글라데시의 이계식 장로님, 문선미 목사님 내외께 헌정하고 싶습니다. 중국과 방글라데시에서 사업을 하시면서 현지의 교회들과 선교사들을 위해 기도해주셨고 헌신적으로 베풀어주셨습니다. 두 분은 저와 잘 아는 사이가 아니었을 때부터 제가 영국에서 공부할 수 있도록 장학금을 주셨고, 그때로부터 지금껏 조건 없는 사랑으로 격려해주고 계십니다.

이 설교의 첫 번째 청중으로서 지금도 저와 함께 '행전'을 써나가고 있는 광주소명교회의 멋진 가족들에게 감사합니다. 또한 변함없이 제 목회 인생의 스승으로서 신앙과 신학과 사역에 중심을 잡을 수 있도록 이끌어주고 계시는 황정길 목사님께 마음 담아 감사드립니다. 목사님, 오래오래 건강하십시오. 선교사의 삶과 선교에 대해서 뿐만 아니라 인간적으로도 큰 감화와 일깨움을 주신 선교사님들이 많이 계십니다. 특별히 정민영, 이재진 선교사님과 최종상, 윤명희 선교사님께 감사를 드립니다.

자신의 원고처럼 여기고 애정과 기도를 쿡쿡 담아 꼼꼼하게 살펴주신 유진 목사님, 겁나 많이 고맙습니다. 함께 동역하는 성경번역선교회의 정보영 선교사님, 고맙습니다. 누님이 칭찬하시면 다 진심으로 받고 싶어진답니다. 나의 든든하고 소중한 소명의 동역자들(장경희 간사님, 이태환, 김유철, 홍창용 목사님)께 감사합니다. 저는 복이 많습니다. 빛고을 광주에서 우정과 학습을 통해 성서광주, 복음광주, 부흥광주를 꿈꾸는 〈아카데미 숨과 쉼〉의 친구들 (김의신, 손희선, 이재현, 진일교, 노민호, 서문원, 박근호, 정준 목사님)은 저에게 휴

식과 용기를 줍니다. 생각 없이 아무 말이나 다 할 수 있는 친구들이 있다는 것이 얼마나 좋은 일인지 모릅니다. 마음으로 이어져 서로 응원하고 축하해주는 친구 김주련 대표와 성서유니온 가족들께 고마움을 전합니다.

추천사를 부탁하고 싶은 분들 명단을 요구 받았을 때, 과분하다 싶으면서도 마음으로 워낙 존경하고 스승으로 모시고 있는 이분들의 격려를 받고 싶었습니다. 건강이 여의치 않은 중에도 한 글자 한 글자 정성을 담아 추천해주신 '목사들의 목사' 김기석 목사님, 멀리 계시지만 자주 들러 말씀을 듣고 배우기에 곁에 계신 듯 가깝게 느껴지는 김영봉 목사님, 학자와 작가로서, 번역자와 목회자로서 남겨주신 흔적마다 보화를 보게 하시는 신호섭 목사님, 책뿐만 아니라 한숨과 넋두리까지도 제게는 메시지가 되는 박영호 목사님, 정말 고맙습니다. 사도행전적 교회를 먼저 고민하셨고 실천하셨고 동지들을 키워내고 계시는 김형국 목사님, 언제든 전화해서 '저 갑니다!'라고 해도 냉큼 받아주시는 편하고 든든한 형님, 안진섭 목사님, 온 힘을 다해 하시면서도 힘 다 빼고 하시는 것 같이 목회하시는 품 넓은 목회 스승 오대식 목사님, 근래에 만난 가장 죽이 잘 맞는 친구, 직접 얼굴을 마주하여 본 적이 없는데도 어마무시하게 오래 알고 지낸 것처럼 서로를 대하는 친구 이정일 목사님, 모두모두 감사합니다. '잘 썼다'가 아니라 '애썼다'는 뜻으로 보내주신 추천사인 줄 알고 더 전념하겠습니다.

가족들을 빼놓을 수 없습니다. 사랑하는 부모님(박형수, 이영재), 건강하게 거기에 큰 나무로, 넉넉한 울타리로 계셔 주서서 고맙습니다. 쉰이 넘었어도 여전히 저는 부모님의 존재와 기도에 많이 기대어 살고 있습니다. 귀하디 귀한 나의 두 누님들(박은영, 박은경)과 형 노릇 하는 동생(박대현)과 가족들(수연, 다인, 재인, 해인)에게 감사합니다. 이번에 팔순을 맞은 권춘자 전도사님은 여전한 저의 어머니요, 김진선 누님도 저의 소중한 가족입니다. 당연하지 않은 특별한 감사를 아내 오차성과 두 아들 인서, 선재에게 보냅니다. 나를 복남福男이라고 부르며 기분 좋은 친구가 되어 주는 아내가 있어서 참 좋습니다. 멋지고 인정 많은 청소년으로 자라는 인서와 여전히 보고 있기만 해도 유쾌하고 안구정화가 되는 중딩 선재의 존재는 한결같은 감사의 이유입니다.

로마의 철학자 세네카는 "어느 항구를 향해야 할지 모른다면 어떤 바람도 도움이 되지 않는다"는 말을 남겼습니다. 사도행전은 부흥의 기술에 대한 책이 아닙니다. 오히려 아무 기술도 쓸모없도록 우리의 모든 연장을 내버리게 하는 책이며, 우리를 벼랑 끝에 세우는 책입니다. 기욤 아폴리네르 Guillaume Apollinaire의 시가 생각납니다.

그가 말했다.
벼랑 끝으로 오라.

그들이 대답했다.
우린 두렵습니다.

그가 다시 말했다.
벼랑 끝으로 오라.

그들이 왔다.
그는 그들을 밀어버렸다.

그리하여 그들은 날았다.

성령과 함께, 말씀과 함께, 공동체와 함께 나는 것, 그것이 부흥이 아닐까 싶습니다. 너무 무모해 보입니다. 하지만 무모하지 않는 믿음, 너무 무난한 믿음, 너무 예측 가능하고 부담 없는 믿음이 부흥Revival에 대한 기대를 접고 생존Survival만을 모색하는 생기 없는 교회를 만든 것은 아닐까요? 좀 서툴면 어떻고, 객기면 어떻고, 투박하면 어떻습니까? 부디 본서를 통해서 힘들고 불편하겠지만, 기쁨과 영광이 있는 이 부흥으로 초대하고 싶습니다. 벼랑 끝에 서 있는 조국 교회가 말씀을 의지하여 성령과 함께 나는 데 참여하는 무모한 믿음의 동지들을 얻고 싶습니다.

부흥의 책,
사도행전

부흥Revival 혹은 Breakthrough, 읊조리는 것만으로, 또 듣는 것만으로 우리의 마음을 설레게 하는 단어입니다. 그것은 '재현' 혹은 '약진'으로 바꿔 부를 수도 있겠습니다. 우리가 바라는 부흥은 초대교회가 경험했던 하나님 나라 운동을 재현하고 재생하는 일입니다. 개인을 바꾸고, 교회를 형성하고, 그 교회를 통해 세상을 바꾸었던 그 혁명적이고 체제전복적인 강력한 갱신의 에너지가 시대와 장소를 초월하여 오늘 다시 발현되는 것을 일컬어 부흥이라고 부릅니다. 부흥이 오면, 한 개인 속에 새로운 세계관이 침투하여 그의 윤리적이고 도덕적인 기준에 일대 전환이 일어나고, 삶의 목표와 삶의 방식이 전격적으로 변하는 사건이 일어납니다.

요란하지 않더라도 결코 거스를 수 없는 그 강력한 욕구의 전환을 가져온 사람들은 세상의 그 어떤 이념이나 세균보다 더 강력한 변화의 바이러스를 소유하게 됩니다. 그러니 혼자만의 변화에 그칠 수 없습니다. '임금님 귀가 당나귀 귀'라는 것을 안 사람이 그 사실을 말하지 않을 때는 시름시를 앓다가 죽을 수도 있었듯이, '하나님 나라가 왔다', '예수께서 부활하여 왕으로 다스리신다', '예수님이 바로 길이요 진리요 생명이다'라는 사실을 안 사람은 입 다물고 가만히 앉아 있을 수가 없습니다. 따라서 진정한 부흥은 개인의 인격뿐 아니라 세상까지 변화시킵니다. 현 상태를 고수하려는 딱딱한 체제에 일대 타격을 가하고, 새로운 정의와 공평, 진정한 자유와 해방의 역사를 창조합니다.

그 시작은 '변절'이요 '환멸'입니다. 그동안 숭배하던 체제와 이념과 가치에 대한 변절이요, 그동안 바라고 믿고 의지하던 신화를 깨뜨리는 데환멸, 幻滅서 시작합니다. 그것은 기존 체제에 대한 '배반'이요 '부정'입니다. 그것을 가리켜 '회심'이라고 부릅니다. 모든 부흥은 회심에서 시작합니다. 자신의 삶이 얼마나 허위와 위선과 탐욕의 쳇바퀴만 돌던 인생이었는지를 통렬하게 인정하는 데서 시작합니다. 내 욕심의 형상화인 그 우상을 숭배하는 동안 내가 얼마나 많은 희생자들을 만들어왔고, 얼마나 많은 악에 암묵적으로 동조하고 그것을 확대 재생산해왔으며, 얼마나 많은 사람들을 차별의 담 저편으로 밀어내고 소외시켰는지를 인정하는 것, 그것을 '회개'라고 부릅니다. 모든 부흥은 회개에서 시작합니다. 그리고 새로운 통치 체제를 수용하고 새로운 통치 이념을 인정하고 그 권위를 따릅니다. 그것을 가리켜 '믿음' 혹은 '순종'이라고 부릅니다. 그런 자들에게 성령께서 역사하실 때 비로소 부흥이 시작됩니다. 이제 그들은 기도의 사람이 되고 말씀의 사람이 됩니다. 기도는 나는 인간이고 하나님은 하나님이시라는 것을 인정하는 일입니다. 세상은 무엇이라고 속삭입니까?

"인간 존재의 뿌리에 잠자고 있는 신을 일깨우라"

_데오도르 로자카 Theodore Rozaka

"네 자아에 무릎을 꿇어라. 영예와 존경은 네 자신의 존재가 되어야 한다."

_베르너 에크하르트 Werner Echhardt

우리 자신이 신神이라고 합니다. 우리 자신을 믿으라고 합니다. 하지만 기도는 정반대입니다. 나는 한계를 가진 사람이고 누군가에게 지음 받은 피조물이기에, 내 바깥에서 오는 자원이 없으면 살 수 없고, 창조주의 도움과 인도하심이 없으면 살 수 없음을 인정하는 행위, 그것이 기도입니다. 그래서 기도는 믿음과 순종의 다른 표현입니다. 기도의 사람은 자신의 연약함을 아뢸 뿐 아니라 하나님의 말씀을 조아려 듣습니다. 기도하는 사람만이 말씀을 믿을 수 있고 말씀에 순종할 수 있습니다. 나의 한계를 인정하지 않는 사람에게는, 세상에 믿을 건 나밖에 없다고 생각하는 사람에게는 말씀이 들어갈 여지가 없습니다. 부흥은 이 하나님의 말씀에 대한 예민한 순종을 통해 그 말씀이 육화된 사람, 그리고 자기를 부인하는 기도를 통해 예수를 자기 안에 모시는 사람, 예수화Jesusfication 된 사람들을 통해 임할 것입니다. 그의 배경, 지식, 외모, 그리고 그가 가진 자원은 고려 사항이 아닙니다. 그에게 하늘의 에너지와 하나님의 권능을 의지할 마음이 있는지가 중요할 뿐입니다. 그러면 이제 그 부흥의 사람은, 그 부흥의 사람들이 모인 공동체는 하나님의 임재와 성령의 역사, 그리고 예수의 다스림을 체험하는 공동체가 됩니다. 그러면 예수님이 철저하게 이타적인 사랑으로 섬기셨듯이, 이제 부흥의 사람들은 성령에 사로잡혀서 철저히 자신을 비우고 위로부터 임하는 능력을 받아서 이 땅의 기득권과 이기심을 해체하고 시간과 함께 사라질 것에 대한 욕망을 철저히 분쇄하여 결국엔 성령의 소욕으로 충만한 사람이 되어 갈 것입니다.

그러니 부흥의 사람들이 있는 곳에는 차별의 장벽이 무너지고 샬롬 םֹולָשׁ, 평화이 임할 것입니다. 낡은 자아와 세계를 창조적으로 해체하고 거룩하게 전복하는 하나님의 강권적인 역사를 경험하게 될 것입니다. 그 경험의 원형이 담긴 책이 바로 사도행전입니다. 사도행전은 부흥의 책입니다. 개인의 부흥, 공동체의 부흥, 그들이 사는 세상의 부흥, 그것을 성령을 통해서 이루시고, 성령에 사로잡힌 하나님의 사람들에 의해 이루시는 기록이 사도행전입니다. 교인 수만 몽땅 많아지는 부흥이 아니라, 구원 받는 자가 많아지는 구원을 우리는 꿈꿉니다. 나만 잘 되고 우리 교회만 잘 되는 부흥이 아니라, 우리 동네가 잘 되고, 이웃 교회가 함께 잘 되는 부흥을 꿈꿉니다. 믿는 자들만의 부흥이 아니라, 믿지 않는 자들에게도 이 생명의 기운이 흘러가고 스며들고 번지는 부흥을 꿈꿉니다.

사도행전?

《신약성경》 가운데 가장 많은 분량의 책을 쓴 사람은 누구일까요? 누가입니다. 누가가 쓴 책이 바로 누가복음과 사도행전입니다. 바울 서신을 다 합쳐도 이 두 책에 못 미칩니다. 그렇다면 이 사도행전이라는 제목은 얼마나 적절할까요? 사도행전에 사도들의 행적이 나와 있는 것은 사실입니다만 그들만의 행적을 기록한 것은 아닙니다. 심지어 초점이 사도들에게 있는 것도 아닙니다. 열두 사도들 가운데 베드로와 요한의 활동만 주로 등장하고, 다른 사도들 가운데는 바울과 바나바만 등장합니다. 사도 이외에 빌립과 스데반의 사역도 있기 때문에 이 책을 '사도'행전이라고 부르는 것은 적절해 보이지 않습니다.

성령행전

사도행전에는 유독 성령의 역사가 강조됩니다. 그래서 《성령행전》이라고 불러야 한다는 의견도 만만치 않게 많습니다. 누가의 기사 처음부터 끝까지 성령에 대한 약속, 성령의 은사, 성령의 부으심, 성령 세례, 성령 충만, 성령의 권능, 성령의 증거와 인도에 대한 언급이 도처에 나오기 때문에 일리가 있습니다. 하지만 사도행전이 너무 인간적인 측면을 강조한 제목이라면, 《성령행전》은 너무 신적인 측면만을 강조한 제목입니다.

예수의 책

누가는 이 성령을 "예수의 영"이라고 부르고 있습니다. 성령보다는 성령을 보내시고 성령을 통해서 역사하시는 예수님을 더 강조하고 있습니다. 그러니까 사도행전은 이 성령을 통해서 일하시는, 승천하시는 예수 그리스도의 행동과 말씀인 것입니다. 누가복음은 지상에서 성육하신 예수의 왕으로서의 활동을 기록하고 있고, 사도행전은 천상에서 부활하신 예수의 왕으로서의 활동을 기록하고 있는데, 그의 사도들을 통해 그리고 그의 영인 성령을 통해 행하신 예수의 활동과 말씀들에 대한 기록이라고 볼 수 있습니다.

《누가-행전》

누가는 누가복음과 사도행전을 처음부터 한 권의 책으로 기록했습니다. 그래서 《누가-행전》이라고 부르기도 합니다. 그런데 두루마리가 너무 두

껍기 때문에 둘로 나눈 것입니다. 그래서 누가복음의 끝부분과 사도행전의 앞부분이 겹칩니다. 사도행전을 시작하면서 이 책이 누가복음을 잇고 있다는 것을 분명히 밝히고 있습니다.

여행의 책

《누가-행전》은 '여행의 책'입니다. 누가복음은 예루살렘을 향해서 올라가는 여정입니다. 반대로 사도행전은 예루살렘에서 땅 끝으로 나아가는 여정입니다. 누가복음이 중심을 향해 깊이 파고드는 구심적求心的인 책이라면, 사도행전은 중심에서 점차 멀어지며 성숙하는 원심적遠心的인 책입니다. 누가복음은 로마가 지배하고 있는 상황에서 예수의 부모가 호적을 등록하러 고향 베들레헴으로 무거운 몸을 이끌고 가는 장면으로 시작하여, 그의 공생애 사역 기록의 대부분은 예루살렘을 향한 여정으로 채워져 있습니다. 반면에 사도행전은 예루살렘에서 벌어진 오순절 성령 강림 사건으로 시작하여 맨 끝에는 바울이 그 예수의 복음을 가지고 로마 제국의 심장부에 도착하고, 그 복음이 방해를 받지 않고 퍼져가는 모습으로 끝나고 있습니다. 로마 제국의 식민지 변방에서 태어난 예수가 사실은 로마 제국 전체를 다스리는 참다운 주권자임을 보여주고 있는 것입니다.

모든 이를 위한 복음

그래서 누가복음과 사도행전은 다른 복음서 저자들과는 달리 '모든 이들을 위한 복음'을 강조합니다. 약한 자, 소외된 자들에 대한 관심이 두드러지게 나타납니다. 특히 여자들과 이방인들에 대한 각별한 관심을 발견할 수 있습니다. 유대인 신자들의 공동체를 넘어서 에티오피아의 내시에게, 유

27

대인들이 개 취급하였던 사마리아 사람들에게, 로마제국의 신복이던 이방인 백부장 고넬료에게 나아가고 있습니다. 인간이 스스로 자신을 보호하기 위해 만들어 놓은 모든 인위적인 장벽들을 허물고 예수 그리스도 안에서 모든 이들이 혈통과 민족, 성별과 계급을 뛰어넘어 서로 화해하고 환대하여 포용하는 이야기를 하고 있는 것입니다.

사도행전은 '열린 결말'로 끝이 납니다. 그 여행은 아직 끝나지 않았습니다. 아직도 철폐되어야 할 차별의 담이 있고, 하나님과 화해해야 할 죄인들이 있고, 여전히 인간의 죄악 때문에 불의한 체제 속에서 고통을 겪고 있는 사람들이 있으니, 이제 교회를 통해서 오늘도 땅 끝을 향해 이 평화의 복음, 생명의 복음, 하나님 나라의 복음이 선포되어야 한다고 말하는 책이 사도행전입니다. 그것은 성령으로 진리가 역사하여 개인이 구원을 경험할 뿐 아니라 그들이 사는 세상이 변혁되는 통전적인 역사를 지향하고 있다는 뜻입니다. 그리하여 참다운 안식의 세상이 오는 것을 의미합니다. 우리 안에 안식이 찾아오고, 우리 가정에, 우리 동네에, 우리 직장에 안식이 찾아오는 것이 바로 사도행전적 역사요 부흥인 것입니다. 성령의 숨으로 하늘의 쉼이 임하는 것, 그것이 부흥입니다.

사도행전 한눈에 보기

이제 사도행전의 큰 그림을 그려보려고 합니다. 사도행전에서 아마 가장 중요하고도 또 많이 알려진 구절이 1장 8절일 것입니다.

"오직 성령이 너희에게 임하시면 너희가 권능을 받고 예루살렘과 온 유대와 사마리아와 땅 끝까지 이르러 내 증인이 되리라 하시니라"(사도행전 1:8)

이 구절은 사도행전의 주제와 관련해서도 중요하지만 전체 구조와 관련해서도 놓치지 않아야 하는 암시를 주고 있습니다. 여기에 네 지명이 나옵니다. 예루살렘, 온 유대, 사마리아, 땅 끝. 그런데 실제로 여기에 나온 전치사는 셋입니다. 누가는 이 네 지명을 셋으로 묶어서 보게 한 것입니다. '예루살렘', '온 유대와 사마리아', '땅 끝'. 사도행전은 예루살렘에서 시작한 복음이 온 유대와 사마리아로 확장되고, 팔레스타인의 경계를 넘어서 땅 끝까지 가는 이야기입니다. 그런데 각 지역마다 복음이 선포되기 전에 성령이 임합니다. 예루살렘에는 오순절에 마가의 다락방에 모인 백이십 명의 성도들에게 성령이 임합니다(행 2:1-4). 유대와 사마리아에는 베드로와 요한이 방문하여 기도하니 성령이 임합니다(행 8:14-17). 또 땅 끝으로 나아가기 전에는 이방인 백부장 고넬료에게 성령이 임합니다(행 10:44-48). 그렇게 한 지역의 복음 증거가 끝나면 누가는 성령이 주도한 복음 증거 사역이 성공적으로 끝났다는 말로 마무리해주고 있습니다. 예루살렘 사역은 6장 7절에서 마무리합니다.

"하나님의 말씀이 점점 왕성하여 예루살렘에 있는 제자의 수가 더 심히 많아지고 허다한 제사장의 무리도 이 도에 복종하니라"(사도행전 6:7)

유대와 사마리아 사역은 9장 31절에서 마무리합니다.

"그리하여 온 유대와 갈릴리와 사마리아 교회가 평안하여 든든히 서 가고 주를 경외함과 성령의 위로로 진행하여 수가 더 많아지니라"(사도행전 9:31)

그리고 땅 끝 전도 가운데 시리아-팔레스타인 사역은 12장 24절에서 마무리합니다.

"하나님의 말씀은 흥왕하여 더하더라"(사도행전 12:24)

그리고 소아시아 사역은 16장 5절에서 마무리합니다.

"이에 여러 교회가 믿음이 더 굳건해지고 수가 날마다 늘어가니라"(사도행전 16:5)

유럽마게도냐와 아가야의 선교를 마무리하는 곳은 19장 20절입니다.

"이와 같이 주의 말씀이 힘이 있어 흥왕하여 세력을 얻으니라"(사도행전 19:20)

끝으로 땅 끝의 모든 선교는 로마에서 마무리됩니다.

"바울이 온 이태를 자기 셋집에 머물면서 자기에게 오는 사람을 다 영접하고 하나님의 나라를 전파하며 주 예수 그리스도에 관한 모든 것을 담대하게 거침없이 가르치더라"(사도행전 28:30-31)

이 땅 끝 전도를 주도한 사람이 바울입니다. 바울은 예루살렘에서는 사울이라는 이름의 핍박자로 등장합니다. 그런데 이제 예수를 믿는 자를 핍박하던 자가 예수를 전파하는 것 때문에 핍박을 받는 자가 되어 예수의 복음을 땅 끝으로 전달하는 역할을 맡고 있습니다. 이 결론은 모두 '부흥'이 무엇인지를 보여주는 표현들입니다. 한마디로 성령께서 주도하여 사도들이 순종한 복음 증거 사역을 통해 가는 곳곳마다 부흥의 역사가 일어났다고 말하고 있는 것입니다. 그런데 그것은 우리가 생각하는 대로 큰 교회가 세워지고 사람들이 많아지는 데 초점이 맞춰져 있지 않습니다. 물론 수적 성장은 확연한 현상이었습니다. 동시에 하나님의 말씀이 흥왕했습니다. 주의 말씀이 힘이 있어 세력을 얻었습니다. 무슨 뜻일까요? 하나님의 말씀이 능력 있게 선포되었고, 그 말씀을 받아들이는 사람들이 많아져서 말씀을 통한 기사와 이적들이 많이 일어났으며, 무엇보다도 말씀을 듣고 사람들이 변하는 역사가 많이 일어났다는 뜻입니다. 그들의 믿음이 더 굳건해졌습니다. 교인 수가 많아진 것이 아니라 믿는 자, 제자의 수가 많아졌습니다. 이것이 부흥입니다. 하나님의 말씀에 자기 인생을 거는 자들이 제자입니다. 그리하여 담대하게 그 복음을 증거하고 증명하는 자들이 제자입니다. 부흥은 복음에 자기 삶을 거는 제자가 많아지는 일이요, 성도와 지도자가 함께 말씀의 권위 앞에 조아리는 역사입니다. 이제 사도행전 1장은 이런 성령과 사도들을 통한 복음 확장의 역사, 하나님 나라 확장의 역사를 준비하고 있습니다.

성령을
기다리라

———— 사도행전 1:1-5

데오빌로여

이제 사도행전의 대장정에 들어가겠습니다. 먼저 누가는 사도행전 1장 1-2절에서 이 문서를 누구를 위해 썼는지를 밝힙니다. 그리고 첫 번째 책에 기록한 내용이 무엇이었는지를 상기시켜줍니다.

> "데오빌로여 내가 먼저 쓴 글에는 무릇 예수께서 행하시며 가르치시기를 시
> 작하심부터 그가 택하신 사도들에게 성령으로 명하시고 승천하신 날까지의
> 일을 기록하였노라"(사도행전 1:1-2)

누가는 이 글을 데오빌로에게 쓰고 있습니다. 데오빌로는 '하나님을 사랑하는 사람'이라는 뜻의 이름입니다. 그의 정체에 대해서는 확정할 수 없습니다. 이방인 출신 신자들을 총칭하는 이름이라고 주장하기도 하지만, 데오빌로를 '각하'라고 구체적으로 호칭한 것을 보면(눅 1:3) 실제 인물일 가능성이

더 높습니다. 물론 각하라는 말이 꼭 고위관료를 가리키는 표현은 아니고, 수신자를 향해 정중한 태도를 보이고 싶을 때도 썼습니다. 일각에서는 주후 37-41년 사이 재임한 '유대인 제사장' 데오빌로를 수신자로 보기도 합니다R. Eisler. 스데반의 죽음으로 생긴 소요의 배경을 궁금해 하던 데오빌로 대제사장이 유대인이면서 초대 교인 중 문학적 소양이 가장 뛰어난 누가에게 이에 대해 상세히 설명하라고 요청해 쓴 책이《누가-행전》이라는 것입니다. 하지만 본서에서는 데오빌로가 누가복음과 사도행전을 기록하는 데 필요한 비용의 후원자이며, 따라서《누가-행전》은 데오빌로 한 사람만을 위해 쓴 글이 아니라 이 사람에게 헌정한 글로 보려고 합니다.

누가복음과 사도행전은 구전으로만 전승되어 오던 예수의 말씀과 그분의 행적을 문서로 기록하여 전하려는 초대교회의 노력의 산물입니다. 문서는 한 번의 선포나 설교보다 훨씬 더 넓게 그리고 훨씬 더 오랫동안 영향을 미칠 수 있는 매체입니다. 그런데 요즘처럼 인쇄술이 발달하지 않은 시대에 이렇게 엄청난 양의 글을 기록하여 남긴다는 것은 그 분야에 정통한 필사자가 필요한 일이었고 많은 비용이 드는 일이었습니다. 그래서 특별히 재정적인 후원자가 없으면 엄두를 낼 수 없었습니다. 이 내용을 책임진 저자 누가 뿐만 아니라 초대교회 공동체의 후원으로 오늘날까지 교회의 태동과 발전과 존재의 목적을 보여주는 보석 같은 역사가 전해진 것입니다. 여기서 저자 누가는 먼저 쓴 글인 누가복음의 범위를 말해줍니다.

"내가 먼저 쓴 글에는 무릇 예수께서 행하시며 가르치시기를 시작하심부터 그가 택하신 사도들에게 성령으로 명하시고 승천하신 날까지의 일을 기록하였노라"(사도행전 1:1-2)

말씀하시기 시작했다

누가복음에서는 예수께서 가르치시기 시작하심부터 승천까지의 일을 기록했다고 말합니다. 사도행전은 예수의 두 번째 말씀이라는 것을 암시하고 있습니다. 예수님은 승천하실 때까지만 말씀하시고 그친 것이 아닙니다. 이제 예수님은 성령을 통하여 말씀하십니다. 제자들을 통하여 지금도 말씀하고 계십니다. 이렇게 누가를 통해 남긴 '성경 말씀'으로 오늘 우리에게 말씀하고 계십니다. 말씀하시는 방식이 달라졌을 뿐 예수님은 여전히 말씀하고 계십니다. 그것은 그분이 여전히 왕으로 통치하고 계시다는 뜻입니다. 누가복음이 지상의 왕으로서 예수를 묘사했다면, 사도행전은 천상의 왕으로서 예수를 묘사하고 있습니다. 예수님은 현재형입니다. 그는 회고의 대상만이 아닙니다. 역사적인 인물만이 아닙니다. 그분의 사역은 끝나지 않았습니다. 그는 현재 우리가 섬겨야 하고 오늘 우리가 교제할 수 있는 분입니다. 이것이 다른 종교와 구분되는 기독교만의 독특성입니다.

성령으로

예수님은 자신이 이 땅을 떠나실 것을 벌써부터 아시고는 떠나시기 전에 제자들에게 그들이 예수님 자신을 대신하여 할 일과 전할 말을 가르쳐 주셨습니다. 그런데 2절에 보면 그것을 '성령으로' 명하셨다고 하십니다. 이 '성령님'을 통한 명령이나 가르침은 새 언약 시대, 그러니까 예수님이 부활하신 이후에 예수님과 제자들 간에 오고가는 소통 방식의 가장 중요한 특징입니다. 물론 예수의 공생애 기간에도 성령님은 역사하셨습니다. 예수님이 인간으로서 하나님의 아들 역할을 감당하실 수 있었던 것도 성령으로 충만하셨기 때문입니다. 제자들이 예수를 믿고 따를 수 있었던 것도 성령님의 역사 때문이었습니다. 그런데 이제 예수께서 더는 육체로 계시지 않고, 따라서 전혀 눈에 뵈지 않는 상황에서 앞으로 제자들은 이 성령을 의지하여 왕이신 예수의 통치를 받게 될 것입니다. 성령께서는 생전에 예수께서 하셨던 말씀을 생각나게 하실 것입니다. 그리고 제자들 각자가 해야 할 일들을 그 말씀을 통하여 알게 하실 것입니다. 물론 매우 주관적입니다. 하지만 매우 인격적으로 주님은 성령을 통하여 역사하실 것입니다.

객관적인 진리와 주관적인 성령의 역사

우리는 여기서 기독교 신앙의 두 중요한 측면인 객관적인 측면과 주관적인 측면이 적절하게 조화를 이루고 있는 것을 볼 것입니다. 누가는 지금 예수의 말씀과 행적을 기록하고 있습니다. 누구나 알고 있고 인정할 만한 자료들을 사용하여 기록을 남기고 있습니다. 이것이 진리의 객관적인 측면입니다. 동시에 '성령'의 주관적인 사역도 강조합니다. 우리가 객관적인 진리의 증인으로 살기 위해서는 성령의 주관적인 역사도 필요합니다. 그 말씀이 우리에게 의미 있게 다가오는 것은 성령의 역사를 통해서입니다. 성령의 역사가 있기 때문에 초신자들도 알아들을 수 있고, 세상적인 배움이 많지 않은 분들도 하늘의 지혜를 깨달을 수 있는 것입니다. 신앙 수준이 일반적인 지적 수준과 반드시 일치하는 것은 아닙니다. 도리어 얼마나 성령의 도우심을 간절히 기대하는지가 중요하고, 겸손하게 깨달은 대로 순종하는 마음과 실천하는 손발이 객관적인 진리를 그 속뜻까지 헤아리는 데 결정적으로 도움이 됩니다.

부활과 가르침

이제 3절부터 누가는 예수께서 하신 일과 말씀을 소개하기 시작합니다.

"그가 고난 받으신 후에 또한 그들에게 확실한 많은 증거로 친히 살아 계심
을 나타내사 사십 일 동안 그들에게 보이시며 하나님 나라의 일을 말씀하시
니라 사도와 함께 모이사 그들에게 분부하여 이르시되 예루살렘을 떠나지
말고 내게서 들은 바 아버지께서 약속하신 것을 기다리라 요한은 물로 세례
를 베풀었으나 너희는 몇 날이 못되어 성령으로 세례를 받으리라 하셨느니
라"(사도행전 1:3-5)

예수님은 부활하신 후에 자신이 몸으로 부활하셨다는 사실을 "확실한
많은 증거"를 보여주심으로 증명하셨습니다. 제자들이 부활을 확실히 믿지
못하면 예수를 이해할 수 없었기 때문입니다. 부활을 모르거나 믿지 않으
면 십자가의 의미를 알 수 없습니다. 부활은 예수님이 이 세상에 오신 이유,
예수께서 생전에 하셨던 말씀, 그리고 십자가에서 허망하게 돌아가신 이
모든 일들이 하나의 일관성 있는 큰 그림이 되게 해주는 역할을 했습니다.
예수의 목숨 뿐 아니라 예수의 생애 전체에 생명을 불어넣어 주는 것이 바
로 이 부활입니다. 그래서 제자들도 이 부활을 경험하기 전까지는 아무리
따라다녀도 예수를 제대로 알 길이 없었습니다. 사도 바울도 이 부활하신
예수님을 만나고 나서야 《구약성경》을 제대로 이해하기 시작했고, 자신이
얼마나 하나님의 뜻과는 동떨어진 삶을 살고 있었는지를 알았습니다. 예수
의 십자가가 아무리 중요해도 청년 예수가 십자가에 못 박혀 그대로 죽고
끝나버렸다면 아무 의미 없는 일이 되어 버렸을 것입니다. 그래서 사도들은

십자가보다는 부활을 더 증거했습니다.

부활이 예수에 대해서 설명해주는 가장 대표적인 것이 바로 '하나님 나라'입니다. 부활은 예수께서 그 하나님 나라의 왕이시라는 것을 증명했습니다. 그가 하나님이 보내신 메시아이고, 하나님의 아들이고, 하나님의 형상이고, 하나님의 지혜이고, 율법의 완성이라고 말해주는 것이 이 부활입니다. 예수님이 살아생전에 눈으로 보게 해주었던 하나님 나라가 부활을 통해서 제자들의 눈앞에 영광스럽게 전개되기 시작했을 것입니다. 부활은 이제 그 나라가 실패로 끝난 것이 아니라 여전히 부활하신 예수님이 왕이 되어 이어가신다는 것을 말해줍니다. 그 나라의 왕이 살아계시니 그 왕국은 여전히 건재한 것입니다. 부활은 예수를 통해서 하나님 나라가 이 땅에 왔다고 하신 생전의 말씀이 고스란히 다 사실인 것을 증명해주었습니다. 제자들은 정신없이 외칩니다.

"예수님이 생전에 하신 말씀이 다 사실이더라!"
"예수님은 정말 왕으로 오셨던 거다!"

예수의 부활은 처음으로 생명이 죽음을 이긴 사건입니다. 이 부활 때문에 오늘 우리도 이 사망이 지배하고 있는 세상에서 사망의 문화, 죽음의 논리에 굴복하지 않고 생명의 나라의 가치관을 추구하며 살 수 있게 되었습니다. 눈앞에 전개되는 세상 나라가 강해 보일지라도 하나님 나라와 그의 의를 선택할 줄 아는 자가 되는 것, 그것은 부활신앙이 있을 때만 가능합니다.

하나님 나라

예수님은 부활하신 후 사십 일 동안 이 땅에 계시다가 승천하셨습니다. 제자들에게 적어도 일곱 번 정도 나타나셨고, 오백여 형제에게 일시에 나타나신 적도 있었습니다. 아마 제가 예수였다면 예루살렘 성전에, 그것도 사람들이 붐비는 절기 때에 나타났을 것입니다. 그랬다면 자신을 죽인 성전 당국자들을 꼼짝 못하게 하고 그들에게 동조했던 유대 사람들에게도 큰 깨달음과 회개의 기회가 되었을 수 있습니다. 하지만 주님은 주로 제자들에게만 은밀하게 나타나십니다. 그리고 하신 일이 무엇입니까?

"하나님 나라의 일을 말씀하시니라"(사도행전 1:3)

부활하신 예수께서 제자들의 호위를 받으며 예루살렘 거리를 활보하고 성전에 출현하는 것이 자신의 능력을 과시하는 데 더 효과적이지 않았을까요? 예수님이 십자가에서 돌아가신 후 제자들은 크게 낙망합니다. 그 가운데는 엠마오로 돌아가는 두 제자도 있었습니다(눅 24:13-35 참조). 그들과 동행하시면서도 부활의 주님은 곧장 자기 정체를 드러내지 않으셨습니다. 전혀 알아보지 못하게 하시고는 다만《구약성경》에서 메시아가 고난을 당할 것이라는 구절들을 찾아 풀어 설명해주셨습니다. 그들이 이 말씀을 듣고 마음이 뜨거워지자 비로소 자신의 정체를 드러내셨습니다. 왜 그랬을까요? 만약 그렇게 하지 않았다면, 그들은 이 예수의 증인으로 살지 못했을 것입니다. 주관적인 경험만으로는 증인이 될 수 없습니다. 고난 중에 끝까지 자기 신앙을 견뎌낼 수도 없습니다. 아무리 신비적인 경험들이 많이 있어도, 아무리 신비적인 은사들을 많이 갖고 있어도, 하나님의 진리로 그것들을 바로 이해하지 못하면, 하나님의 말씀을 따라서 그것들을 바로 사용할 능력이 없으면, 우리는 언제든 넘어질 수 있습니다.

제자들에게 지금 필요한 것은 부활하신 예수님과의 만남만이 아니었습니다. 머잖아 부활의 예수님은 떠나실 것입니다. 변화산에서도 예수님은 임박한 십자가를 준비시키기 위해 세 제자 베드로, 요한, 야고보 앞에서 영광스런 모습으로 미리 나타나신 적이 있습니다. 잠깐이었지만 세 제자에게는 결코 잊을 수 없는 경험이었다고 베드로가 후에 자신의 서신에 언급하고 있습니다(벧후 1:16-18). 그들은 그 변화산의 예수를 놓치고 싶지 않았습니다.

> "베드로가 예수께 여쭈어 이르되 주여 우리가 여기 있는 것이 좋사오니 만일 주께서 원하시면 내가 여기서 초막 셋을 짓되 하나는 주님을 위하여, 하나는 모세를 위하여, 하나는 엘리야를 위하여 하리이다"(마태복음 17:4)

하지만 하늘의 하나님은 "이는 내 사랑하는 아들이니 너희는 그의 말을 들으라"고 응답하십니다. 이는 신비적인 예수만 붙잡으려고 하지 말고, 또 지금의 이 신비 체험만 의지하지 말라는 것입니다. 대신에 이제 예수께서 하시는 말씀을 잘 듣고 이해하고 배우라고 하십니다. 그 예수의 말씀이 무엇입니까? 십자가에서 예수님이 죽고 부활하셔야 하나님 나라가 선다는 말씀입니다. 제자들도 십자가를 지고 따라와야 예수의 부활에 참여할 수 있고 하나님 나라의 일원으로, 하나님 나라의 일꾼으로 생명의 나라에 들어올 수 있다는 말씀입니다. 그런데 제자들은 그 말씀을 알아듣지 못했습니다. 그래서 부활하신 주님의 모습을 미리 보았음에도 십자가 앞에서 다

도망쳤고, 베드로는 주님을 세 번이나 부인했습니다. 하나님 나라를 이해하지 못했기 때문에, 그들은 증인이 아니라 죄인이 될 수밖에 없었습니다. 예수께서 떠나신 후 제자들에게 남는 것은 예수의 말씀뿐입니다. 그분의 죽음과 부활의 의미만 남습니다. 그 의미가 바로 하나님 나라입니다. 하나님의 통치에 복종하는 하나님 나라 백성의 창조입니다. 이것이 제자들에게 남겨진 과업입니다. 예수를 통해서 다시 시간 속으로 들어온 하나님 나라, 예수의 공생애 삼 년 동안 인간이 경험할 수 있도록 나타났던 하나님 나라, 이제 그 하나님 나라는 이 제자들을 통해서 구현될 것입니다. 하나님 나라를 이해한 제자들을 통해서 구현될 것입니다. 성령께서 그 일을 도우실 것입니다. 그래서 예수님은 사십 일 동안 제자들에게 하나님 나라를 가르치신 것입니다.

사십 일의 의미

예수님도 사십 일 동안 광야에서 시험을 받으신 후에 성령의 충만한 능력으로 하나님 나라를 이 땅에 가져오는 사역을 감당하셨습니다. 제자들에게도 이 사십 일이 필요했습니다. 아니 여기에다 열흘의 기다림을 더해서 오순절까지 오십 일의 기다림이 필요했습니다. 제자들은 예수님이 부활하셨으니 다시 전열을 정비하여 저 타락한 성전을 심판하시고 약속의 땅에서 로마를 몰아내셔야 한다는 생각이나 기대를 품지 말아야 했습니다. 그들에게 이 시간은 자기 힘으로 하나님 나라를 쟁취하는 기간이 아니라 그들이 하나님 나라 안으로 받아들여지는 기간이 되어야 했습니다. 자신들이 갖고 있던 하나님 나라 개념을 바꿔야 하는 시간이었습니다. 이제 성령을 의지하여 그 나라가 팔레스타인의 경계를 넘어서, 마치 에스겔의 환상에서 성전의 물이 흐르고 흘러서 가는 곳마다 죽었던 것이 살아나는 역사가 일어났듯이(겔 38), 온 세상을 살리는 역사에 참여할 자로 변모되는 시간이어야 했습니다. 이렇게 배우지 않으면, 이렇게 기다리지 않으면, 우리는 언제든 자신의 왕국을 만들 수 있기 때문입니다. 또다시 예수 앞에 서서 예수를 인도하고 예수를 이용하는 우리가 될 수 있기 때문입니다.

우리 개인에게도, 그리고 우리의 교회에게도 이 사십 일이 상징하는 시간은 꼭 필요합니다. 어느 특정 시기만이 아니라 언제든 이 사십 일의 정신, 광야의 정신을 가지고 있어야 합니다. 하나님 나라 복음을 성도들이 잘 알고 그 복음을 따라서 살게 하는 데는 소홀하면서 그 성도들을 통해서 교세만 키우려는 생각을 하지 말아야 합니다. 열두 제자들이 예수를 따른 이유는 저마다 달랐습니다. 그래서 십자가 이후에 예수를 떠나고 버린 이유도 달랐을 것입니다. 그런데 이제 예수님은 그들이 다시 하나가 되어야 하는 동일한 이유를 주셨습니다. 다시 그들을 부르셨습니다. 그것은 하나님 나라'를 위해' 사는 것이고, 하나님 나라'를' 사는 것입니다.

기다리라

제자들이 사십 일 동안 해야 할 일이 하나 더 있습니다. 그것은 기다리는 것입니다. 예루살렘을 벗어나지 않고 머무는 것입니다. 언제까지입니까?

"사도와 함께 모이사 그들에게 분부하여 이르시되 예루살렘을 떠나지 말고 내게서 들은 바 아버지께서 약속하신 것을 기다리라"(사도행전 1:4)

그 약속이 무엇인지 사도행전 1장 5절에 나옵니다.

"요한은 물로 세례를 베풀었으나 너희는 몇 날이 못되어 성령으로 세례를 받으리라 하셨느니라"(사도행전 1:5)

세례 요한도 생전에 이 약속을 한 적이 있습니다.

"나는 너희로 회개하게 하기 위하여 물로 세례를 베풀거니와 내 뒤에 오시는 이는 나보다 능력이 많으시니 나는 그의 신을 감당하지 못하겠노라. 그는 성령과 불로 너희에게 세례를 베풀 것이요"(마태복음 3:11)

아직 성령 세례는 임하지 않았습니다. 이제 예수님이 승천하신 후에 보혜사 성령을 보내실 것입니다. 물론 성령께서 지금은 하늘 어딘가에 계신다는 뜻은 아닙니다. 항상 예수께 충만하게 임하여 역사하셨습니다. 제자들에게도 역사하셨기에 제자들이 귀신을 쫓아내고 복음을 전할 수 있었습니다. 이제 그 성령의 역할이 달라질 것이라는 뜻입니다. 다른 역할을 하시는 성령의 모습을 경험할 날이 올 것이라는 뜻입니다. 어떤 역할입니까? 눈에 보이지 않는 예수님이 여전히 왕으로 계신 것을 증명하는 역할입니다. 십자가에 못 박힌 그 예수님이 바로 구세주Savior이고 주Lord와 메시아그리스도이심을 믿게 하는 역할입니다. 예수께서 하신 말씀을 생각나게 하는 진리의 영이 되실 것입니다. 성령께서는 예수를 죽음 가운데서 부활시키신 능력으로 성도들을 지켜주고 위로하고 격려하는 역할을 하실 것입니다. 성도들의 탄식하는 기도를 들으시면 같이 탄식하면서 하나님께 기도해주시는 역할도 하실 것입니다. 그리하여 이제 새로운 시대, 예수님이 천상에서 왕 노릇하시는 시대가 왔음을 사람들이 분명히 알게 하는 역할을 하실 것입니다. 성령님은 사도들이 그 소식, 그 복음을 전할 때 도와주시고 고난을 이겨낼 수 있도록 힘을 주실 것입니다. 사도 바울은 말만 잘 하는 고린도 교회 성도들을 야단치면서 이렇게 말씀하신 적이 있습니다.

> "주께서 허락하시면 내가 너희에게 속히 나아가서 교만한 자들의 말이 아니라 오직 그 능력을 알아보겠으니 하나님의 나라는 말에 있지 아니하고 오직 능력에 있음이라"(고린도전서 4:19-20)

어떤 능력입니까? 바로 고난을 참는 능력입니다. 진짜 하나님 나라 백성들은 말만 잘 하는 사람이 아니라 복음을 전하기 위해서, 복음을 살기 위해서 고난을 인내하는 사람입니다. 그 능력을 주시는 분이 바로 성령님이십니다. 그러니 이 성령님의 인도하심과 동행하심이 없이는 아무도 하나님 나라의 일을 할 수 없고 하나님 나라 사람으로 살 수 없습니다.

교회가 타락하고 목회자가 웃음거리가 된 이유가 무엇이며, 교인들이 이중성과 탐심 때문에 조롱의 대상이 된 이유가 무엇인 것 같습니까? 성령을 의지하지 않고 자기 힘을 의지하였기 때문입니다. 그러면 그들은 하나님의 나라가 아니라 자기 나라를 일구게 됩니다. 교회가 그리스도의 몸이요 하나님의 나라가 되는 것이 아니라, 특정한 이익 집단이나 한 인간의 왕국이 될 수 있습니다. 성령의 역사가 사라지면 교회는 목사 개인의 사기업처럼 변질되고, 세상에서 목소리 큰 사람이 교회 안에 들어와서 자기 뜻대로 주도하게 됩니다. 권력의 시녀가 되어 그들의 불의한 통치 행위를 신학적으로 포장하고 정당화해주는 곳으로 퇴행하고, 시대정신을 따라 자기 욕망에 충실하려는 자들에게 거짓 축복과 위안을 주기에 여념이 없는 곳이 됩니다.

우리가 성령이 역사하시도록 겸손하게 자신을 성찰하고 하나님의 말씀에 귀 기울일 때라야, 이렇게 가슴 아프도록 타락한 교회의 전철을 밟지 않을 수 있습니다.

기다림, 적극적인 순종

그 성령께서 오실 때까지 제자들은 기도하고 말씀을 묵상하면서 예루살렘을 떠나지 말고 기다려야 했습니다. '기다림', 그것은 믿는 자들에게는 '정체'停滯가 아닙니다. 그것은 소극적인 일도 아닙니다. 사랑하는 사람과 만나기로 한 약속 시간을 기다리는 사람을 생각해보십시오. 아무도 그 시간을 소극적이라고 말하지 못할 것입니다. 몸은 가만히 있더라도, 마음만은 아주 적극적으로 그 시간을 향하여 가고 있습니다. 사랑하면 사랑할수록 그 시간이 더디 올 것입니다. 반대로 내키지 않으면 훨씬 그 시간은 빨리 올 것입니다. 기다리지 않으면 만날 수 없습니다. 그러니 기다림은 순종입니다. 적극적인 순종입니다. 침묵이 최고의 찬미가 될 수 있고 가장 강력한 언어가 될 수 있듯이 말입니다. 기다림은 가장 적극적인 행동이요 실천이요 순종입니다.

성령님이 우리 인생 가운데 행하시게 하기 위해 우리가 해야 할 가장 필수적인 일이 기다림입니다. 아무 것도 하지 않음이 아니라 온 믿음으로 기다리는 것입니다. 말씀을 묵상하고 기도하면서 기다려야 합니다. 서둘러 내가 하고 싶은 일을 정당화하는 말을 찾으려고 《성경》을 뒤틀고 왜곡해서는 안 됩니다. "주님의 음성을 들었다", "주님이 내게 말씀을 주셨다" 같은 표현들을 매우 조심스럽게 쓰고 또 조심스럽게 들어야 합니다. 자칫 그것이 기다림의 산물이 아니라 조급함의 산물일 수 있어서 그렇습니다. 내가 듣고 싶은 말이고 불현듯 떠오른 내 생각일 뿐인데 성령의 음성이라고 지나치게 해석할 수도 있기 때문입니다.

예루살렘, 그곳은 제자들에게는 달가운 곳이 아닙니다. 떠나고 싶은 곳입니다. 엠마오로 서둘러 내려가는 제자들이 그 심경을 대변합니다. 희망이 꺾인 곳입니다. 엄청난 절망의 파고波高에 휩쓸려 죽을 것 같았던 시절을 떠올리게 하는 곳입니다. 동시에 그곳은 부끄러움의 장소입니다. 나를 사랑하던 스승을 매정하게 내팽개치고 부인하고 도망쳤던 곳이기 때문입니다. 그런데 놀랍게도 주님은 그 몸서리치던 수치와 패배, 낙담과 절망의 자리를 "떠나지 말라"고 하십니다. 그래서 어떤 분은 이 명령을 이렇게 읽습니다.

> "여러분이 실패한 그 자리, 여러분의 인간성이 적나라하게 노출된 그 자리에서 한 발짝도 물러서지 말고, 부릅뜬 눈으로 여러분의 바닥난 인간성을 응시해야 합니다. 예수님의 죽음이 억울하게 느껴질 때까지, 처절하게 느껴질 때까지, 악몽처럼 느껴질 때까지 예루살렘을 떠나지 말고 거기에 있어야 합니다. 그때 비로소 여러분은 부활의 증인이 될 수 있습니다." (《사도행전》, 김회권)

하나님의 희망적인 약속에 대한 묵상도 중요합니다. 하나님께서 우리를 사랑하신다는, 우리를 용서하신다는, 우리를 통해서 주님의 기쁘신 뜻을 이루시겠다는 말씀도 중요하지만, 그전에 우리 자신을 묵상하라는 것입니다. 그렇지 않으면 약속의 성령님이 오셔도 우리를 성전 삼으실 수 없기 때문입니다.

교회가 하나님의 교회가 되는 조건은 단 하나입니다. 하나님의 성령께서 역사하시게 하는 것입니다. 그분이 말씀으로 우리 가운데서 자유롭게 역사하시게 하는 것입니다. 우리 자녀들이 하나님의 사람으로 자라게 하는 조건은 단 하나입니다. 우리 자녀들 안에 성령께서 역사하시게 하는 것입니다. 적극적으로 도울 일도 있겠지만, 그보다 더 자주 우리 부모의 욕망이, 우리 부모의 세속적인 가치관이 성령님의 역사를 가로막는 걸림돌이 되지 않도록 살펴야 합니다.

나가는 말

사도행전이라는 '대하大河에 배 한 척 띄웠습니다. 성령의 물길을 따라서 나아가기를 기도하면서 강해설교를 시작합니다. 두려운 마음, 설레는 마음도 있습니다. 사도들의 이야기, 성령님의 이야기, 예수님의 이야기, 하나님의 이야기를 들으면서, 그때 그곳의 하나님 나라 역사가 오늘 이곳에서도 재현되기를 소망해봅니다. 그것을 '부흥'이라고 이름 짓는다면, 그 부흥을 맛보고 싶습니다. 우리의 교회가 살고, 성도들이 살고, 성도들의 가정이 살고, 동네가 살고, 그래서 이 조국이 살 수 있는 그 부흥이 이 책을 읽는 모든 이들로부터 일어나기를 소망합니다. 성령께서 거침없이 자유롭게 역사하시고 말씀하실 수 있는 거룩한 영토가 되기를 소망합니다. 주님의 이 바람이 우리 모두의 마음에 좀 더 구체적으로 아로새겨지기를 기대합니다. 이를 위해서 잘 배웁시다. 이제 우리 함께 하나님 나라를 잘 배워갑시다. 주님을 가르치려 들지 말고 주께 조아려 잘 들읍시다. 《성경》으로, 삶으로, 또 여러 모양으로 말씀하시는 것을 알아들을 수 있도록 영적인 안테나를 잘 세우길 바랍니다.

그리고 잘 기다립시다. 성령님보다 앞서 나가지 말고, 성령님의 생각이라고 속단하지 말고, 성령께서 내 욕망을 잘 드러내실 때까지, 그리고 내 가청한계 可聽限界, 시청한계 視聽限界, 이해한계 理解限界를 드러내실 때까지, 내 수치스런 역사를 외면하지 않고 직면하는 용기를 얻을 때까지, 그래서 진심으로 나 자신을 부인하고 그리스도의 십자가를 수용할 수 있을 때까지, 서둘지 말고, 들레지 말고, 잘난 체하지 말고, 잘 기다리는 우리가 되기를 바랍니다. 그때 성령의 교회, 그리스도의 교회, 하나님 아버지의 교회가 될 수 있을 것입니다.

함께 기도하겠습니다

하나님 아버지 감사합니다.

이 귀한 책 사도행전을 저희에게 기록해주셔서
어둠이 짙은 혼미한 세상, 거센 세속의 파고 가운데서도
빛 되신 주님을 의지하고, 성령님 의지하여 살게 하시니 감사합니다.

복음을 듣게 하시고 부활의 능력을 알게 하셔서
부족하지만 십자가의 도를 깨닫고 성령의 역사를 의지하여
주님 기뻐하시는 교회의 모습을 그려가게 하옵소서.

세상을 보면 부흥 Revival이 기대되기보다는
생존 Survival이 더 걱정스럽고,
하나님 나라의 비전에서 한참이나 멀어져 있는
참으로 작고 미약한 저희 자신이나 교회를 보면서는
희망보다는 절망을 갖기가 더 쉬운 시절이지만,
주님, 아무리 이 시대가 힘들어도,
메시아를 죽였고 증인들을 핍박하였던 시대보다
더 험악하지는 않는 줄 아오니,
더는 저희가 핑계하거나 미루지 않게 하시고,
오늘도 변함없이 주께서 주도하여 창조하시는 사도행전적 교회를
함께 참여하여 일구어 가도록 도와주옵소서.

주님, 앞으로 이 사도행전 말씀을 같이 묵상하는 동안

저희가, 저희의 교회가 오늘 이 세상에 꼭 있어야 하는 성도와 교회,

주님께서 이 시대에 꼭 보고 싶어 하시는 성도와 교회,

이 어둔 역사를 구원하기 위해 사용하시는 성도와 교회,

하나님을 하나님 되게 하는 성도와 교회,

그런 주님의 자녀들 되게 하여 주옵소서.

아멘.

오직 성령이 너희에게 임하시면

사도행전 1:6-11

경계 넘기

주님은 자비하셔서 우리가 생각하지 못했고 그려보지 않았던 모습으로 당신의 교회를 세우셨고 또 양육하고 계십니다. 그러나 좋은 교회Good Church에 대한 고민은 여전합니다. 좋은 성도, 좋은 목회자가 누구일까에 대해서 묻고 또 묻습니다. 그래서 '부흥'의 책, 사도행전을 꺼내들었습니다. 개인과 교회와 세상을 변화시킨 강력한 원인에 대한 가장 적나라한 원형을 제시하고 있는 책이기 때문입니다. 그 사건을 주도한 분이 살아 계신 하나님이시라면, 오늘 또다시 그분의 역사를 요청하기 위해서 우리는 어떤 토양을 만들어야 하며, 상황과 역사 앞에서 어떻게 반응해야 하는지 이 책을 매개로 돌아보려고 합니다.

회심의 본질은 이기적인 자기중심성을 탈피하여 이타적이고 희생적인 사랑의 삶으로 전환하는 것이라고 생각합니다. 하나님을 떠난 인간은 하늘의 자원을 공급 받지 못하면서부터 근원적인 불안을 떨쳐내지 못하고 끊임없이 소유를 통해 권력을 확보하려고 했습니다. '안전'은 많은 재산과 권력, 사회적인 평판에서 나온다고 생각합니다. 그들은 '발전'Development과 '새로움'Newness을 우상처럼 떠받들고 추구합니다. 그러니 남을 배려하거나 남을 위해서 희생하는 것은 상상하기도 어려울 것입니다. 그럴 여유도, 시간도 없습니다. 악하고 느린 것은 제거되고 사라져야 할 상애물로 간주할 뿐입니다. 하나님 없는 우리는 뼛속 깊이 이기적입니다. 계산적입니다. 한 번 얻은 자원을 영속화시키고 고착화시키는 방법으로 고안한 것이 '경계 짓기' 입니다. 높은 차별의 담을 쌓아서 편을 가릅니다. 힘 없는 자를 차별하고, 자신은 특권적인 차별 대우를 받으려고 합니다. 경계와 룰Rule은 늘 힘 있는 자가 정합니다. 가진 자와 못 가진 자, 강남과 강북, 남자와 여자, 수도권 대학과 비수도권 대학, 서울과 지방, 경상도와 전라도, 건강한 자와 장애인, 잘 생긴 사람과 못 생긴 사람, 정규직과 비정규직, 보수와 진보, 영어 잘 하는 사람과 못 하는 사람, 그 밖에도 인종과 종교까지 인간은 수많은 담을 쌓아올렸습니다. 자신들의 이해관계를 대변하는 집단들로 카르텔Cartel을 형성합니다.

그런 점에서는 종교집단들도 크게 다르지 않습니다. 타락한 교회들은 숱한 이해관계를 따라서 지금도 이합집산을 거듭하고 있습니다. 명분이 무엇이든 결국 자기 것을 지키려는 애처로운 몸짓일 뿐입니다. 이렇게까지 하는 것은 이 모든 것을 자기 스스로 얻었다고 생각하기 때문이고, 그래서 다 자기 것이라고 생각하기 때문입니다. 그들은 자신의 존재를 '소유'에 기대어 평가합니다. 타인이 부여하는 명성과 평판에 따라 자신의 '가치'가 결정된다고 생각합니다. 그러니 자신을 지키려면 그런 소유나 명성을 지켜야 한다고 생각합니다. 만약 예수를 믿는다고 하면서 여전히 우리 자신의 정체성을 소유나 세상적인 소속으로 판단한다면, 그는 복음을 통한 근본적인 가치관 전환을 경험하지 못한 사람일 수 있습니다. 평생토록 자리나 공간을 차지하고 소유를 불리는 것을 목표로 사는 사람들이 있습니다. 자기가 못 이루면 자식을 통해서라도 소유가 주는 영광을 취하려는 이들이 있습니다. 이를 위해 담을 쌓고 경계를 만듭니다. 하지만 결국 귀한 인생을 허비하는 일이 될 뿐입니다.

신앙을 갖는다는 것은 이 '담'을 헐고 '경계'를 재설정한다는 뜻입니다. 신앙은 내가 죽고 내 안에 그리스도께서 사시게 하는 것이기 때문입니다. 그리스도께서 사랑하는 사람이면 누구든 사랑하는 것입니다. 설령 원수라 할지라도 그리스도께서 그를 사랑하실 용의가 있다면 나도 사랑해야 합니다. 하지만 지켜야 할 경계와 담도 있습니다. 그리스도께서 세우신 경계와 담이라면, 목숨을 걸고서라도 그 경계를 포기해서는 안 됩니다. 진리의 경계요 거룩과 경건의 담입니다. 현대를 포스트모던Post-Modern 사회라고 부릅니다. 그것은 다양성 혹은 다원주의, 혹은 상대성을 최고의 가치로 여기는 사회라는 뜻입니다. 그들은 진리는 오직 하나라는 생각을 가장 위험하고 불경하고 순진하다고 여깁니다. 따라서 확고하고 불변한 진리라고 생각했던 것들을 해체하는 것을 시대의 과업으로 삼습니다. 그러고는 진리는 인간 바깥에 있는 것이 아니라 누구든 자기만의 진리를 세울 수 있고 말할 수 있다고 충동합니다. 자유를 제약하는 담이나 경계 자체를 아주 없앨 때 인간은 극대치의 자유와 자율을 누릴 수 있고, 거기에서 진정한 인간성이 발현된다고 말합니다. 따라서 포스트모던 사회에서는 아무도 상대방에게 진리라는 이름으로 가르치거나 주장하거나 설파해서는 안 됩니다. 전도나 선교는 매우 불온하고 대단히 예의 없는 일로 간주됩니다.

하지만 오늘 우리가 신앙인으로 산다는 것은 이것도 저것도 아닙니다. 우리는 담을 높이 쌓고 진한 경계를 정해서 아무도 들어오지 못하게 하고 자기 구성원들의 이익과 욕망만을 위해서 존재하는 집단이 아닙니다. 그런 집단은 결코 그 안에서도 하나가 될 수 없습니다. 수십 개, 수백 개의 작은 관계들로 쪼개질 것입니다. 밖을 향해서 넘쳐흐르고, 스며들고, 번질 수 있는 공동체만이 진정으로 내부에서도 하나가 될 수 있습니다. 그 반대도 사실입니다. 내부에서 진정으로 자기를 부인하는 사랑을 나눌 줄 아는 공동체가 밖을 향해서도 자신들이 믿는 바를 담대하게 선포할 수 있습니다. 다른 한편으로, 참 교회는 자신이 진리라고 믿는 것을 조금도 포기하지 않을 것입니다. 허위와 거짓에게 그 자리를 내주지 않을 것입니다. 이런 태도가 이 세상의 성공 신화에 잡아먹히지 않도록 교회를 지켜줄 것입니다. 세상에 살면서 세상을 섬기지만, 세상과 전혀 다른 곳이 되게 해줄 것입니다. 교회의 선교는 경계를 지우는 것이 아니라 경계를 넘는 일입니다.

사도행전적 부흥, 사도행전적 교회의 중요한 특징이 바로 이 경계 넘기입니다. 경계 파괴가 아니라 경계 확장입니다. 화해와 환대를 통한 포용입니다. 차이와 차별을 구분합니다. 교회는 자신들의 가치를 확산시키는 강력한 힘을 갖고 있었습니다. 교회는 진리를 독점하거나 고착화시키지 말고 끊임없이 열린 마음으로 소통하면서 그 깊이를 더해가야 합니다. 그것은 자신들이 믿고 있고 경험하고 있는 것이 세상 그 어떤 것보다도 값지고 진실하고 생명을 살리는 것이라고 굳게 믿고 있었기 때문에 가능했습니다. 달리 말하면 예수 그리스도 안에서 구심력적 교회가 되었기 때문에, 세상을 향한 원심력적 교회도 될 수 있었던 것입니다. 오늘 우리는 본문을 보면서 몇 가지 점에서 이런 경계 넘기의 사례를 찾아보려고 합니다. 이것이 오늘 우리가 본받아야 할 지점입니다.

다섯 가지 경계

본문에서 예수님은 다섯 가지 경계를 넘어설 것을 요구하십니다. 첫 번째로, '나' 혹은 '물질'의 경계를 넘어서 '성령'을 의지할 것을 요구하십니다. 두 번째로, 팔레스타인의 '이스라엘'이라는 경계를 넘어서 '세계 인류'로 나아갈 것을 요구하십니다. 세 번째로, '특정한 때'에 대한 관심을 넘어서, '모든 때'를 소중히 여기라고 하십니다. 네 번째로, '하늘'만 바라보는 피안의 종교가 아니라, '땅'을 소중히 여기라고 하십니다. 다섯 번째로, '갈릴리'라는 경계를 넘어서 '온 세상'으로 나아가라고 하십니다.

예수님은 부활하신 후 사십 일 동안 제자들과 함께 계시면서 그들을 '작은 예수들'로 훈련시켰습니다. 예수님은 특히 '하나님 나라의 일'을 말씀하셨습니다. 부활은 예수님이 하나님 나라의 왕이심을 증명한 사건입니다. 이제 예수님은 지상에서의 왕 노릇을 마치고 천상으로 올라가실 것입니다. 거기서 왕 노릇 하실 것인데, 그 왕의 역할을 이 땅에서 대행해줄 분이 바로 '성령'이십니다. 그리고 그 성령님께 붙들린 제자들에 의해 그 나라는 사람들의 눈에 보이는 형태로 나타날 것입니다. 그래서 예수님은 제자들에게 아버지께서 약속하신 그것, 바로 '성령 세례'를 기다리라고 명령하십니다. 예언자들도 하나님 나라와 성령, 이 둘을 강조했습니다. 메시아의 시대, 새 언약의 시대의 특징은 성령님입니다. 하나님의 영이 충만하여 만민이 그것을 누리게 되는 것이 종말에 임할 하나님 나라의 축복이고, 이것이 하나님께서 통치하신다는 강력한 증거가 될 것이고, 그 영으로 말미암아 하나님의 사람들은 하나님의 다스림을 받으며 살 수 있게 될 것이라고 말했습니다. 이제 수업이 끝나고 질의응답 시간이 왔습니다.

"그들이 모였을 때에 예수께 여쭈어 이르되 주께서 이스라엘 나라를 회복하심이 이 때니이까 하니"(사도행전 1:6)

제자들은 예수님이 성령이 곧 임하실 것이라고 하자, 그럼 그때 그 하나님 나라도 도래하는 것이냐고 묻고 있는 것입니다. 아주 자연스러운 질문입니다. 질문을 들어보면, 선생님들은 질문하는 사람이 얼마나 알고 있는지 파악합니다. 그래서 질문하는 것은 매우 용기 있는 일입니다. 질문은 자신의 수준을 드러내고, 자기가 틀렸다면 고칠 각오가 되어 있다는 의사표시이기 때문입니다. 그런데 종교 개혁자 칼뱅Jean Calvin은 그의 주석에서 제자들의 질문을 이렇게 평가합니다. "그들의 질문은 단어 하나하나마다 다 잘못되었다." 실제로 그들이 말한 동사, 명사, 부사는 모두 그들이 하나님 나라를 얼마나 오해하고 있는지를 보여주었습니다. '회복하다'라는 동사, '이스라엘'이라는 명사, '이 때'라는 부사구 모두 그들이 하나님 나라에 대해서 들었지만, 여전히 자신들이 갖고 있던 기존 개념에서 조금도 바뀌지 않았음을 보여줍니다. 이것은 하나님 나라의 본질, 하나님 나라의 범위, 하나님 나라의 시간을 묻는 질문입니다. 질문을 받으신 예수님은 여전히 자기 생각에만 머물러 있는 제자들이 안타까우셨을 것입니다. 여기 '회복하다'라는 말은 그들이 여전히 하나님 나라를 정치적이고 영토적인 개념으로 이해하고 있음을 보여줍니다. '이스라엘'이라는 말은 제자들이 민족적인 하나님 나라를 기대하고 있음을 드러냅니다. 또 '이 때'라는 말은 성령의 도래와 함께 그 나라가 동시에 완성될 것이라고 생각했음을 말해줍니다. '이미'와 '아직' 사이의 긴장 속에 있는 하나님 나라에 대해서는 아직 잘 이해하지 못하고 있었던 것입니다.

첫 번째 경계·나에서 성령으로

이스라엘은 하나님 나라를 기다리던 민족입니다. 남북 이스라엘이 멸망한 후 이스라엘은 사실상 하나님 나라가 팔레스타인 땅에는 임하지 않았다고 생각했습니다. 물론 사실이 아닙니다. 포로기에도, 포로에서 돌아온 후에도 하나님은 여전히 하나님 나라의 왕으로 계셨고, 자기 백성을 위해 일해 오셨습니다. 역사의 주인은 여전히 하나님이셨습니다. 선지서가 말해주고 특히 다니엘서가 말하는 것이 바로 그것입니다. 그런데 현실 상황은 그렇지 않았습니다. 이스라엘은 여전히 다른 이방 민족들의 지배를 받고 있었습니다. 그들에게 참된 해방은 이 땅 팔레스타인에서 이방인들이 물러가고 독립 국가를 세우는 것을 의미했습니다. 그래서 저 성전이 깨끗해지고 그곳에서 이전처럼 거룩한 메시아적 제사장이 집례하는 예배를 드릴 날을 고대했습니다. 그러자면 강력한 메시아적 통치자가 나와야 한다고 믿었습니다. 엠마오로 가는 두 제자는 자기들과 동행하는 한 낯선 사람이 부활하신 예수인 줄 모른 채 십자가에서 죽은 예수에 대해 이렇게 묘사합니다.

"우리는 이 사람이 이스라엘을 속량할 자라고 바랐노라 이뿐 아니라 이 일이 일어난 지가 사흘째요."(누가복음 24:21)

예수가 로마의 지배에서 이스라엘을 구원해줄 자로 알았는데 그만 허망하게 힘 한 번 못 써보고 십자가에서 죽었다면서 비통해했습니다. 그런데 제자들은 이제 자신들이 포기한 그 소망, 이스라엘의 독립과 성전의 정화와 예배의 회복이 성령이 오시면 이루어지는 것이냐고 묻는 것입니다. 이제 예수님은 제자들의 질문에 다음과 같이 대답해주십니다.

"이르시되 때와 시기는 아버지께서 자기의 권한에 두셨으니 너희가 알 바 아니요 오직 성령이 너희에게 임하시면 너희가 권능을 받고 예루살렘과 온 유대와 사마리아와 땅 끝까지 이르러 내 증인이 되리라 하시니라"(사도행전 1:7-8)

여기서 예수님은 다시 '성령'을 강조하십니다. 그리고 그분의 '권능'을 강조하십니다. 이것은 스가랴 예언자가 말씀하신 대로, 하나님 나라는 사람의 힘이나 능력으로 세워지는 것이 아니고 하나님의 성령을 통해서만 세워진다는 말씀(슥 4:6)을 생각나게 합니다. 제자들이 생각하는 나라는 땅의 나라였고, 눈에 보이는 나라였고, 정치적인 해방이 이뤄지는 나라였습니다. 하지만 예수님은 하나님 나라가 확인 가능한 구체적인 땅의 나라이고 물질적인 나라이지만, 더 본질적으로는 영적인 나라라고 말씀하시고 있습니다. 땅이 있고 백성이 있으면 저절로 형성되는 나라가 아니라 하나님 나라의 '왕'이 통치해야 하나님의 왕국이 됩니다. 하나님 나라를 세우는 데 가장 필요한 것은 '인간의 권능'이 아닙니다. 강력한 군대도 아닙니다. 정치적인 혁명이나 군사적인 반란도 아닙니다. 전쟁은 더욱 아닙니다. 제자들이 흠모해 마지않던 부자 청년처럼 강력한 자원을 많이 가진 자들이 주도하는 나라도 아닙니다. 그 나라는 어떤 인간 지도자에게 충성을 바치는 나라가 아닙니다. 오직 왕이신 예수 그리스도께만 충성을 바치는 나라입니다. 그 나라는 그분의 방법으로, 그분의 시간표를 따라 이루어질 것입니다.

따라서 그 나라가 이루어지기 위해 반드시 먼저 내가 무너져야 합니다. 나의 나라가 붕괴되어야 합니다. 땅에 속한 세속적 가치관이 무너져야 합니다. 생명의 근원이신 하나님을 떠나 나와 불가분의 관계로 연결된 이웃을 외면했던 이기적인 자기중심성이 깨지고 철저히 이타적인 사람이 되어야 합니다. 구원, 그것은 해방과 자유의 사건입니다. 그 해방과 자유는 나 중심성의 노예였던 삶으로부터의 해방이요 자유입니다. 포스트모던이 말하는 자기중심성이 강화된 자유와 자율이 아닙니다. 오직 내 욕망에만 충실하여 타인의 필요에 민감하지 못했던 탐욕적인 삶으로부터의 해방이요 자유입니다. 그것은 사랑으로 역사하는 자유입니다. 남이 알아듣든지 말든지 오직 내가 하고 싶은 말을 내 방식대로만 말하고, 내가 듣고 싶은 대로만 듣겠다는 것이 포스트모던적 태도입니다. 하지만 이제 복음은 겸손하게 경청하고 진솔하게 소통하는 삶으로의 전환을 가져다줍니다. 그래서 진정으로 해방과 구원을 경험한 사람들은 사랑하기 위해서 내 자유를 기꺼이 포기할 줄 압니다.

그 변화는 예수 그리스도의 구속을 통해서 가능해졌고, '성령'의 역사를 통해서 실현됩니다. 구원 받은 그리스도인은 모두 성령의 사람들입니다. 내 안에서 내 소리나 세상의 소리보다 성령의 소리, 성령을 통한 그리스도의 소리, 또 하나님의 말씀의 소리를 더 크게 듣는 사람이 그리스도인입니다. 이전에 우리는 조물주보다 피조물을 더 사랑했고, "모든 불의, 추악, 탐욕, 악의, 시기, 살인, 분쟁, 악독이 가득한 자"(롬 1:29)였습니다. 이제 하나님 나라는 성령의 나라입니다. 교회는 성령이 가장 자유롭게 역사하시는 공간입니다. 성령의 열매를 맺는 교회입니다. 몇 명이 모였든지, 어디서 모이든지 그건 중요하지 않습니다. 선교지에서는 지금도 하늘만 덮고 예배하는 곳이 많습니다. 박해를 피해 지하로 들어가고 토굴을 찾아 모이는 곳이 있습니다. 하지만 타락한 교회는 공간의 종교가 됩니다. 교회는 더 화려한 신전을 더 위대한 종교의 증거로 삼는 세속 종교들처럼 되어서는 안 됩니다.

하나님 나라는 정치, 군사적인 나라가 아니라 영적인 나라입니다. 그 나라는 어떤 정치 이념이나 프로그램과 동일시 될 수 없습니다. 그러고도 그 하나님 나라는 이 세상 나라를 뒤흔들 가장 강력한 사회, 경제적인 변혁을 가져올 수 있는 세력이 될 것입니다. 무너진 가정을 일으키고 이 사회를 정의롭게 하는 가장 강력한 활력은 바로 나 중심적인 삶에서 성령 중심적인 삶으로 변화된 그리스도인들로부터 나온다는 것도 사실입니다. 지금 교회가 이 세상으로부터 존경 대신에 지탄을 받고 있는 것은 그들이 공간의 종교로 전락했기 때문입니다. 이 세상 나라의 세계관과 가치관에 타격을 입히고 선명한 대안을 제시해줄 만큼 하나님 나라를 시연(示演)하지 못하고 있기 때문입니다. 성령께서 역사하시는 영적인 나라가 몸을 가진 내 안에, 우리 가정에, 우리 교회에 임할 때, 그곳이 바로 사도행전적 부흥이 일어나고 사도행전적 교회, 하나님 나라에 기초한 교회가 될 것입니다.

두 번째 경계 · 이스라엘에서 온 세계로

제자들이 생각하는 하나님 나라는 팔레스타인의 이스라엘이었습니다. 민족주의적이고 국수주의적이었습니다. 여전히 선민 유대인과 이방인의 경계가 선명했습니다. 그들이 그렇게 생각한 데는 《구약성경》의 예언도 한몫했을 것입니다. 《구약성경》에서는 이스라엘 중심의 구심적 하나님 나라를 예언하고 있기 때문입니다.

"말일에 여호와의 전의 산이 모든 산 꼭대기에 굳게 설 것이요 모든 작은 산 위에 뛰어나리니 만방이 그리로 모여들 것이라 많은 백성이 가며 이르기를 오라 우리가 여호와의 산에 오르며 야곱의 하나님의 전에 이르자 그가 그의 길을 우리에게 가르치실 것이라 우리가 그 길로 행하리라 하리니 이는 율법이 시온에서부터 나올 것이요 여호와의 말씀이 예루살렘에서부터 나올 것임이니라 그가 열방 사이에 판단하시며 많은 백성을 판결하시리니 무리가 그들의 칼을 쳐서 보습을 만들고 그들의 창을 쳐서 낫을 만들 것이며 이 나라와 저 나라가 다시는 칼을 들고 서로 치지 아니하며 다시는 전쟁을 연습하지 아니하리라"(이사야 2:2-4)

유대인들은 하나님 나라가 이뤄지는 것을 세계 만민이 성전을 향해서 나아오는 사건으로 이해했습니다. 그들은 세계 속으로 흩어지는 나라에 대해서는 생각하지 못했습니다. 하지만 처음 아브라함을 부르실 때부터 온 세계의 구원은 하나님의 계획이었습니다. 이방인과 유대인이 하나가 되어 주를 찬미하는 것이 하나님께서 구약 시대에 이상으로 보여주었던 하나님 나라입니다. 사도 바울도 로마서에서 이 나라를 소망하고 있었습니다.

"그러므로 그리스도께서 우리를 받아 하나님께 영광을 돌리심과 같이 너희
도 서로 받으라 내가 말하노니 그리스도께서 하나님의 진실하심을 위하여
할례의 추종자가 되셨으니 이는 조상들에게 주신 약속들을 견고하게 하시
고 이방인들도 그 긍휼하심으로 말미암아 하나님께 영광을 돌리게 하려 하
심이라 기록된 바 그러므로 내가 열방 중에서 주께 감사하고 주의 이름을
찬송하리로다 함과 같으니라 또 이르되 열방들아 주의 백성과 함께 즐거워
하라 하였으며 또 모든 열방들아 주를 찬양하며 모든 백성들아 그를 찬송
하라 하였으며 또 이사야가 이르되 이새의 뿌리 곧 열방을 다스리기 위하여
일어나시는 이가 있으리니 열방이 그에게 소망을 두리라 하였느니라"(로마서
15:7-12)

이방인이 유대인과 더불어 여호와를 찬양하는 그 날을 위해 유대인들
은 끊임없이 자신을 창조적으로 해체하여 이방인들 속으로 나아가야 했습
니다. 하지만 그들은 높은 담을 쌓고 자격 심사를 거친 후에 받아주는 역
할만 했습니다. 정작 그들 자신에게는 그것이 '위선'과 '고립'의 담이 되고
말았습니다. 자신을 낮추어 이웃을 향해 나아가지 않으면, 우리는 곧 교만
해지고 스스로를 고립시켜 결국 썩고 말 것입니다. 그래서 인간적 자부심
으로 충만한 교회일수록 고약한 냄새가 납니다. 예수님은 하나님 나라가
온 세계로 퍼질 것이라고 하십니다. 예루살렘에서 시작하지만 유대와 사
마리아로 퍼질 것입니다. 오래도록 유대와 사마리아는 견원지간犬猿之間이
었습니다. 원수 사이였습니다. 정결함과 부정함의 경계가 선명했고, 혈통적

인 경계가 둘 사이를 갈라놓고 있었습니다. 그런데 복음이 그것을 돌파할 것입니다. 게다가 이방의 세계, 즉 땅 끝까지 나아갈 것입니다. 성령께서 우리 안에서 모든 선입견과 고정관념, 그리고 그릇된 전통과 인습, 세속적인 욕망으로 버무려진 기대를 다 깨뜨리실 것입니다. 그래서 성도들이 사랑으로 무장하여 주께서 보내신 곳이면 어디든 나아가고, 주께서 손을 내밀라고 하시는 곳이면 어디든 가서 친구로 삼고, 이웃으로 삼고, 가족으로 삼는 공동체가 될 것입니다. 이것이 사도행전적 교회입니다. 이것이 부흥입니다. 이스라엘이 죽어야 온 세상이 살 수 있습니다. 내가 죽고 성령께서 내 안에서 역사하실 때 '내 교회'라는 울타리를 넘어설 수 있습니다. 거대하고 딱딱한 '고체'로서의 교회는 해체되고, 기체와 액체처럼 자기를 비워 세계 만민 속으로 스며들어 번지는 교회로 변할 때, 우리 안에 사도행전적 부흥이 일어날 것입니다. 사도행전 1장 8절은 사도행전 전체를 아우르는 '프로그램적 선언'Programatic Statement입니다. 이제 사도행전은 예루살렘의 성령의 역사와 유대와 사마리아의 성령의 역사, 그리고 땅 끝의 성령의 역사의 순서로 진행될 것입니다. 성령께서 하나님의 말씀에 순종하는 이들을 통해 어떻게 이 하나님 나라 복음을 이방인들에게 전하는지를 보여줄 것입니다.

세 번째 경계 · 특정한 때에서 모든 때로

제자들은 주께서 이스라엘 나라를 회복하심이 "이 때니이까?"라고 물었습니다. 머지않아 성령이 오실 것이라고, 그러면 그때 종말이 올 것이라고 기대한 것입니다. 그러면 악인들은 다 심판을 받고 의인들의 나라가 설 것이라고 기대했습니다. 그런 제자들에게 예수님은 대답하십니다.

"이르시되 때와 시기는 아버지께서 자기의 권한에 두셨으니 너희가 알 바 아니요"(사도행전 1:7)

예수님은 공생애 기간 동안에도 분명히 그때와 기한은 아들 자신도 모르고 오로지 하나님께만 달려 있다고 가르치셨습니다. 그것은 우리가 궁금해 할 일이 아닙니다. 캐낸다고 알 수 있는 것도 아닙니다. 하지만 분명한 것은 가르쳐주셨습니다. 성령이 임하는 그 시점이 곧 그들이 생각하는 하나님 나라가 임하는 때는 아니라는 것입니다. 그날은 완성의 날이 아닙니다. 그날은 심판의 날이 아닙니다. 그날은 점진적으로 완성될 것입니다. 이전보다 훨씬 더 강력한 성령의 역사를 볼 수 있는 시기가 오겠지만, 악의 세력이 심판을 받고 새 하늘과 새 땅이 임하는 날은 아니라는 것입니다. 예수는 제자들이 생각하고 있던 직선적인 역사관을 '이미'와 '아직'의 과정이 있는 입체적인 역사관으로 바꿔주고 있는 중입니다. 예수님은 지금 교회는 순례하는 곳이라고 말해주고 있는 것입니다. 가만히 있어도 시간이 흐르면 그때가 오는 것이 아닙니다. 내가 그 시간을 향해서 순례해야 합니다. 천국 티켓을 얻었다고 안심해서는 안 되고, 땅 끝까지 복음을 증거하면서 그 시간을 향해서 나아가야 합니다. 동시에 그리스도인은 오늘, 순간에 내가 완성된다는 생각으로 살아야 합니다. 어제의 내가 당연히 오늘의 내가 될 것이라고 생각하지 말고, 오늘 드려야 할 예배를 드리고, 오늘 해야 할 순종을 하고, 오늘 베풀어야 할 사랑을 베풀며 살아야 합니다. '그날'은 도적과 같이 임하기 때문입니다.

그렇게 참다운 신앙은 공간의 종교가 아니라 시간의 종교입니다. 눈에 보이는 소유를 추구하는 삶이 아니요, 시간을 신실하게 살아내는 것이 참된 신앙입니다. 눈에 보이고 손에 잡히는 무언가를 남기려고 살기보다는 현재의 시간을 질적으로 탁월한 시간으로 만드는 것입니다. 화려한 건물 안에서도 공허한 시간을 견뎌내야 하는 교인들이 있겠지만, 정글에서 더위와 추위와 배고픔과 싸우면서도 행복한 시간을 보내는 이들도 있습니다. 신앙은 오늘의 시간을 '영생'의 시간으로 만드는 것입니다. 크로노스 Chronos, 물리적 시간를 살면서 동시에 카이로스Kairos, 하나님의 질적 시간를 사는 것입니다. "때와 기한은 아버지께서 자기 권한에 두셨으니"라는 대답 은 시간 속에서 살지만 '언제'를 묻지 말고 '어떻게'를 물으며 살라는 뜻입니다. 참다운 부흥은 외형이 빨리 그리고 비대하게 자라는 교회가 아니라, 모두가 함께 존재를 추구하면서 하나님의 질적인 시간을 살아내는 문제입니다. 세상의 시간표를 따라서가 아니라 목자이신 주님의 인도를 따라서 걷는 일입니다. 주일만이 아니라, 교회 일을 할 때만이 아니라, 모든 시간을 하나님의 거룩한 시간이 되게 하는 것입니다.

네 번째 경계·하늘이 아니라 땅

예수께서는 이 대답을 마치시고 제자들이 보는 가운데 하늘로 올라가 십니다.

"이 말씀을 마치시고 그들이 보는데 올려져 가시니 구름이 그를 가리어 보 이지 않게 하더라 올라가실 때에 제자들이 자세히 하늘을 쳐다보고 있는데 흰 옷 입은 두 사람이 그들 곁에 서서 이르되 갈릴리 사람들아 어찌하여 서 서 하늘을 쳐다보느냐 너희 가운데서 하늘로 올려지신 이 예수는 하늘로 가심을 본 그대로 오시리라 하였느니라"(사도행전 1:9-11)

주와 그리스도가 되시려고 하나님 보좌 우편으로 가신 것입니다. 이제 그곳에서 다시 재림하시는 날까지 이 땅을 다스리실 것입니다. 예수님의 승천은 방금 예수께서 하신 말씀을 더 분명히 해주었을 것입니다. 하나님 나라는 땅의 정치적인 나라가 아니라 하늘의 영적인 나라임을 보여주었습니다. 그 나라가 땅에 속한 나라였다면, 예수님은 하늘로 가시지 않았을 것입니다. 이 말씀을 하시지 않고 그냥 하늘로 가셨다면, 제자들은 십자가에서 예수를 잃었듯이, 다시 한 번 예수를 잃었다고 생각할 것입니다. 그래서 자신들이 기대한 하나님 나라, 이스라엘의 구속이 또다시 실패한 것이라고 생각했을 것입니다. 그래서 제자들을 먼저 잘 가르치신 것입니다. 제자들은 이제 저 하늘의 가치관으로 살고, 저 하늘의 권능을 힘입어 살고, 저 하늘의 시간을 따라서 살아야 한다고 가르치셨습니다(골 3:1 이하 참조). 이제 완성의 시간은 예수의 재림 때까지로 연장되었습니다. 성령은 몇 날이 못 되어 오시겠지만, 이 나라의 궁극적인 완성은 예수님이 다시 오실 때 이루어질 것입니다.

"이르되 갈릴리 사람들아 어찌하여 서서 하늘을 쳐다보느냐 너희 가운데서 하늘로 올려지신 이 예수는 하늘로 가심을 본 그대로 오시리라 하였느니라"(사도행전 1:11)

이제 제자들은 성령의 강림만 기다릴 것이 아니라, 그 성령과 더불어 예수의 강림을 기다리는 새로운 시간 속으로 들어갔습니다. 제자들은 망연자실한 표정으로 하늘을 올려다보고 있었습니다. 예수께서 사라지실 때까지 보고 있었습니다. 그때 두 천사가 나타나서 이렇게 말합니다.

"올라가실 때에 제자들이 자세히 하늘을 쳐다보고 있는데 흰 옷 입은 두 사람이 그들 곁에 서서 이르되 갈릴리 사람들아 어찌하여 서서 하늘을 쳐다보느냐 너희 가운데서 하늘로 올려지신 이 예수는 하늘로 가심을 본 그대로 오시리라 하였느니라"(사도행전 1:10-11)

이 두 천사는 예수의 무덤을 찾은 여인들에게 나타난 천사들과 비슷합니다. 그때 천사들은 여인들에게 이렇게 말해줍니다.

"여자들이 두려워 얼굴을 땅에 대니 두 사람이 이르되 어찌하여 살아 있는 자를 죽은 자 가운데서 찾느냐 여기 계시지 않고 살아나셨느니라 갈릴리에 계실 때에 너희에게 어떻게 말씀하셨는지를 기억하라"(누가복음 24:5-6)

이는 예수의 부활을 예상하지 못했던 여인들에게 전혀 새로운 안목을 주는 말씀이었습니다. 여인들은 어떻게 반응했습니까? 비록 눈으로는 부활하신 예수를 보지 못했지만, 이 말을 믿고 제자들에게 예수의 부활 소식을 전했습니다. 여기 사도행전에도 천사들의 역할은 비슷합니다.

"이르되 갈릴리 사람들아 어찌하여 서서 하늘을 쳐다보느냐 너희 가운데서 하늘로 올려지신 이 예수는 하늘로 가심을 본 그대로 오시리라 하였느니라"(사도행전 1:11)

이제 제자들에게 기대되는 반응은 무엇입니까? 주께서 다시 오실 것이라는 말씀을 믿고 그 시간까지 예수의 명령대로 땅 끝까지 이르러 복음을 전하는 일입니다. 천사들은 여기서 "어찌하여 서서 하늘을 쳐다보느냐?"고 책망합니다. 언제까지 신비한 체험에만 머물러 있겠느냐는 것입니다. 이 체험은 변화산상의 체험과 비슷합니다(마 17:1-8; 막 9:2-8; 눅 9:28-36). 그때 베드로는 "여기가 좋사오니 초막 셋을 지어드리겠습니다"라고 했습니다. 그때 하나님은 "이는 내 사랑하는 아들이니 너는 그의 말을 들으라"고 대답하십니다. 그의 말이 무엇입니까? "자기를 부인하고 자기 십자가를 지고 나를 좇으라"는 예수의 말씀입니다. 신비적인 현상에 취해 십자가의 삶을 외면하려고 하는 베드로를 꾸짖는 대답이었습니다. 여기서도 비슷합니다. 예수님이 하늘로 승천해 가셨다고 해서 제자들의 삶이 예수의 돌보심 때문에 늘 순탄하리라고 생각해서는 안 됩니다. 오직 하늘의 행복만을 꿈꾸는 낭만주의자가 되어서는 안 되는 것입니다. 예수 믿으면 형통한 인생만 전개되고 모든 일이 다 잘 될 것이라고 말한다면, 저 하늘만 쳐다보고 사는 사람과 같은 것입니다. 우리 가운데 교회만 거룩하고, 주일만 거룩하고, 교회에서 하는 일만 거룩하고, 목회자만 성직자라고 생각한다면, 그는 하늘만 쳐다보는 자가 되는 것입니다.

예수의 영광스런 승천이 가능한 것은 성령의 역사 때문입니다. 이제 그 성령께서 성도들에게 역사하셔서 이 땅을 영광스럽게 살게 해주실 것입니다. 그러니 "어찌하여 하늘만 쳐다보느냐?"라는 책망은 땅에 두 발을 딛고 살면서 현실에 뿌리내린 신앙을 살지 않은 채 자꾸 저 미래의 소망만을 말하는 사람들을 향한 책망입니다. 이 땅의 천국엔 상처가 있고 눈물이 있고 실패도 있습니다. 끝내 해명되지 않는 억울함도 있습니다. 육체적인 한계, 경제적인 한계, 정서적인 한계 때문에 하늘 백성들 안에서도 상처를 주고 아픔을 줍니다. 인간이라는 직업을 갖고 사는 것 자체가 수고로운 일입니다.

그러면서도 그 가운데 예수의 통치로 말미암아, 성령의 역사로 말미암아, 저 천국에서 누릴 수 있는 기쁨이 존재하는 곳, 그곳이 바로 이 땅의 하나님 나라입니다. 그리고 우리는 "하늘로 가심을 본 그대로 오시리라"는 약속을 가진 자들입니다.

천국은 저 하늘에만 있는 것이 아니라 바로 여기 이 땅에도 있습니다. 우리가 누릴 천국은 이 땅의 천국이고 우리가 전할 천국은 이 땅의 천국과 완성될 미래의 천국입니다. 이제 제자들이 할 일은 저 하늘의 천국을 소망하면서 이 땅의 천국을 누리는 일입니다. 예수님은 지금 두 가지를 다 강조하면서 또 주의를 주고 계십니다. 오직 이 땅에 유토피아를 세우려고 하는 자들을 경계하십니다. 또 이 땅에서 하늘의 절대적인 행복만을 꿈꾸는 자들도 경계하십니다.

다섯 번째 경계·갈릴리에서 온 땅으로

마지막으로 우리가 주목할 것은 "갈릴리 사람들아"라고 부르는 대목입니다. 천사들은 '제자들아', '사도들아'라고 부를 수도 있었습니다. 그런데 '갈릴리 사람들아'라고 부릅니다. 지역 이름으로 사람을 호칭한 예가 여기 처음 나옵니다. 이것은 우리 시대로 하면 저를 부를 때 '전라도 사람'이라고 부르는 것과 같습니다. 갈릴리는 당시에 메시아 운동, 반反로마 투쟁이 활발했던 반골反骨의 고장입니다. 예수가 갈릴리 나사렛 출신이라는 말을 듣고 나다나엘은 "갈릴리 나사렛에서 무슨 선한 것이 나오겠느냐?"고 반문하기도 했습니다. 《성경》 어디에도 갈릴리에서 선한 것이 나온다거나, 심지어 전 세계를 변화시킬 인물이 나온다고 말한 곳이 없습니다. 그런데 이제 하나님은 이 갈릴리 촌놈들을 데리고 전 세계를 하나님 나라로 바꾸는 일을 시작하시겠다는 뜻입니다. 이 촌놈들에게서 시작한 복음이 온갖 지역적인, 민족적인, 제의적인 차별과 소외의 담을 돌파하여 땅 끝까지 이 샬롬의 복음이 퍼져나갈 것이라는 도무지 믿기지 않는 말씀을 하십니다. 전 세계를 변화시킬 복음은 제국의 중심인 로마에서도 아니고 종교의 중심인 에루살렘에서도 나오지 않습니다. 복음은 바로 갈릴리에서 예수를 만나고, 예수를 경험하고, 예수의 말씀을 받아 이해한 자들을 통해서 확장될 것입니다. 예수의 복음에 사로잡힌 사람들에게 성령이 임하시면, 지역적인 경계를 넘어 세계 보편 시민의 언어를 구사하는 예수의 증인이 될 수 있는 것입니다.

나가는 말

사도행전의 부흥은 '나만의 구원', '우리 교회만의 부흥'에 머물지 않습니다. 복음은 나의 한계를 인정하게 만듭니다. 그 한계를 성령의 능력으로 극복하게 하십니다. 그래서 내 한계를 스스로 감춰보려고 만든 온갖 경계를 허물게 하십니다. 시간이 더 흐를수록 오늘보다 훨씬 더 많은 장벽이 허물어지고 훨씬 더 넓게 주님이 역사하시는 것을 볼 줄 아는 교회가 됩시다. 더 많이 사랑하고, 더 조건 없이 사랑하고, 더 오래도록 사랑하고, 더 진실하게 사랑하는 교회가 됩시다. 우리 힘으로 진행하지 않고 성령의 역사로 진행하는 교회가 되게 합시다. 하늘을 소망하되 땅에 두 발을 든든히 딛고 사는 교회가 되며, 오늘 영원을 살고 영생을 누리는 교회가 되기를 간절히 바랍니다.

함께 기도하겠습니다

사랑하는 주 하나님 아버지,

저희의 교회가 오로지 주님의 교회가 되게 하옵소서.

성령의 교회가 되게 하옵소서.

이 동네의 교회 뿐 아니라 온 열방을 섬기는 교회가 되게 하시고,

땅의 교회만이 아니라 하늘의 교회가 되고,

오늘의 교회만이 아니라 내일의 교회도 되게 하여 주옵소서.

날이 가고 달이 가고 해가 갈수록 사랑의 품이 넓어지게 하시고,

기도의 대상도 많아지게 하시며, 더 오래도록

이 시대의 어둠을 인내하면서도, 결코 타협하지는 않게 하옵소서.

담대히 진리를 밝히며 사는 성도들이 되게 하여 주옵소서.

주께서 선물로 주신 이 세상을 만끽하되,

다만 먹고 마시는 즐거움에 머물지 않고 성령께서 주시는

의와 희락과 평강을 누릴 줄 아는 자녀들이 되게 하여 주옵소서.

성령 하나님과 상관없고 진리의 예수님과 상관없고

만군의 하나님과 상관없는 삶을 이제 멈추길 원합니다.

이를 위해 세상이 임의로 만든 모든 담과 장벽들을

재해석하고 재정의할 지혜를 주옵소서.

그것을 뛰어넘기도 하고 그것에 틈과 균열을 내게도 하셔서

예수님 안에서 누구든 하나가 되게 하는 일에

주님 저희를, 저희의 교회를 사용하여 주옵소서.

아멘.

성령을 기다린다는 것은

사도행전 1:12-26

기다림의 시간

우리가 사는 시대는 '속도의 시대'입니다. 그것이 우리에게서 앗아간 것은 여백과 여유입니다. '기다림'이라는 단어는 정체요 지체와 같은 의미가 되었습니다. 일하지 않고 노는 것이 부와 능력의 상징이었을 때가 있었는데, 지금은 빡빡한 스케줄과 "나 요즘 눈코 뜰 새 없이 바빠!"라는 말이 "나 요즘 잘 나가!", "나는 유능하고 중요한 사람이야!"라는 뜻으로 통합니다. 지인들은 그 바쁘고 중요한 사람 중심으로 일정을 조율합니다. 그런데 진정으로 사람을 사람 되게 하는 것은 무엇일까요? 우리 시대가 그토록 숭상하는 효율성과 생산성일까요? 돈벌이가 시원찮으면 그만큼 시원찮은 사람이 되는 것이고, 성적 잘 받아 오지 못하는 자식은 덜 사랑스러운 자식이어야 합니까? 어느새 우리는 존재 자체로 누군가를 소중히 여기는 시선을 잃었고, 사람을 그가 갖고 있는 능력이나 재산, 차지하고 있는 자리로 평가하지 않는 법을 잊어 가는 것 같습니다. 그런데 우리는 숙면과 배설에만 전념하는 아가들을 보고서 좋아 어쩔 줄 몰라 하는 사람들이지 않습니까? 우리의 당연한 배경과 일상이었던 가족 중 하나의 죽음을 맞이하면 일상 전체가 송두리째 흔들리거나 무너지는 것을 경험하기도 합니다. 그럴 때마다 잊고 지내왔던 진실들이 살아옵니다. 우리가 진정으로 추구했어야 한 것은 속도나 소유가 아니라 사랑과 존재였다는 사실 말입니다. 하나님이 우리를 상대하시는 것을 보면 그것을 알 수 있습니다. 하나님의 관심은 우리 자신입니다. 우리를 앵벌이처럼 사용하셔서 덕 보려고 하시는 분이 아닙니다. 하나님은 언제 가장 기뻐하십니까? 언제 가장 큰 영광을 받으십니까? 우리가 가장 인간다울 때입니다. 가장 천진난만하게 행복해하고, 가장 순진무구하게 사랑하고, 가장 소박하게 만족하고, 가장 찬란하게 웃을 때입니다.

예수님이 부활하신 후 제자들을 찾아와 그들이 자신을 버리고 도망하거나 부인한 일을 거론하며 책망하셨다는 언급을 찾아볼 수 없습니다. 아예 그런 일이 없었다는 듯이, 원래 그럴 줄 아셨다는 듯이, 다만 그들에게 하셔야 할 일을 묵묵히 하실 뿐이었습니다. 삼 년 반 동안이나 보여주고 들려주고 깨닫게 해주셨는데 단 한 명도 목숨 바쳐 자신을 따르겠다고 나서는 제자를 얻지 못하셨습니다. 그런데도 예수님은 자신의 사역이 실패했다고 생각하지 않으셨습니다. 그런 배반과 환멸, 실망과 회의를 거치지 않고는 진짜 제자가 될 수 없고, 진짜 진리에 이를 수 없고, 진짜 자신을 찾을 수 없고, 진짜 가치에 헌신하는 사람이 될 수 없다고 생각하신 듯 행동하셨습니다.

도제식 제자훈련

부활하신 후 사십 일 동안 예수께서 하신 일은 '성경공부'였습니다. 제자들과 함께 한 사십 일 동안 예수님 방식의 도제식 제자훈련을 하셨습니다. 앞서 우리는 그 말미에 질의응답을 통해 수업을 마무리하신 후에 스승이 승천하신 것을 보았습니다. 예수께서 승천하시는 것을 보고 있던 제자들은 그렇게 쳐다만 보고 있지 말고 산 밑으로 내려가 사십 일 전의 제자들처럼 예수를 오해한 채 두려워하고 있는 세상을 향해, 사탄의 노예 된 이들을 향해 나아가 평화의 복음, 해방의 복음, 자유의 복음, 기쁨의 복음, 회복의 복음, 치유의 복음을 전하라는 말씀을 들었습니다. 그런데 세상을 향해 흩어지기 전에 그들이 해야 할 중요한 일이 있었습니다. 그건 '기다림'이었습니다. 성령을 기다리는 일이었습니다. 여기서 하나님은 '성령'보다 '기다림'에 먼저 방점을 찍고 계십니다. 기다림이 없는 성령은 없기 때문입니다. 하나님은 부활하신 후에 성령이라는 에너지를 제자들 속에 주입하여 마치 건전지가 들어간 모형 비행기를 조종하듯 제자들을 조종하여 그들을 통해서 전 세상을 자기 세상으로 만들려고 하셨던 게 아닙니다. 우리는 하나님이 그런 사역 모델을 갖고 계신 듯이 오해할 때가 많습니다. 그래서 그 에너지를 충분히 받은 사역자는 능력 있게 일하고, 아직 받지 못한 사역자는 변변찮아서 수적 부흥을 일으키지 못한다고 생각합니다. 그래서 그 에너지를 만능열쇠처럼 여기고는 다른 것보다도 그 에너지를 받는 데 혈안이 된 이들도 있습니다. 하지만 예수께서 성령을 기다리라고 하셨을 때 그런 식의 에너지 충전을 해야 한다는 뜻으로 하신 말씀은 아닙니다. 예수님은 시간이 걸리더라도 그들이 앞으로 전해야 할 '메시지'를 잘 가르쳐주셨습니다. 그들이 그 메시지를 받기에 합당한 '메신저'가 되게 하시는 데 관심을 기울이셨습니다. 더 정확히 말하면, 그들이 먼저 그 메시지에 어울리는 '메신저 공동체', '증인 공동체'가 되게 하는 것이 예수님의 우선적인 관심이셨습니다. 그래서 예수님은 제자들에게 "성령이 오실 때까지 기다리라"고 명령하신 것입니다.

하나님이 우리를 기다리시는 시간

기다림, 그것은 내가 인간이 되고, 예수님이 주와 왕이 되시는 시간이기 때문입니다. 그것은 내가 만든 메시아가 아니라 나를 창조하실 메시아를 만나는 시간입니다. 그것은 '누가 더 높은가?'라는 논쟁을 벌였던 제자들이, 그리고 저마다 자기 욕망에 충실하여 남녀 간의 차별을 만들고 지역과 계급과 혈통의 장벽을 높이 쌓았던 사람들이, 이젠 그 모든 것을 허물고 파괴하고 넘어설 만한 고도로 집중된 거룩한 하나의 갈망을 중심으로 한 마음과 한 뜻을 이뤄서 고난과 박해에도 굴하지 않는 하나님 나라 공동체가 되는 시간입니다. 예수님은 한시라도 빨리 제자들을 세상으로 보내서 한 사람이라도 더 세상이 끝나기 전에 구원하고 한 교회라도 더 세우려고 하시지 않았습니다. 그 대신 "기다리라"고 하셨습니다. 그런 점에서 그 기다림은 우리가 성령을 기다리는 시간이지만, 동시에 우리를 향한 '하나님의 기다림'의 시간이었습니다.

저는 성도들이 하나님을 인격적으로 만나고, 말씀을 송이꿀보다 더 달게 느끼고, 기쁜 마음으로 하나님의 교회를 섬기는 데 참여하는 것을 보면, 잘 성장하는 자녀들을 보며 흡족해하는 부모의 심정이 됩니다. 동시에 저는 제가 이만한 믿음이라도 갖게 되기까지 얼마나 오랜 시간이 걸렸고, 얼마나 많은 과정을 거쳤고, 얼마나 많은 사람들의 도움과 인내가 있었는지를 잊지 않으려고 합니다. 그 긴 시간 동안 누군가가 저를 기다려주지 않았다면, 제 치기어림을 관대하게 봐주지 않았다면, 즉시 기회를 박탈하고 저를 불온하고 가망 없는 사람으로 간주했다면, 저는 지금보다 훨씬 더 모자라고 열등감과 패배의식과 두려움에 찌든 모습으로 살아가고 있을 것입니다. 그래서 늘 감사하고 있고, 저도 교우들이나 제가 관계하는 이들을 쉽게 포기하지 않고 좀 더 기다리며 하나님께서 일하시는 것을 보려고 애쓰고 있습니다. 기도하면서요. 열심히 말씀으로 먹이면서 기다리려고 합니다. 그러다 보면 하룻밤 사이에도 훌쩍 자라 있던 사춘기 같은 시절도 올 것이고, 세상의 쓴맛 보면서 분노하고 눈물 흘리는 때도 있을 것입니다. 그러다 신앙의 철이 들어 인생과 시간을 보는 눈이 깊어지고 그윽해질 날이 올 것이라고 믿고 있습니다.

오늘 우리는 이 '기다림'이 초기의 신앙 공동체에게는 어떤 의미로 다가왔는지를 살피려고 합니다. 적어도 그들에게 '기다림'은 '아무 것도 하지 않음'이 아니었습니다. 그들이 주인 노릇 하지 않고, 하나님 노릇 하지 않고, 역사의 주관자 노릇 하지 않는다는 점에서는 '아무 것도 하지 않음'의 정신을 실천한 것은 사실입니다. 그러나 그들은 이 시간을 주신 하나님의 뜻을 찾으려 했습니다. 왜 성령을 일찍 주실 수 있었는데 굳이 나중에 주시는지, 왜 유다 대신에 한 제자를 직접 보선補選해주시고 가실 수 있었는데 그렇게 안 하신 건지, 그들은 생각하고 또 생각했습니다. 말씀을 묵상하고 기도하면서 그 뜻을 찾아나갔습니다. 그러면서 '기다림'의 시간을 차곡차곡 채워나갔습니다. 그 과정에서 제자들 한 사람 한 사람의 마음 밭이 기경되어갔고 공동체의 체질이 새롭게 형성되고 있었습니다. 그런 기다림, 그런 성찰

이 없이는 악한 영의 역사와 성령의 역사를 분별할 수 없습니다. 악한 영의 역사를 가지고 하나님의 일을 하려고 할 수도 있습니다. 그래서 사람들로 하여금 하나님의 일인 것처럼 착각하게 하여 도리어 그 사람들을 망가뜨리고 하나님의 일을 망치고 하나님이 전하고자 하는 메시지도 왜곡하고, 그래서 메신저인 자신도 망하는 결과를 낳을 수도 있습니다.

제자들에게 사십 일 동안의 성경공부가 없었다면, 그래서 주님과 하나님 나라를 잘 이해하지 못한 상태에서 부활하신 예수님을 만나고, 성령께서 강림하시는 초자연적인 역사를 경험하고, 개인적으로 방언이 터지고 예언이 쏟아져 나오는 일을 경험했다면, 그들은 하나님의 나라가 아니라 자기 자신들의 나라를 세우는 자들이 되었을지 모릅니다. 복음 증거의 필연적인 결과인 박해와 외면을, 동시에 찬사와 호응을 감당하지 못했을 것입니다. 그래서 제자들이 이 기다림의 기간 동안 구체적으로 무엇을 했는지 살펴보는 것이 의미가 있겠습니다. 그러면 이 기다림이 오늘 우리에게는 또 어떻게 표현될 수 있는지 그려볼 수 있을 것입니다.

기다림의 첫 번째 의미 · 더불어 기도하고 힘써 기도하다

혈연에서 형제로

예수님이 승천하신 감람원은 예루살렘으로부터 약 1km 떨어져 있는 곳입니다. 그 길이를 누가는 "안식일에 가기에 알맞은 길"이라고 표현합니다. 승천이 안식일에 일어났다는 뜻이 아니라, 안식일에 유대인들이 걸어 다닐 수 있는 거리의 한계인 2,000걸음, 그러니까 1,000-1,100미터의 거리를 말하고 싶은 것입니다. 어른들이 약 15분 정도 걸으면 될 거리입니다. 그들은 돌아와서 그들이 원래 유했던 다락방에 올라갔습니다. 감람원의 겟세마네가 제자들과 예수님만 알고 있던 기도처였다면, 이 다락방 역시 제자들을 호시탐탐 노리던 성전 당국자들의 눈을 피해 제자들이 모였던 비밀 장소였을 것입니다. 나중에 주의 사자에 의해서 기적적으로 옥에서 나온 베드로가 "마가라 하는 요한의 어머니 마리아의 집"으로 이끌려 간 것을 볼 때(행 12:12) 이곳이 바로 그 다락방과 같은 곳일 가능성이 있습니다. 다락방은 우리 시대의 그 다락방은 아니고, 옥상의 거실 같은 곳이었습니다. 거기에 모인 사람의 수가 백이십 명에 이를 정도면, 결코 작은 공간은 아닙니다. 저자 누가는 친절하게 거기에 모인 사람들을 소개합니다.

> "들어가 그들이 유하는 다락방으로 올라가니 베드로, 요한, 야고보, 안드레와 빌립, 도마와 바돌로매, 마태와 및 알패오의 아들 야고보, 셀롯인 시몬, 야고보의 아들 유다가 다 거기 있어 여자들과 예수의 어머니 마리아와 예수의 아우들과 더불어 마음을 같이하여 오로지 기도에 힘쓰더라"(사도행전 1:13–14)

백이십 명 가운데는 이미 죽은 가룟 유다를 제외한 열한 명의 사도들과 예수의 사역 기간 내내 따라 다녔던 여인들, 그리고 예수의 어머니 마리아와 예수의 아우들이 있었습니다. 나머지는 누구인지 모릅니다. 예수님이 공생애 기간 동안 전도하러 보낸 칠십 명의 제자들도 있었을 것이고, 뒤에 사도 후보로 추천된 요셉과 맛디아도 여기 함께 모여 있었을 것입니다. 그런데 사도들의 이름을 하나하나 나열하는데 누가복음에 나온 명단과 그 배열 순서가 다릅니다. 누가복음에서는 "베드로와 안드레, 요한과 야고보"처럼 가족 관계를 중심으로 묶어서 소개했습니다. 그런데 사도행전에는 "베드로와 요한과 야고보", 이 세 사람이 맨 먼저 기록되고 있습니다. 그들은 예수의 최측근이었습니다. 그들만 목격한 이적들이 있었고, 들은 말씀이 있었습니다. 예수님은 그들이 초대교회에서 주도적인 역할을 감당하도록 더 특별한 지도자 훈련을 시키신 것입니다. 초대교회도 어느새 예수의 그 뜻을 이어받은 것을 사도들의 명단 배열 방식을 통해 알 수 있습니다.

저는 교회 안에서 목사와 장로와 집사와 성도가 모두 평등하다고 생각합니다. 하지만 하나님께서 주신 지도자의 역할과 그들의 영적인 책임, 그들에게 부여하신 권위까지 인정하지 않는다면, 교회는 얻는 것보다 잃는 것이 더 많을 것입니다. 지도자 역할을 맡은 사람들은 예수님이 하셨던 것처럼 더 철저하게, 더 확실하게, 더 높은 수준의 훈련을 받아야 할 것입니다. 그런 과정 없이 자리만 가지고 논공행상論功行賞을 하였기에 교회가 타락하고 교단이 쇠락하고 신학교의 영향력이 약해지고 있는 것입니다.

또 한 가지 이 사도들의 명단은 이제 부활의 공동체, 성령의 공동체는 전통적인 가족 관계보다 그리스도 안에서 새롭게 형성된 가족 관계를 우선하는 곳이라는 것을 보여줍니다. 그것은 특별히 예수의 가족들에 대한 언급을 보면서 확인할 수 있습니다. 우리가 알듯이 예수의 가족들은 예수를 누구보다도 잘 이해하지 못했습니다. 그래서 예수님은 자신의 참된 가족은 그들이 아니라 "하나님 아버지의 뜻을 행하는 자들"이라고까지 말씀하셨습니다. 심지어 형제들과 어머니 마리아는 예수님이 하시는 일을 '미친 짓'이라고 여기면서 그를 만류하기 위해 찾아가기도 했습니다. 예수님은 가족과 고향 사람들에게 인정받지 못하셨습니다. 그런데 이제 그들이 바뀐 것입니다. 그런데도 누가는 예수의 어머니와 아우들을 맨 먼저 기록하지 않습니다. 하나님 나라 공동체에서 중요한 것은 혈연이 아니기 때문입니다. 바울은 고린도전서 15장에서 그의 아우 '야고보'가 예수의 부활을 목격한 증인이 되었다고 쓰고 있습니다. 우리가 아는 대로 이 야고보는 베드로와 함께 예루살렘 교회의 '기둥'으로 여겨질 만큼 주도적인 지도자가 되었습니다. 예수의 혈연 가족은 이제 혈연의 장벽을 허물고 예수의 하늘 가족이 된 것입니다.

가장 적극적인 기다림, 기도

그렇게 모인 백이십 명이 무엇을 하면서 성령을 기다렸습니까? 그들은 기도했습니다. 이것이 본문이 첫 번째로 강조하는 기다림의 다른 표현입니다. 기도가 기다림입니다. 기도는 아주 적극적인 기다림입니다. 기도는 가장 적극적인 자기 부정의 표현이기 때문입니다. 내가 죽고 주께서 내 안에 사시도록 요청하는 것, 내 자원으로는 해낼 수 있는 것이 없음을 인정하는 마음의 가난, 그것이 기도이기 때문입니다. 가장 소극적이면서도 가장 적극적인 순종의 표현이요, 가장 수동적이면서도 하나님의 뜻에 대한 가장 능동적인 수용의 표현이 기도입니다. 성령을 주신다고 했으니 가만히 앉아 있기만 하면 된다고 생각하는 것은 잘못입니다. 기도는 바로 그때 하는 것입니다. 하나님의 뜻이 분명해졌을 때, 하나님의 약속이 주어졌을 때, 그때부터 가장 잘 할 수 있는 것이 기도입니다. 기도는 하나님의 뜻이 나의 순종을 통해서 이 땅에서 이뤄지도록 비는 일이기 때문입니다. 예수께서 우리에게 기도를 가르쳐주실 때 하셨던 말씀이 생각납니까?

"또 기도할 때에 이방인과 같이 중언부언하지 말라 그들은 말을 많이 하여야 들으실 줄 생각하느니라 그러므로 그들을 본받지 말라 구하기 전에 너희에게 있어야 할 것을 하나님 너희 아버지께서 아시느니라"(마태복음 6:7-8)

우리를 사랑하시는 아버지 하나님께서는 우리가 구하기 전에 우리에게 무엇이 필요한지 다 아십니다. 그러면 우리는 자동적으로 이렇게 말할 것입니다. "그럼 기도할 필요 없겠네. 그냥 믿음으로 기다리면 다 주시겠지." 그런데 주님은 바로 다음에 무엇이라고 하십니까? "그러므로 너희는 이렇게 기도하라." 그러면서 가르쳐주신 것이 우리가 암송하는 〈주기도문〉입니다. 그러니까 〈주기도문〉은 이방인의 중언부언하는 기도와 대조되는 기도입니다. 말을 많이 하고, 근사하게 하고, 더 설득력 있게 하고, 더 오래 하고, 더 큰 목소리로 하고, 기도원에 들어가서 하고, 밥 굶으면서 하고, 서원하면서 하고, 능력의 종에게 부탁해서 기도하면, 하나님이 더 잘 들어주실 거라고 생각하는 것은 이방인의 기도라는 것입니다. 왜 그렇습니까? 그것은 하나님이 누구신지 모르고 하는 기도이기 때문입니다. 내 욕망을 채우기 위해서 신을 감동시키겠다고 생각한 기도이기 때문입니다. 그건 정화수 떠놓고 치성 드린 샤머니즘의 기도와 다를 바 없습니다.

그 대신 우리는 어떻게 기도해야 합니까? 예수님의 사랑을 알고 하나님의 사랑을 아는 우리는 어떤 기도를 드려야, 구하기 전에 우리 필요를 다 아시는 하나님이 좋아하실까요? "너희는 먼저 그의 나라와 그의 의를 구하라 그리하면 이 모든 것을 너희에게 더하시리라"(마 6:33). 그렇습니다. 내 욕망이 아니라 하나님의 갈망을 구하라고 하십니다. 나의 나라가 아니라 하나님의 나라를 구하라고 하십니다. 내 필요는 하나님이 알아서 챙기실 것이니 무엇을 먹을까, 무엇을 마실까, 어디서 살까, 무슨 옷을 입을까, 그런

거 걱정하지 말고, 우리는 하나님의 뜻을 구해야 한다고 하십니다. 지금 제자들이 기도했다는 것은 예수께서 가르쳐주신 그 하나님 나라와 그 의義, 즉 그분의 뜻을 구했다는 뜻입니다. 사십 일 동안 가르쳐주신 하나님의 나라, 그 나라가 자신들처럼 예수를 배반하고 변절한, 연약하고 비겁한 자들을 통해서 이루어진다는 말을 들은 제자들은, 정말 생각이 있다면, 좋아하기보다는 두려워했을 것입니다. 예수님에게처럼 자신들에게도 핍박과 고난이 찾아오면 다시 주님을 부인할 수 있기 때문입니다. 성령이 오시기만 하면 없던 용기가 생겨서 어떤 핍박도 견딜 수 있게 되는 게 아닙니다. 성령이라는 것이 무슨 스테로이드Steroid같은 것이 아닙니다. 만약 그랬다면, 예수님은 십자가에 달려 돌아가실 필요도 없었을 것입니다. 기다리면서 기도할 필요도 없었을 겁니다. 그런데 제자들은 성령께서 오시기 전에 기도했습니다. 그 기도는 자신을 성찰하는 기도요, 하나님 나라가 임하기를 열망하는 기도였을 것입니다. 이스라엘이 전통적으로 바라던 나라가 아니라 하나님께서 메시아를 통해서 이루고자 하시는 그 나라가 성령을 통해 임하기를 기도했습니다.

성경공부와 기도의 조화

예수님이 부활하시고 오순절에 성령이 오시기까지 오십 일 동안 제자들은 두 가지를 했습니다. 첫째는 사십 일 동안 예수님과 성경공부를 했습니다. 둘째는 열흘 동안 마가의 다락방에서 기도했습니다. 하나는 배우는 것이요, 다른 하나는 맡기는 것입니다. 교회는, 진정한 제자는 이 둘 사이에 균형을 갖춰야 합니다. 배우기만 하고 기도하지 않으면, 그 아는 것을 성령께서 사용하실 수 없습니다. 지식이 나를 교만하게 하고 남을 판단하는 도

구가 됩니다. 나를 살리는 메스가 아니라 남을 죽이는 흉기가 됩니다. 배우지 않고 기도만 하는 사람도 교만해집니다. 그러면 기도를 들으시는 하나님을 믿는 것이 아니라 기도를 많이 한 자신을 더 믿게 됩니다. 하나님의 능력을 믿는 것이 아니라 기도의 능력을 믿게 됩니다. 남의 신앙을 판단하고 자신의 분별력과 직감을 지나치게 신뢰하게 됩니다. 말씀에 깊이 뿌리 내리지 못한 사람은 기도할 때도 성령이 아니라 악령에 의해 이용당할 수 있습니다.

기도하는 예수님, 기도하는 제자들

기도는 《누가-행전》이 유독 강조하는 예수의 특징입니다. 다른 복음서 기자들은 언급하지 않는 장면에서도 누가만은 예수를 기도의 사람으로 일관되게 묘사했습니다. 심지어 누가복음 1-2장에서 구약의 경건한 몇 사람을 빼놓고는 예수님이 돌아가실 때까지 예수님 말고는 기도했다고 언급된 사람이 전혀 없었습니다. 그런데 이제 제자들이 '기도하기' 시작했다는 것은, 비로소 그들이 예수의 길을 걷기 시작했다는 것을 의미하는 것 같습니다. 예수의 길에 진정으로 들어서는 첫 출발이 복음 전도가 아니라 기도였다는 것은 우리에게 큰 교훈을 줍니다. 진정한 제자의 길은 '기도의 맡김', '맡김'의 기도를 통해서만 가능하다는 사실을 꼭 새겼으면 합니다. 그래야 사역을 감당할 수 있고, 복음을 살아낼 수 있고, 우리가 하나님의 사람으로 새로워질 수 있습니다.

마음을 같이한 기도

그런데 본문은 그들이 그냥 기도했다고 하지 않고 "마음을 같이하여" 기도했다고 하고, "힘써" 기도했다고 합니다.

사도행전 1장 14절의 '마음을 같이하다' 호모쑤마돈, ὁμοθυμαδὸν 라는 단어는《누가-행전》에는 열 번이나 나오고, 그 밖의《신약성경》에는 단 한 번만 더 나옵니다. 누가가 겁나게 좋아하는 단어입니다. 그러니까 누가는 복음을 받은 초대교회 공동체의 가장 대표적인 특징이 바로 '마음을 같이하는 공동체'라고 생각한 것입니다. 백이십 명이 모였지만, 그들은 마음을 같이하기가 쉽지 않은 관계의 사람들입니다. 개중에는 끝까지 예수의 곁을 지킨 여인들이 있었지만, 대부분은 예수를 버리고 부인하고 달아난 사람들입니다. 사도들도 있고 평신도도 있습니다. 여자도 있고 남자도 있습니다. 예수의 가족들도 끼어 있습니다. 인간성의 밑바닥을 다 본 사이들입니다. 사도들은 예수의 가족들이 한 일을 알고 있고, 여인들은 사도들이 한 일을 다 알고 있습니다. 서로에 대해 불신과 배신감, 냉대와 몰이해를 가졌던 사람들이 모였습니다.

만약 그들을 서로 끈끈하게 결합시키는 그 무언가가 없었다면, 각자 자기 욕망을 채우려고 모인 알갱이들의 모임, 일개 집단에 불과했을 것입니다. 그런 곳에 성령께서 역사하실 리 없습니다. 기도는 하나님을 향하여 마음을 여는 일이면서 동시에 배신자였던 동료를 받아들이는 일입니다. 기도는 배신자였던 자신을 용납하는 일입니다. 자기 욕망을 태우고, 하나님의 거룩한 욕망을 채우는 시간입니다. 이제 그들은 덤으로 사는 인생이 시작되었습니다. 기도는 더 이상 과거의 내 모습으로는 살지 않겠다는 다짐입니다. 그 거룩한 갈망으로 하나가 되었습니다. 부활하신 예수께서 주신 새로운 사명, 대위임 명령The Great Commission, 하나님 나라를 전하는 것, 바로 그것이 이제 그들이 사는 이유가 되었습니다. 여전히 허물이 있고, 못된 성품은 별반 달라지지 않았고, 기질도 그대로이고, 지식은 매우 제한적이지만, 그들은 마음을 같이하여 기도했습니다. 우리가 이뤄가기를 바라는 교회가 바로 이 "마음을 같이하여", "하나님 나라와 그 의를 구하는" 공동체입니다. 이 안에서는 서로의 차이를 인정하지만 여하간의 차별도 허용하지 않는 공동체, 그 다름이 불편함으로 다가오지 않고 우리를 더욱 풍성하게 하는 '다채로움'이 되게 하는 공동체입니다.

힘쓰는 기도

그들은 또한 '힘써' 기도했습니다. 이 '힘쓰다'프로스카르테레오, προσκαρτ ερέω라는 단어 역시 사도들과 초대교회의 기도를 묘사할 때 단골로 나오는 단어입니다(행 1:14; 2:42; 6:4). 이것은 '무슨 일에 헌신하다', '바쁘게 힘 쓰다'라는 뜻입니다. 그들은 혼신의 힘을 다해 기도했습니다. 이뤄져도 되고 안 되도 되는, 그런 마음으로 한 기도가 아니었습니다. 특히 이 단어가 원문에는 현재분사로 되어 있습니다. 이 시제는 그들이 주님의 성령이 오실 때까지 이 고도로 집중된 기도를 중단 없이 계속했다는 것을 보여줍니다.

물론 그들이 다락방을 떠나지 않고 기도만 했을 리는 없습니다. 생계를 위해서 일도 했을 것이고, 잠도 잤을 것이고, 어떤 이들은 백이십 명의 밥을 짓고 설거지를 하느라고 애를 썼을 것입니다. 애들도 챙겼을 것입니다. 누가복음에 보면 "늘 성전에서 하나님을 찬송하니라"(눅 24:53)라고 사도행전과는 다르게 기록하고 있습니다. 성전에도 올라갔습니다. 그들이 다락방을 떠나지 않은 것이 아닙니다. 모두가 금식하면서 언제일지 모르는 시간을 막연히 기다렸을 리 없습니다. 하지만 어디에서 무슨 일을 하든지 매 순간 그들은 기도했습니다. 노동하면서 기도했습니다. 흩어질 때 기도했습니다. 성전에 올라가 기도할 때도, 다락방에 모여 기도할 때도 그리고 바로 뒤에 나오는 것처럼,《성경》을 보면서 기도할 때도 그들은 마음이 하나가 되었고, 고도의 집중력을 가지고 기도했습니다. 성령이 임하시기까지 남은 날이 열흘이 될지 사십 일이 될지 육십 일이 될지 몰랐습니다. 하나님의 약속과 성취를 연결하는 '도화선'은 바로 이 한 마음 되어 끊임없이 드린 성도들의 기도였습니다. 성령의 불꽃만 있으면 되는 일이 아닙니다. 성도들의 기도라는 도화선이 있을 때 폭발력을 갖습니다. 더 간절할수록 더 강하게 역사하실 것입니다. 더 진실할수록 더 순전하게 역사하실 것입니다. 더 가난할수록 더 부요하게 역사하실 것입니다. 더 겸손할수록 더 능력 있게 역사하실 것입니다.

기다림의 두 번째 의미·《성경》을 묵상하고 실천하다

이제 1장 15-26절까지는 기다림의 두 번째 의미가 등장합니다. 첫째 의미가 한 마음으로 기도하고 힘써 기도하기였다면, 기다림의 둘째 의미는,《성경》을 묵상하고 기도하며 실천하기입니다. 여기서는 열두 사도 가운데 가룟 유다로 인해 결원이 된 한 자리를 충원하는 제자들의 모습이 그려지고 있습니다. 베드로가 맨 처음으로 지도자로 등장하여, 하나님의 말씀을 근거로 제시하면서 이 충원이 하나님의 뜻인 것을 설득하고, 기도와 제비뽑기를 통해 이 일이 하나님의 결정이 되게 하고 있습니다.

성경묵상

백이십 명은 함께《성경》을 묵상했습니다. 특히 사도들에게 이 오십 일의 시간은 바울이 다메섹 도상에서 부활하신 예수를 만난 사건과 그 성격이 같았습니다. 그 사건을 통해서 바울의 신학세계, 신앙세계, 세계관이 바뀌었습니다. 신관과 메시아관이 바뀌었습니다. 하나님 나라에 대한 이해가 바뀌었습니다. 율법에 대한 이해가 바뀌었습니다. 이방인에 대한 이해가 바뀌었습니다. 그러고는 삼 일 동안 다메섹에서 소경시각장애인인 채로 지내야 했습니다. 사흘 후에 그 앞에 나타난 사람이 '아나니아'였습니다. 얼마 전까지 바울이 혐오하던 그리스도인이었습니다. 그가 바울의 눈에 있던 비늘을 벗겨주자 눈이 열렸습니다. 이 바울의 사흘 동안의 시간이 사도들에게는 예수의 승천부터의 시간과 같습니다. 부활하신 예수님은 사흘 동안 바울이 소경으로 있으면서 그의 신학을 십자가와 부활의 예수 중심으로 재편하도록 기회를 주셨듯이, 이제 사도들에게도 그런 시간을 주신 것입니다.

다락방에 모였을 때 어떤 식으로 기도를 했는지는 상상할 수밖에 없습니다. 분명히 기도만 한 것은 아니었을 겁니다. 찬양도 하고 예수의 말씀과 사역을 회고하기도 했을 것입니다. 간증도 하고 《성경》을 읽다가 그의 깨달은 것을 이야기하기도 했을 것입니다. 이것이 그들이 예수님을 만나기 전 회당에서 늘 해오던 일이었습니다. 그런데 15절을 보면 수제자 베드로가 일어섭니다. "형제들 가운데" 일어났다고 표현합니다. 이제 마가의 다락방 공동체는 한 형제 된 가족이 되었다는 것을 보여줍니다. 이 백이십 명이 나중에는 삼천 명이 되고(2:41), 다시 오천 명으로 늘어나고(4:4), 사도행전 21장 20절에서는 만 명으로 확대됩니다. 누가복음과 사도행전의 저자인 누가는 교회의 발전을 내면적 성숙이나 좋은 평판, 자의식의 성장 같은 것에서만 찾지 않고, 가시적인 수효의 증가, 즉 양적인 성장에서도 찾고 있습니다. 양적인 확대나 지리적인 확대가 성장의 기초요 출발이기 때문입니다.

베드로는 일어나서 아주 중요한 발언을 합니다. 그가 《성경》을 묵상하는 중에 떠오른 영감을 공동체에게 나눠주기 시작합니다. 그런 모습을 보고 있노라면, 배움이 없는 갈릴리 어부에 불과한 사람이라고 상상할 수 없습니다. 경솔하고 성마르고 좌우를 분별하지 못했던 그 베드로가 아니라 영 딴 사람이 되었습니다. 성령의 은사를 지나치게 강조하는 사람들은 베드로가 성령을 받아서 그렇게 되었다고 주장합니다. 하지만 2장에서 성령을 받기 전부터 그는 확연히 다른 사람이 되어 있었습니다. 그는 이제 시편 69편과 109편을 자유자재로 인용하면서 가룟 유다가 예수를 팔아넘긴 후에 자결한 사건이 어떤 의미를 갖는지를 설명합니다. 우선 그는 가룟 유다의 죽음을 한마디로 이렇게 묘사합니다.

"형제들아 성령이 다윗의 입을 통하여 예수 잡는 자들의 길잡이가 된 유다를 가리켜 미리 말씀하신 성경이 응하였으니 마땅하도다"(사도행전 1:16)

가룟 유다를 '길잡이'라고 묘사합니다. 누가복음에서는 '배신자'넘겨 준 자라고 부릅니다(6:16). 이 두 표현은 가룟 유다를 가리키는 매우 중립적인 용어입니다. 그를 옹호하려는 의도는 없었겠지만, 동시에 이 일에 신적인 개입이 있었음을 암시하기 위해 중성언어를 쓴 것 같습니다. 하나님께서도 아들을 죽음에 내어주신넘기신 분이기 때문입니다. 다윗의 입을 통해 하신 말씀은 나중에 그가 인용하는 다윗의 시편 69편 26절과 109편 8절입니다. "미리 말씀하신 성경이 응하였으니 마땅하도다"를 직역하면 "미리 말씀하신 성경이 마땅히 이루어졌어야만 했다"입니다. '마땅히 이루어졌어야'에데

이, ᵈᵉᶥₗₐₘₐₐ는 'dei'영어의 must 조동사의 미완료시제입니다. 유다가 배반하고 추락하여 죽는 이 모든 과정이 반드시 일어났어야 했다는 뜻입니다. 신적인 필연성을 말해주는 'dei' 동사가 21절《한글개역개정성경》22절: "되게 하여야 하리라"에 한 번 더 나옵니다. 가룟 유다의 죽음과 맛디아 보선이 하나님의 허락과 이끄심에 의해 이루어졌다는 것을 강조합니다.

가룟 유다는 열두 제자 중 한 명으로서 어떤 일을 담당했습니까?

"이 사람은 본래 우리 수 가운데 참여하여 이 직무의 한 부분을 맡았던 자라"(사도행전 1:17)

여기 '우리 수'인 '12'는 구속사의 완성의 때에 매우 중요하게 다뤄지고 성취되어야 할 수입니다. 열두 사도가 아니라면 굳이 결원이 생겼다고 보선을 할 필요가 없었을 것입니다. 열두 사도의 직무는 이 이후 다른 모든 제자들의 직무와 그 위상이 달랐습니다. 예수님이 부르신 제자들이라는 점에서 그 역할과 기능이 특별했던 것입니다.

그런 유다가 죽었습니다. 그의 죽음을 베드로는 다음과 같이 묘사합니다.

"이 사람이 불의의 삯으로 밭을 사고 후에 몸이 곤두박질하여 배가 터져 창자가 다 흘러 나온지라 이 일이 예루살렘에 사는 모든 사람에게 알려어져 그들의 말로는 그 밭을 아겔다마라 하니 이는 피밭이라는 뜻이라"(사도행전 1:18-19)

가룟 유다는 자기가 한 짓을 후회하고 예수를 배반하고 받은 은 삼십을 성전에 내던지고 자살합니다. 그러자 대제사장들은 그 핏값으로 토기장이의 밭을 샀습니다. 그래서 피밭이라고 불리기 시작했습니다. 따라서 이 피는 가룟 유다의 피가 아니라 예수의 피입니다. 마태복음은 그가 자살했다고 하는데, 누가는 그의 죽음을 좀더 상세하게 묘사하고 있습니다"후에 몸이 곤두박질하여 배가 터져 창자가 다 흘러 나온지라". 둘은 상치되지 않는데, 그는 아마도 높은 곳에 올라가서 투신하여 죽었을 것입니다. 이제 베드로는 이 가룟 유다의 공백을 채우는 것이 하나님의 뜻임을 말하기 위해 다윗의 시편(시 69:26; 109:8)을 인용합니다.

> "시편에 기록하였으되 그의 거처를 황폐하게 하시며 거기 거하는 자가 없
> 게 하소서 하였고 또 일렀으되 그의 직분을 타인이 취하게 하소서 하였도
> 다"(사도행전 1:20)

시편 69편은 지난날의 유다의 활동을, 시편 109편은 앞으로 펼쳐질 유다의 빈 자리를 지적하고 있습니다. 이렇게《성경》을 인용하면서 예수의 메시아 됨을 설명하는 이런 모습은 2장에도 나오고, 앞으로 예루살렘의 주민들과 디아스포라 유대인들에게 설교할 때도 나옵니다. 정말 중요한 것을 집중하여 하지 못할 만큼 분주하고 산만한 삶에 대한 점검이 절실합니다. 베드로는 사십 일 동안 부활하신 예수께 성경 과외를 받으면서, 그리고 열흘 동안 깊이 기도하고 묵상하면서,《구약성경》이 바로 이 메시아의 고난에 대해서 말씀하고 있다는 것을 깨닫기 시작했습니다. 베드로는 고도의 영적인 집중과 말씀공부와 기도를 통해서 영적인 눈이 열리는 경험을 한 것입니다. 저는 이 시대 말씀 사역자들에게 많이 취약하지만 정말 필요한 것이

영적 집중과 몰입의 시간이라고 생각합니다. 물론 이 몰입이나 베드로 개인의 노력만으로 오늘의 베드로가 된 것은 아닙니다. 누가복음을 보면 예수님이 베드로를 얼마나 각별히 챙기셨는지 알 수 있습니다.

> "시몬아, 시몬아, 보라 사탄이 너희를 밀 까부르듯 하려고 요구하였으나 그러나 내가 너를 위하여 네 믿음이 떨어지지 않기를 기도하였노니 너는 돌이킨 후에 네 형제를 굳게 하라"(누가복음 22:31-32)

사탄이 제자들의 믿음을 떨어지게 하려고 했을 때, 예수께서 유독 베드로만을 위해서 기도했다고 저자는 말하고 있습니다. 예수님은 이렇게 무르고 무른 사람이 나중에는 '형제들을 굳게 하는' 역할을 하게 해달라고 기도하셨습니다. 그 기도대로 지금 베드로는 형제들을 굳게 하는 일을 하고 있는 것입니다. 베드로가 예수를 부인하는 장면에서도 유독 누가복음에만 나오는 한 표현이 있습니다. 다른 《복음서》에서는 베드로가 예수를 세 번 부인한 후에 닭 울음소리를 듣고 통곡했다고 나옵니다. 그런데 누가복음에서는 이렇게 말합니다.

> "주께서 돌이켜 베드로를 보시니 베드로가 주의 말씀 곧 오늘 닭 울기 전에 네가 세 번 나를 부인하리라 하심이 생각나서 밖에 나가서 심히 통곡하니라"(누가복음 22:61-62)

예수님과 눈이 마주친 후에 베드로는 그분이 하셨던 말씀이 생각났습니다. 닭 울음소리를 듣고 예수의 말씀이 생각난 것이 아니었습니다. 베드로를 끝까지 포기하지 않으셨던 예수의 시선이 베드로를 울린 것입니다. 예수의 기도, 그분의 포기하지 않는 사랑, 그것이 지금의 베드로를 만들었습니다. 불굴의 노력과 예수의 도우심이 신비롭게 결합될 때 우리도 이 시대를 복음으로 견인하며 숨통을 열어주는 주님의 증인이 될 수 있을 것입니다.

사도 자격

베드로는 다윗의 시편을 묵상하면서 가롯 유다를 대신하여 사도를 보선해야겠다는 생각을 합니다. 물론 사도가 결원이 생길 때마다 보충해야 하는 것은 아닙니다. 나중에 야고보가 순교를 당했을 때는 충원하지 않고 있습니다. 가롯 유다의 죽음은 배반의 죽음이었습니다. 아예 사도 한 사람이 사라진 것입니다. 가롯 유다는 아예 사도인 적이 없었던 것처럼 되었습니다. 그러니까 사도 한 명을 굳이 채운 것은 인력이 모자라서 충원한 것이 아닙니다. 예수께서 열한 명이 아니라 열두 명의 사도를 선택하신 것은 그들을 새 이스라엘 영적 열두 지파 공동체의 토대로 삼기 위해서였습니다. 그런데 본격적으로 성령이 오셔서 그 하나님 나라 공동체, 새 언약 공동체, 새 이스라엘 공동체를 시작하기 전에, 그 토대의 구성 요건부터 갖추려고 사도를 보선하게 하신 것입니다. 이 열두 사도는 사실상 예수의 분신입니다. 예수의 승천으로 생긴 '부재'를 채우고 그 자리를 대체하는 존재로 '열둘'이란 집단 지도부가 필요했던 것입니다. 눈에 안 보이는 예수를 대신하여 눈에 보이는 열두 사도들이 가시적인 지도부가 된 것입니다.

베드로는 사도에 들어갈 사람의 자격을 다음과 같이 제안합니다.

"이러하므로 요한의 세례로부터 우리 가운데서 올려져 가신 날까지 주 예수께서 우리 가운데 출입하실 때에 항상 우리와 함께 다니던 사람 중에 하나를 세워 우리와 더불어 예수께서 부활하심을 증언할 사람이 되게 하여야 하리라 하거늘"(사도행전 1:21-22)

우선 보선될 사도의 정체성을 '예수께서 부활하심을 증언할 사람'이라고 정합니다. 사도는 '부활의 증인'이었습니다. 증인은 목격자나 관찰자와 다릅니다. 목격자나 관찰자는 특정 사건을 보고 겪었다는 점에서는 증인과 같지만, 그 사건 자체와는 별개로 타자화 된 채 아무 관련 없이 따로 남은 사람입니다. 하지만 증인은 다릅니다. 자기가 보고 경험한 것에 참여합니다. 이제 그 사건을 나의 상황, 나의 사건으로, 나와 상관있는 사건으로 주관화합니다. 그들에게 예수의 부활 사건은 자기 바깥에 있는 숱한 사건들이 아닙니다. 먼저는 자기 자신들과 상관이 있고, 또 자기가 증언하는 대상들에게도 관련이 있다고 믿었습니다.

사도가 될 사람으로 두 가지 조건을 제시합니다. 이것은 《성경》에 나온 기준이 아닙니다. 예수님이 미리 말씀해 놓으신 기준도 아닙니다. 첫째는 "요한의 세례로부터 우리 가운데서 올려져 가신 날까지 주 예수께서 우리 가운데 출입하실 때에"라는 시간적 조건입니다. 전체 구속사 안에서 예수의 중요성을 안 베드로는 특별히 예수의 공생애 사역이 그 절정이라고 생각했습니다. 요한에게 세례를 받는 순간부터 승천하시는 순간까지가 전체 구속사 안에서 특별히 '성별의 시간'입니다. 그 성별의 시간에 하필 예수의 사건 현장에 있었던 자들에게 사도의 자격이 주어졌습니다. 그 사건들의 중요성을 알아야 예수를 알고, 그가 전한 복음을 알 수 있기 때문입니다.

둘째 조건은 "항상 우리와 함께 다니던 사람 중에 하나"입니다. 앞의 조건이 예수와의 수직적인 관련성을 말한다면, 이것은 수평적인 관련성을 말합니다. 흥미롭게도 '예수와 함께 다닌 사람'이 아니라 '우리와 함께' 다닌 사람이라고 합니다. 이것은 예수를 매개로 하여 제자들 상호간에 깊은 공감대와 연대가 형성된 사람들이 사도 자격이 있다는 뜻입니다. 그들이 함께 가고 함께 거닐었던 모든 장소들, 공간들이 그들의 정체를 형성하였습니다. 따라서 앞에서는 '동행의 시간성'을 말했다면, 이것은 '동행의 공간성'을 말해줍니다. 시간과 공간이 결합될 때, 그들은 온 몸에 예수 사건이 스며들어 작은 예수가 되는 것입니다. 이것은 오늘 우리가 한 교회 안에서 그리스도의 몸이 되는 것과도 관련 있습니다. 팬데믹의 시대에 멀티미디어를 사용한 비대면 예배나 교제가 늘어나고 있는데, 아무리 상황이 불가피하고 그 효율성이 크다 하더라도 시간과 공간을 점유하면서 대면하여 나누는 교제의 유익을 대체할 수는 없을 것입니다. '가나안 성도'의 증가를 낳은 교회의 타락과 부패를 인정하고 반성합니다. 하지만 새로운 공동체를 찾기보다 가나안 성도로 남으면서 과연 예수의 정체성을 체득할 수 있는 길이 있을지는 회의적입니다.

사도들이 생각하기에, 특별히 베드로가 생각하기에, 이제 자신들이 전해야 할 가장 중요한 메시지는 예수의 복음이고, 그러자면 예수님이 세례 받으실 때부터 열두 사도들과 함께 줄곧 다니면서 그 복음을 보고 듣고 배운 사람이 사도의 자격이 있다고 상식적으로 판단한 것입니다. 특히 예수님이 하나님이시고 하나님 나라의 왕이요 하나님의 아들이시며 메시아임을 증명한 사건이 예수의 '부활'이기 때문에, 당연히 사도는 예수의 부활을 목격하고 그 부활의 중요성을 잘 깨닫고 있는 사람이어야 했습니다. 저는 이 시대에도 말씀 사역자가 되는 기준이나 사역자를 청빙하는 기준이 이렇듯 《성경》에 기초하여 명확하게 세워질 때, 이 땅의 교회가 살아날 것이라고 생각합니다.

아마 베드로는 이 지침을 공동체 지체들에게 제시한 후에 의견을 물었을 것입니다. 백이십 명의 공동체는 베드로가 자신이 묵상한 것을 알려주자 잘 들었을 것입니다. 그가 제안한 것이 타당한지 그렇지 않은지 살폈을 것입니다. 그리고 받아들이기로 합니다. 누가 사도의 자격을 갖추었는지 의견을 나누었을 것입니다. 성령께서 점지해주신 것이 아니라, 철저하게 하나님께서 공동체의 분별력과 판단력을 사용하셨습니다. 그리고 두 명의 후보가 추천됩니다. 최종적인 결정은 제비뽑기 방식을 택하지만, 최종 후보 두 명을 정하는 일은 공동체가 했습니다. 그러니까 사도 보선은 전적으로 하나님의 결정만도, 사람의 결정만도 아니었던 것입니다.

> "그들이 두 사람을 내세우니 하나는 바사바라고도 하고 별명은 유스도라고
> 하는 요셉이요 하나는 맛디아라"(사도행전 1:23)

그런데 우리가 보듯이 두 후보 가운데 한 사람에 대해서는 아주 길게 소개하고 다른 한 사람은 이름만 짧게 나옵니다. 요셉에게는 다른 두 이름이 있습니다. 바사바바사바의 아들, 노인의 아들라고도 부르고 유스도Iustus라는 라틴어 이름으로도 부릅니다. 이 요셉에게 이름이 셋이나 있다는 것은 그가 그만큼 잘 알려진 유력한 사람이었다는 것을 보여줍니다. 그렇다면 사도들은 이 요셉이 더 사도 자격이 있다고 생각했을 수 있습니다. 그가 먼저 기록되고 더 길게 기록된 것도 그것을 반영합니다. 다른 한 사람은 맛디아

입니다. 마타디아Matthathias의 축소형입니다. 그는 여기 말고 성경 어디에도 등장하지 않습니다. 이렇게 공동체가 최종 후보를 추천하고는 누가 더 사도로 적합한지 주께서 선택해달라고 기도하고 있습니다.

> "그들이 기도하여 이르되 뭇 사람의 마음을 아시는 주여 이 두 사람 중에 누가 주님께 택하신 바 되어 봉사와 및 사도의 직무를 대신할 자인지를 보이시옵소서 유다는 이 직무를 버리고 제 곳으로 갔나이다 하고"(사도행전 1:24-25)

구속사의 중요한 순간을 하나님께서 직접 매듭지어 주시기를 구합니다. 《누가-행전》에는 기도와 관련한 표현이 110회나 나올 정도로 중요한 구속사의 순간마다 기도가 등장합니다. 여기서 '주'는 하나님일 수도 있고, 예수님일 수도 있는데, 24절에 "뭇 사람의 마음을 아시는 주여"라고 한 표현이 15장 8절에 "마음을 아시는 하나님"과 비슷하다는 것을 생각할 때 하나님이라고 보는 것이 좋을 것 같습니다. 물론 처음에 열두 사도를 세우신 분이 예수님이셨기 때문에 한 사람을 보선하는 일도 예수께 맡겼으리라고 볼 수도 있겠습니다. 사도들은 주님이 두 사람의 '마음'을 아시기 때문에 선택해달라고 부탁합니다. 사도들은 자신들이 자격 요건을 다 정해서 깐깐하게 고른다 해도 결코 볼 수 없는 것이 있음을 인정한 것입니다.

베드로는 사도의 역할을 "봉사와 및 사도의 직무를 대신할 자"로 정의합니다. 17절에서 썼던 '직무'라는 말과 함께 '봉사'디아코니아 혹은 '섬김'이라는 말을 덧붙이고 있습니다. 사도라면 대단한 직무인데 그 직무의 특징을 주로 여자와 종들이 '식탁을 차리다'라고 할 때 쓰는 단어인 '봉사'라고 한 것이 특이합니다. 여기서 우리가 교회에서 직분으로 부르는 '집사'Deacon 라는 말이 나왔습니다. 예수님이 사셨던 삶이 '섬김'의 삶이었으니 사도들의 삶 또한 그렇게 되어야 하는 것이 당연합니다. 가룟 유다는 이 직무를 '버렸습니다'. 그는 죽기까지 섬기면서 사랑하신 예수의 삶보다는 군림하는 권력자들의 삶을 꿈꾸었기 때문입니다. 그래서 '제 곳'자리, 토포스, τόπος으로 갔습니다. 이곳은 죽음을 의미할 것이고 지옥을 가리키는 말이기도 할 것입니다.

사도들이 예수님이 선택하시도록 맡기기 위해 사용한 방법이 '기도와 제비뽑기'입니다. 아직 성령께서 임하시지 않은 때라서 제자들은 보선된 사도가 하나님이 친히 정해주신 사람이라는 것을 가시적으로 보여주기 위해 이 방법을 택했을 것입니다. 기도한 후에 제비를 뽑았는데, 놀랍게도 이름을 셋이나 가지고 있던 요셉이 아니라 맛디아가 뽑혔습니다. 다수가 기대한 사람이 아니라 예수님이 원하는 사람이 되었습니다. 어쩌면 둘은 세상적인 기준으로 보면 차이가 있었을지 모릅니다. 하지만 사도들은 철저히 자신들이 보기에 좋은 사람이 아니라 주님이 보시기에 더 쓰시기 편리한 일꾼, 더 신실한 일꾼이 선택되기를 바랐습니다. 본문에 나오는 하나님의 뜻을 아는 방법을 정리해 보면 ①《성경》-시편 ② 공동체-후보 추천 ③ 신앙 상식-후보 추천과 자격 가이드라인 ④ 기도 ⑤ 제비뽑기였습니다.

나가는 말

예수님은 사도들에게 성령께서 오실 때까지 예루살렘에서 기다리라고 하십니다. 달리 바라보면 이것은 사도들이 변할 때까지 하나님께서 기다리신 것이요, 사도들이 자신을 성찰하고 공동체가 하나님 나라 증인의 사명 아래 하나가 되는 기간이요, 자기 부정과 순종이 바로 증인이 되는 첫 출발임을 배우는 기간이었습니다. 지금이야말로 우리에게도 기다리라면 기다리는 태도, 하나님과 말씀을 순박하게 믿고 그대로 실험해보는, 이 단순한 실험정신이 필요한 때입니다. 모든 욕망을 끊고 기도해 보는 바로 그 순종이 우리를 다음 차원의 신앙으로 이끌어줄 것입니다. 핑계할 거리 없는 사람은 없습니다. 사정이 없는 사람도 없습니다. 물론 어느 날 불현듯 한 번 해보자는 생각이 들 때가 오기도 합니다. 그런데 모든 조건이 다 갖춰졌을 때 그런 마음이 찾아오는 것은 아닙니다. 그러니 상황이 열리기만을 구하기보다, 내가 먼저 결심하고 결정하고 선택한 후에 단순하고 소박하게 토 달지 않고 순종해 보는 것이 필요합니다. 그러면 내가 생각하지 못한 경지가 열릴 것입니다. 조금씩 자라고 자라서 이제 이전보다 더 내 처지와 상황을 문제 삼지 않는 사람이 될 것입니다.

"성령의 선물은 노력하지 않는 사람에게 택배로 배달되는 수취인 불명의 선물이 아닙니다. 성령이라는 선물은 누적된 순종을 바친 사람에게 배달되는 믿음의 선물입니다"(《사도행전》, 김회권).

성령의 선물은 영적인 연합이 이루어질 때 받는 선물입니다. 사랑하는 여러분, 우리 그런 성령의 선물을 받아 누리는 복된 인생이 되기를 바랍니다. 그 선물을 통해 내가 살고 이웃을 살리는 좋은 교회 되기를 바랍니다.

함께 기도하겠습니다

사랑의 주님,

성령을 기다리라는 말씀이

주께서 저희를 기다려 주시겠다는 뜻임을 알게 하셔서 감사합니다.

주께서 하시는 말씀을 그 속뜻까지 알아듣고,

비록 옹알이 같더라도 주님을 향하여 말하는 법을 배우고

주님을 앞세우고 따라가는 법을

배우는 시간으로 주셨음을 이제 알겠습니다.

또한 제자들이 주의 뜻을 깨닫고

주께서 기뻐하실 만한 사도 보선의 기준을 정하고

한 마음으로 후보를 추천한 후에

결국엔 주께서 친히 결정하시도록 맡겨드리는

성숙한 모습도 보았습니다.

그와 같이 오늘도 주께서 저희를 일깨워 주시고,

믿어 주시고, 기대해 주시니,

이제 저희도 세심하게 귀 기울여 듣고, 마음을 열어 지혜를 배우며,

지체들과 잘 조율하여 주의 일을 잘 해내도록 도와주옵소서.

저희 자신이 신실한 주님의 몸으로 잘 지어져 가게 하여 주옵소서.

주님 감사합니다.

저희도 기도와 말씀으로 성령께서 저희 통해 일하실 날을

기쁨으로 기다리는 자녀들 되고 싶습니다.

연약한 저희를 새롭게 창조하옵소서.

한계 가득한 저희 인생을 통해서도 주께서 친히 이루실 생명의 역사를

벅찬 기대와 호기심으로 사모합니다.

저희의 생각과 속도를 주님의 발걸음에 조율하고

이를 위해 마음을 같이하여 말씀을 깊이 묵상하고 연구하며,

우리 자신을 쳐 복종시키며 기도하여

주님의 뜻에 더욱 민감해지는 자녀들 되게 하여 주옵소서.

그렇게 삶의 끝까지 주님의 소명과 사명을 즐거워하게 하시고

종과 증인으로 사는 것을 영예로 알게 하여 주옵소서.

아멘.

성령이
임하시다

사도행전 2:1-13

성령의 능력

우리는 사람입니다. 제각각 생겼고, 피부색도, 성격도, 체격도 다릅니다. 재능도 다르고 하는 일도 다르지만 우리는 사람입니다. 교회 안에 있는 우리도 사람이고, 교회 밖에 있는 이들도 사람입니다. 하나님의 형상대로 지음 받은 사람입니다. 하나님께서 사랑하시는 사람이고, 그래서 어떻게든 구원하고 싶어 하시는 사람입니다. 누구든 하나님의 도우심을 받아 살고 있고, 하나님의 오래 참으심과 자비로 살고 있습니다. 하나님이 이 세상에 사람이 살 수 있는 환경을 주셨기 때문에 살 수 있는데, 그런 조건 가운데 하나만 갖춰지지 않아도 큰 재난이 덮친 듯 삶이 흔들릴 수 있습니다. 우리는 예측 가능한 안전한 조건 속에서 사는 것이 아닙니다. 그런데도 사람들은 겨우 집값으로, 연봉으로, 옷으로, 가방의 브랜드로, 출신 학교로, 몸무게로, 몸매로, 연봉으로 사람들을 평가하고 편 가르고 차별합니다. 하지만 우리는 그냥 다 사람입니다. 불로 태우면 한 줌의 재가 되고, 땅에 묻히면 썩어 흙으로 돌아갈 사람입니다. 예외는 없습니다. 그런데 우리가 육신을 입은 사람으로만 살다 갈 것인지, 아니면 하나님과 관계하는 존재가 되어 신의 성품에 참여하는 존재가 될 것인지, 오늘 여기서 선택해야 합니다. 숨이 끊어지면 그대로 끝나고 마는 인생이 될 것인지, 아니면 영원의 세계에 참여하는 존재가 될 것인지 오늘 선택해야 합니다.

우리는 누구든 한 번 태어나서 자라고 결국엔 사그라지는 존재이지만, 그 자연의 시간만 살다 가는 것이 아니라, 오늘 여기에서부터 영원의 시간, 하나님의 시간, 영적인 시간을 살다가 자연의 시간이 끝나는 다음에도 그 시간을 이어가는 사람들이 있습니다. 인간은 누구나 그렇게 될 수 있는 존재로 지음을 받았지만, 스스로 거부했습니다. 그 거부가 더 자유로운 길이라고 생각했지만, 결국 제한된 자원에 갇혀 욕망의 노예가 되는 삶을 선택하고 말았습니다. 하나님과 교제할 수 있고 그분의 자원을 공급 받을 수 있는 영적 회로를 끊어버리고, 다만 눈에 보이고 손에 잡히는 것, 찬사를 받고 인정을 받는 일에만 몰두하는 존재가 되어 버렸습니다. 그들은 여전히 영적 존재입니다. 그러나 그 영적인 영역은 사탄에 의해 장악되어 버렸습니다.

그래서 구원은 인간이 인간다워지는 일입니다. 새 창조는 하나님과 교제할 수 있는 '영적 회로'를 복원하는 일입니다. 우리의 영적 영역이 하나님의 영에 의해 지배를 받는 존재가 되는 것입니다. 육신의 소욕을 따라서 살지 않고 성령의 소욕을 따라 사는 존재가 되는 것입니다. 진정으로 인간이 인간다워질 수 있는 창조의 질서와 리듬을 회복하여 '보기에 심히 좋다' 하신 하나님의 탄성과 감탄을 다시 자아내는 존재로 새로 지어지는 것이 구원이고 새 창조입니다. 그래도 우리는 명백한 몸의 한계 속에 살고, 시간과 공간의 한계 속에서 연약함을 짊어진 채 살 수밖에 없습니다. 하지만 그 약함이, 그 한계가 도리어 인간의 가능성을 넘어서서 하나님만 하실 수 있는 영역이 처음부터 존재했음을 알게 해주며, 우리는 처음부터 그분의 그 자비하시고 능하신 돌보심 아래서 존재해왔음을 실감하게 해줍니다.

인간이 인간이면서 동시에 인간으로 머물지 않게 하는 능력, 그것이 성령의 능력입니다. 그것은 인간 예수를 하나님이 되게 하신 능력입니다. 따라서 성령이 없는 자, 성령을 의지하지 않는 자, 혹은 성령이 역사하지 않는 교회는 하나님의 사람도, 하나님의 교회도 아닙니다. 그냥 종교인일 뿐이고 그냥 종교 집단일 뿐입니다. 자기 욕망을 극대화시키기 위하여 의기투합한 단체일 뿐입니다. 그 욕망을 정당화해주는 교리 안에 안주하는, 세상보다 더 세상적이고 불신자들보다 더 불신자 같은 자들에 불과합니다. 성령 없이 모인 종교적인 모임은 더욱 탐욕적이고 위선적이고, 때로 더 잔인하고 불의하기도 합니다. 예수님은 제자들에게 성령을 보내주시겠다고 약속하셨습니다. 그것은 예언자들이 약속하신 바이기도 했습니다. 예수님 자신도 보혜사이셨는데 또 다른 보혜사로 성령을 보내시겠다고 하셨습니다. 믿는 자들 안에 들어가 내주하시면서 새로운 세계를 창조하실 것입니다. 예수의 말씀이 기억나게 하시고, 예수의 구속의 은총이 깨달아지게 하시고, 그분이 남기고 가신 하나님 나라의 남은 일을 감당하게 하실 것입니다. 그래서 자신이 받은 사랑을 나누어줄 줄 아는 자가 되게 하실 것입니다. 받은 사랑만큼 사랑하고 싶어 안달하고, 그 사랑을 자랑하고, 사랑해주신 하나님을 찬미하는 공동체를 만드실 것입니다. 그 사랑의 절정이 무엇입니까? 바로 구원의 소식, 그 아름다운 소식, 하나님 나라가 도래했다는 소식을 온 땅에 전하는 일입니다. 어둠에 있는 자들에게 빛의 소식을 전하고, 사망 아래 있는 자들에게 생명의 소식을 전하고, 매이고 묶인 자들에게 자유와 해방의 소식을 전하는 것입니다. 그것이 사랑입니다.

성령께서 그렇게 할 수 있도록 전할 말을 주시고, 전하는 '메신저'Messenger를 준비시켜 주실 것입니다. 이제 예루살렘과 팔레스타인 땅을 넘어 땅 끝까지 그 소식을 전하게 하실 것입니다. 나의 복음만이 아니고, 나의 하나님만이 아니고, 내 민족의 하나님만이 아니고, 우리의 하나님이 되게 하실 것입니다. 모든 차별의 장벽, 편견의 장벽, 오만과 교만의 장벽을 다 허물고 진정으로 주 예수 그리스도를 중심으로 자신의 의지를 굴복시키고, 지체를 예수님 대하듯 섬기고 사랑하는, 한 몸의 공동체를 창조하실 것입니다.

오순절에 오시다

제자들은 이 벅찬 계획을 듣고 주님의 명령대로 마가의 다락방에서 기다렸습니다.

"오순절 날이 이미 이르매 그들이 다같이 한 곳에 모였더니"(사도행전 2:1)

성전을 오르내리며 예배하면서 기다렸습니다. 하나님의 말씀을 깊이 상고하고, 사도를 보선하면서 기다렸습니다. 언제까지 기다려야 하는지는 몰랐습니다. 그렇게 말씀과 기도로 예열된 백이십 명의 제자들의 공동체에 오늘 드디어 약속하신 대로 성령께서 임하고 계십니다. 성령께서 임하신 그 사건은 과연 하나님께서 어떤 교회, 어떤 성도, 어떤 공동체를 만들고 싶어

하시는지를 우리에게 잘 보여줍니다. 그것은 그때나 지금이나 변함없습니다. 이제 우리는 오순절 성령 강림 사건의 의미와 그것이 오늘 우리에게는 어떤 모습으로 실현될 수 있는지를 생각해보려고 합니다.

유월절에 돌아가신 예수님은 사흘 만에 살아나셨습니다. 그리고 사십 일을 제자들과 함께 계시다가 승천하셨습니다. 사십삼 일이 지난 것입니다. 그리고 다시 칠 일이 지났습니다. 그 날은 유월절, 초막절과 함께 유대인의 삼대 절기인 오순절입니다. 오순절은 유월절에서 시작된 보리 추수를 끝내는 절기입니다. 그래서 맥추절이라고도 부릅니다. 이렇게 수확한 첫 곡식을 하나님께 드려서 감사를 표현하는 날입니다. 그리고 밀 추수를 시작하는 절기입니다. 그래서 '초실절'Firstfruits Festival이라고 부르기도 합니다. 유월절부터 일곱 번의 안식을 지난 후에 지킨다고 해서 '칠칠절'이라고 부르기도 합니다. 유월절로부터 오십 일이 지난 후에 지킨다고 해서 '오순절'五旬節이라고도 부릅니다. 중간기에 유대인들은 이 절기를 시내 산에서 율법을 받은 기념일로 지켰습니다. 그들은 이 일이 출애굽한 지 오십 일 후에 일어났다고 믿었습니다. 바로 그 오순절에 백이십 명의 제자들이 한 곳에 모여 있는 곳에 성령께서 임하셨습니다. 그렇다면 이 성령이 내려오신 오순절은 영적으로 어떤 의미가 있겠습니까?

첫째, 이 날은 성령의 처음 익은 열매인 성도들을 수확하여 하나님께 바치는 날입니다. 성령을 통하여 더는 육에 속한 존재로 살거나 세상의 정욕을 좇아서 살지 않고, 위에 속한 것을 추구하며 하늘에 속한 신령한 복과 하늘의 지혜로 살아가는 하나님의 사람들이 탄생하는 날인 것입니다. 둘째, 이 날은 그 율법을 완성하러 오신 예수의 말씀이 성도들 속에 깨달아지고 적용되도록 도우실 성령께서 오신 날입니다. 초대 교부 크리소스

톰John Chrysostom은 이렇게 말합니다. "말씀의 낫을 댈 때가 다가왔다. 왜냐하면, 여기 날카로운 날을 지닌 낫과 같이 성령께서 내려오셨기 때문이다." 특별히 여기 성령께서 내려오시면서 나타나는 세 가지 현상, 바람과 불과 음성은 시내 산에서 율법을 받고 언약을 맺을 때에 나타난 현상을 생각나게 하기 때문에 일리가 있는 주장입니다.

그럼 오순절에 성령으로 시작된 교회는 어떤 곳이어야 한다고 가르쳐줍니까? 첫째, 성령의 사람인 성도 자신을 하나님께 거룩한 산 제물로 바치는 공동체입니다. 성령을 통해 하나님의 뜻을 분별하여 악한 영이 지배하는 세상의 가치관을 따르지 않고, 하나님의 다스림을 따라 살아가려는 사람들이 모인 곳이 바로 교회입니다. 둘째, 교회는 성령을 따라서 하나님의 말씀을 선포하고 그 말씀이 실현되게 하는 공동체입니다. 하나님의 말씀이 없는 곳에 성령의 역사도 없습니다. 그 말씀으로 예수께서 왕 노릇 하시도록 해드리는 곳이 교회라는 사실을 이 오순절 사건은 우리에게 가르쳐주고 있습니다.

그들이 모인 곳은 1장 13절에 나오는 그 다락방일 것입니다. 다락방은 땅도 아니고 그렇다고 하늘도 아닌 곳에 있는 공간입니다. 천상과 지상의 중간에 있는 중립적 공간입니다. 교회는 하늘의 장소도 아니고 땅에 붙은 장소도 아닌 다락방에서 시작되었습니다. 이는 교회가 하늘 위로 들어간 피안彼岸의 존재도 아니고, 땅에 매달려 지상의 문제에만 몰두하는 차안此岸의 단체도 아닌 것과 같습니다. 그러나 천상과 지상의 두 세계에 동시에 간섭하고 참여하는 존재입니다(《베드로와 초기 기독교》,유상현).

성령의 역사는 늘 성도들의 기도와 관련되어 일어나고 있는 것이 《누가-행전》의 특징입니다. 예수님도 세례를 받으실 때 성령이 임했는데, 복음서 가운데 누가만 그때 예수께서 기도하고 계셨다고 기록합니다(눅 3:21-22). 여기 예루살렘뿐만 아니라 '사마리아의 오순절'이라고 불리는 성령 강림 사건(행 8:15-17)과 '이방인의 오순절'이라고 불리는 고넬료에게 임한 성령 강림(행 10:30-48)도 모두 기도와 관련하여 일어나고 있습니다. 유대인과 이방인, 그리고 유대인과 이방인의 중간사마리아 사람들에게 임한 세 번의 성령 강림이 모두 기도로 이루어지고 있습니다. 이는 사도행전 1장 8절에서 하신 약속이 성취되는 사건입니다. 예루살렘과 유대와 사마리아와 땅끝으로 복음이 증거되는 그 첫 순간마다 성령이 강림하고 있고, 그때마다 성도들의 기도가 있었던 것입니다.

불과 바람처럼 오시다

사도행전 2장 2-3절은 성령께서 어떤 모습으로 백이십 명의 성도들에게 오셨는지를 묘사합니다.

> "홀연히 하늘로부터 급하고 강한 바람 같은 소리가 있어 그들이 앉은 온 집에 가득하며 마치 불의 혀처럼 갈라지는 것들이 그들에게 보여 각 사람 위에 하나씩 임하여 있더니"(사도행전 2:2-3)

바람처럼

하나는 청각적으로 묘사하고, 다른 하나는 시각적으로 묘사합니다. 성령님은 급하고 강한 바람 같은 소리와 함께 임하십니다. '바람' 프노에, πνοή 소리가 공간을 가득 '채웁니다.' 성령 강림이 추상적 개념이 아니라 아주 구체적이고 실제적인 사건으로 다가오게 하는 표현입니다. 그 소리가 '하늘로부터'에크 투 우라누, ἐκ τοῦ οὐρανοῦ 옵니다. 예수님이 세례 받으실 때도 그랬습니다. '하늘에서 소리가 났습니다'(눅 3:22). 가이사랴에 사는 이방인 백부장 고넬료에게 성령이 임하기 전에 욥바에 있던 베드로에게 '하늘에서 소리'가 들렸습니다. 모든 경계를 뛰어넘는 성령의 출현은 초자연적인 하나님의 일임을 보여주는 표현이 바로 '하늘'입니다. 공교롭게도 '성령'이라는 단어와 '바람'이라는 단어는 같습니다. 여기 나오는 바람프노에, πνοή과 동의어입니다. 이것은 히브리어에서나 헬라어에서도 마찬가지입니다. '루아흐'רוח와 '프뉴마'πνεῦμα 모두 '바람'이라는 뜻입니다. 그 성령께서 나타나실 때 세찬 바람 소리가 났고, 그 바람 소리가 온 집안에 가득하였습니다. 이 '가득하다'에프레로센, ἐπλήρωσεν라는 단어는 4절에 나온 성령의 '충만함' 에프레스쎄산, ἐπλήσθησαν이라고 했을 때 썼던 단어와 그 뜻이 비슷합니다. 성령이 충만한 것을 바람 소리가 충만하다고 표현한 것 같습니다.《구약성경》에서도 이 바람으로 성령을 묘사한 것을 많이 볼 수 있습니다. 창세기 1장 2절에 온 세상이 혼돈의 흑암과 혼돈의 물로 가득 차 있었습니다. 그때 그 물 위를 '하나님의 영바람'이 운행하고 계셨습니다. 하나님의 영이 이 세상의 혼돈을 지배하시고 그 안에서 창조를 하고 계시는 장면입니다. 그 성령께서 이제 인류를 새롭게 창조하시기 위해서 다시 사람들 가운데 오셔서 역사하시기 시작한 것입니다. 생명의 바람인 성령께서 진흙에 불과했던 사람 속에 들어가 사람을 생명체가 되게 하신 사건을 기억하실 것입니다(창 2:7). 에스겔 예언자는 에스겔 37장에서 생기프뉴마 조에스, πνεῦμα ζωῆς가 마른 뼈에 불과한 자들에게 들어가 그들을 새롭게 창조하는 환상을 보았습니다. 그때 하나님은 "내가 네 안에 나의 영프뉴마, πνεῦμα을 둘 것이니 너희가 살아나리라"(겔 37:6)고 새 창조의 약속을 하셨습니다. 그리고 예수께서 부활하셔서 제자들에게 '후' 하고 숨을 내쉬면서 "성령프뉴마 하기온, πνεῦμα ἅγιον을 받으라"고 말씀하셨습니다(요 20:22). 부활하고 승천하신 예수께서 받으라고 하신 그 성령께서 이제 제자들에게 오신 것입니다. 에스겔 예언자가 환상 중에 보았던 그 성령께서 마른 뼈 같은 자들에게 오신 것입니다. 예수를 죽음에서 부활시키셨던 성령께서 우리를 새롭게 창조하시려고 오셨습니다. 여기 '가득했다'플레로오, πληρόω라는 표현은 원래《구약성경》에서는 성막과 성전에 하나님이 임재하셨을 때, '구름'이 그 안에 가득 찬 것을 표현할 때 쓰이고 있습니다. 그렇다면 이제 구름이 아니라 성령이 백이십 명의 성도들이 있는 집에 '가득 찼다'는 것은 무슨 뜻입니까? 바로 이 성령이 충만한 성도들이 성전이 되었다는 뜻입니다. 이제 성령이 충만한 성도들의 공동체가 하나님께서 거하시고, 예수 그리스도께서 거하시고, 성령께서 거하시는 성전이 되었습니다. 성령으로 새롭게 창조된 피조물 안에 하나님이 즐거이 거하시고 말씀하실 때까지 기다리고 하나님의 능력을 따라서만 살겠다고 기도하는 자들을, 또 그 열망 하나로 한 마음과 한 뜻을 품은 공동체를 주님은 자신의 거처로 삼아 자신의 영광을 드러내기로 하셨습니다.

불처럼

성령님은 마치 불의 혀처럼 갈라지는 것들의 모습으로 임하십니다.

"마치 불의 혀처럼 갈라지는 것들이 그들에게 보여 각 사람 위에 하나씩 임하여 있더니"(사도행전 2:3)

누가복음 3장 16-17절에서 세례 요한은 예수를 가리켜 "그는 성령과 불로 너희에게 세례를 베푸실" 분으로 소개합니다. 그리고 "손에 키를 들고 자기의 타작마당을 정하게 하사 알곡은 모아 곳간에 들이고 쭉정이는 꺼지지 않는 불에 태우시리라"고 하셨습니다. 바람이 갖는 종말적 분위기가 '불'이 가진 심판의 이미지에도 나타나고 있습니다. 불꽃 같은 것들이 갈라져 참석한 각 사람 위에 내려앉고 있습니다. 불길이 혀처럼 날름거리며 사람들 위에 쏟아지는 모습입니다. 불꽃 같은 것들이 '갈라져' 각 사람 위에 임한다는 것은 성령께서 차별하지 않고 골고루 평등하고 공평하게 임하여 역사하셨다는 뜻입니다.

바람에 화염이 솟구쳐 오르는 장면을 떠올려 보십시오. 얼마나 새 시대의 출발이 장엄합니까? 캄캄한 어둠의 시대가 불길에 타고 환하게 새 시대가 열렸습니다. 성령이 역사하시는 교회는 시대의 어둠을 핑계하지 않습니다. 우리의 믿음 없음을 애통해할 뿐입니다. 교회가 출범하였던 이 시기보다 엄혹한 때는 없었습니다. 메시아를 죽인 때보다 더 절망적인 때는 없었습니다. 그런 시대에도 교회는 아무도 막을 수 없는 기세로 출발했습니다. 오늘날에도 성령이 자유롭게 역사하시는 어린아이 같은 심령들이 있는 곳에 주님은 기쁘게 거하시고 영광 중에 머무실 것입니다. 자기 자신을 하나님께 산 제물로 제단에 드린 공동체에 성령이 불같이 내려오셔서 제단의 제물들을 사르셨습니다. 그 백이십 성도들을 번제로 받으신 것입니다. 제물은 말이 없습니다. 죽은 것만 제물이 될 수 있습니다. 완전히 내 자아를 십자가에 못 박아 죽인 자들만이 성령의 불로 태워 주님 앞에 번제로 드려질 수 있습니다. 그렇게 성령께서 역사하셔서 오로지 말씀의 인도를 따라서만 살려고 애쓰는 공동체를 오늘도 주님은 자신의 것으로, 향기로운 제물로 받으실 것입니다.

하나씩, 그리고 다 성령의 충만함을 받다

그런데 사도행전 2장 3-4절을 자세히 보면 성령이 성도와 공동체에 임하는 방식이 자세하게 나와 있습니다. 3절에는 불의 혀처럼 갈라지는 것들이 그들에게 보여 '각 사람' 위에 '하나씩' 임하였다고 말합니다. 의도적으로 '개별성'을 강조한다고 했습니다. 각 사람, 하나씩이라는 표현이 그것입니다. 그런데 4절은 다릅니다. "그들이 '다' 성령의 충만함을 받고"라고 말합니다. 공동체적인 차원을 강조합니다. 성령은 '각각' 받아야 하고 동시에 '다' 받아야 합니다. 또한 그것은 한 번 받으면 영원히 있는 것이 아닙니다. 4장 8절과 31절에서 이미 '성령 충만'을 받은 사도 베드로가 다시 '성령 충만'을 받고 있는 것을 보면, '성령 충만'은 일시적으로만 지속될 뿐 영원한 것은 아닙니다. 성령은 누구에게는 필요하고 누구에게는 필요 없는 분이 아닙니다. 성령이 없으면 영적으로 죽은 것이고 성령이 있는 자만 산 자입니다. 교회에서도 성령이 있는 자가 지도자가 되고 성령이 없는 자는 따르는 자가 되는 것이 아닙니다. 더 능력 있는 지도자는 성령을 많이 받은 자이고 평범한 지도자는 성령을 적당히 받은 것도 아닙니다. 성령은 인격이십니다. 그리스도인은 누구든 성령은 받습니다. 성령이 아니고서는 아무도 그리스도를 주라고 고백할 수 없기 때문입니다. 문제는 그 성령을 얼마나 의지하는가 하는 것입니다. 교회는 그 성령의 공동체입니다. 성령께서 계시기에 가족 같이 하나로 결속된 그리스도의 몸의 공동체가 될 수 있습니다. 그 성령께서 계시기에 폐쇄적이고 자기충족적인 집단이 되지 않을 수도 있습니다. 그 성령님 때문에 철저하게 이타적이고 개방적인 환대의 공동체가 될 수 있습니다. 타인의 보편적인 유익을 위해 창조적으로 분화되고 해체되는 공동체가 될 수 있습니다. 내 몸집을 키우는 데만 혈안이 되지 않고, 계속해서 더 어려운 지체 교회를 돕고, 복음이 없는 곳에 선교사를 보내고, 세상의 정의를 위해서 올바른 예언자적 목소리를 내는 곳이 될 수 있는 것도 성령 때문입니다. 온 교회가 그 성령을 받았기에 온 교회가 그 성령의 열매를 맺을 수 있는 것입니다. 공룡처럼 몸집만 불리는 교회라면, 과연 그 교회가 성령을 따라서 움직이는지 아니면 돈이나 사람에 따라서 움직이는지 쉽게 분간할 수 없을 것입니다. 사도행전은 성령 충만을 하나님의 일꾼들의 필수조건처럼 말씀하고 있습니다. 베드로(행 4:8), 바울(행 9:17; 13:9), 스데반(행 6:5; 7:55), 바나바(행 11:24), 비시디아 안디옥의 제자들(행 13:52)도 성령 충만의 사람들로 나옵니다. 그들은 성령에 압도된 사람들이었습니다. 그래서 예수처럼 살 수 있었습니다. 예수의 몸인 교회를 이룰 수 있었습니다.

다른 언어로 말하다

성령께서 임하셨을 때 나타난 세 번째 초자연적인 현상이 4절에 나옵니다.

"그들이 다 성령의 충만함을 받고 성령이 말하게 하심을 따라 다른 언어들로
말하기를 시작하니라"(사도행전 2:4)

성령의 충만함을 받은 백이십 명의 성도들이 갑자기 여러 나라의 말을 하기 시작합니다. 다른 나라의 말을 한다는 것은 그 나라 사람이 되는 시

작입니다. 독일에서 삼십 년을 넘게 살아오신 목사님께 "이제 독일 사람 다 되셨겠습니다"라고 하자, 목사님은 "아직 멀었습니다. 그 나라의 언어를 완벽하게 구사하기 전에는 그 나라 사람으로 살 수 없습니다"라고 하시더군요. 성령은 성도들에게 다른 나라 말들"다른 언어들"을 구사할 수 있는 능력을 주셨습니다. "다른"이라고 했을 때, 이것은 다양한 언어라는 의미일 수도 있고, 그들이 평소에 쓰던 아람어와 다르다는 의미도 될 것입니다. 또 질적으로 다른 언어라는 뜻도 될 것입니다.

백이십 명의 성도들이 자기가 사용하는 언어가 아닌 다른 언어로 말하기 시작했습니다. 그들은 아마도 자신들이 무슨 말을 하는지 몰랐지만 그 언어를 모국어로 갖고 있는 누군가는 알아듣는 말로 말했을 것입니다. 얼마나 이타적인 언어 사용입니까? 이제 이 공동체는 이 성령이 주시는 은사을 자기 욕망을 위해서 사용하지 않고, 온 세상에 이 복된 소식, 이 사랑의 소식, 이 생명의 소식을 전하는 데 사용하라는 뜻일 것입니다. 우리의 언어를 가지고 타인의 세계 속으로 들어가라는 것입니다. 그래서 그 사람을 이해하고 수용하고 사랑하라는 것입니다. 그가 성령의 사람입니다. 내 언어만을 강요하고, 남들이 못 알아듣는 전문 용어와 낯선 이방의 언어들특히 영어로 권력을 누리려는 사람들이 되면 안 됩니다. 나만 아는 어려운 말로 지식을 과시함으로써 그 지식을 권력화 혹은 물성화物性化시키고, 못 알아듣는 타인을 소외시키는 사람이 되어서는 안 됩니다. 또 성령의 사람들은 누군가의 말을 문자적으로만 이해하거나 인상적으로만 받아들이지 않고, 내 욕망을 따라 편집적으로 오해하지 않으며, 그 본래 의미와 의도를 이해하려고 애써야 합니다. 상대방에게 깊이 공감하고 경청하면서 그 말뜻을 이해해주는 능력이 진정한 언어 능력입니다. 성령의 사람이 가진 언어능력, 문해

력, 공감능력이 어느 시대든 그 사회에서 비교할 수 없는 경쟁력이 될 것입니다. 교회는 특히 세상의 소리를 잘 간파해야 하고 세상과 소통할 수 있는 언어를 갖기 위해 노력해야 합니다. 우리만 알아듣는 소리로 전도해서는 안 됩니다. 아이들에게 필요한 언어가 있고, 지식인들에게 필요한 언어가 있고, 초신자들에게 필요한 언어가 있듯이, 세상을 설득하고 세상에게 진리를 전하려면 그들의 화법과 문법을 잘 아는 것이 필요합니다.

이 능력으로 백이십 명의 성도들이 각각 자신들이 깨달은 것하나님의 큰 일, 행 2:11을 각 나라의 말로 전하자 예루살렘에 살고 있던 디아스포라 유대인들과 경건한 이방인이 어떻게 반응합니까? 5-8절에 그들의 반응이 나와 있습니다.

"그때에 경건한 유대인들이 천하 각국으로부터 와서 예루살렘에 머물러 있더니 이 소리가 나매 큰 무리가 모여 각각 자기의 방언으로 제자들이 말하는 것을 듣고 소동하여 다 놀라 신기하게 여겨 이르되 보라 이 말하는 사람들이 다 갈릴리 사람이 아니냐 우리가 우리 각 사람이 난 곳 방언으로 듣게 되는 것이 어찌 됨이냐"(사도행전 2:5-8)

아마 백이십 명의 제자들이 마가의 다락방에서만 방언을 말했다면, 예루살렘에 거주하던 디아스포라 유대인들이 듣고 반응할 수 없었을 것입니다. 이 상황을 정확히 재현하기는 어렵지만, 어쨌든 제자들은 밖에 나가서 자신들이 갑자기 구사할 수 있게 된 언어로 "하나님의 큰 일"(행 2:11)을 전하기 시작했을 것입니다. 2장 5절을 보면 "경건한 유대인들이 천하 각국으로부터 와서 예루살렘에 머물러 있더니"라고 말합니다. 이들 중에는 유월절을 지키러 왔다가 오순절까지 지키려고 장기간 머물고 있는 순례자들도 있었겠지만, 대부분은 예루살렘에 '머물던'정주하던 디아스포라 유대인들이 었습니다. 그 기간은 정확히 알 수 없지만, 그들이 장기 체류자들인 것은 분명해 보입니다. 2장 10절에 보면 "로마로부터 온 나그네 곧 유대인"도 이 무리 가운데 포함되어 있었습니다. 이들이 바로 예루살렘 주민과 구분되는 순례자들입니다. 그러니까 예루살렘 안에는 지금 원주민, 외지 출신의 장기 체류자들, 그리고 단기간 거주하는 순례자들이 섞여 있었던 것입니다. 2장 14절에서 베드로는 설교를 시작하면서 "유대인들과 예루살렘에 사는 모든 사람들아"라고 소개합니다. 2장 9절부터 11절은 오순절에 예루살렘에 모인 사람들이 어디 출신들인지 상세하게 기록하고 있습니다. 여기에는 모두 17개 명칭이 나옵니다.

> "우리는 바대인과 메대인과 엘람인과 또 메소보다미아, 유대와 갑바도기아,
> 본도와 아시아, 브루기아와 밤빌리아, 애굽과 및 구레네에 가까운 리비야 여
> 러 지방에 사는 사람들과 로마로부터 온 나그네 곧 유대인과 유대교에 들어
> 온 사람들과 그레데인과 아라비아인들이라 우리가 다 우리의 각 언어로 하
> 나님의 큰 일을 말함을 듣는도다 하고"(사도행전 2:9-11)

이들은 모두 공용어였던 헬라어를 구사할 수 있었고 아람어도 조금 할 수 있었지만, 자기가 태어난 곳에서 사용하던 모국어는 따로 있었습니다. 디아스포라 유대인들에게 헬라어나 아람어는 여전히 외국어였습니다. 만약 자기 출신지 말로 복음을 들을 수만 있다면, 훨씬 더 그 의미를 깊이 이해하고 더 잘 공감할 수 있을 것입니다. 그런데 오순절에 성령을 받은 제자

들이 그들의 모국어로 '하나님의 큰 일'을 말하는 것이 아니겠습니까? 얼마나 놀랐을까요? 6절에서는 "소동했다", 7절에서는 "다 놀라 신기하게 여겼다"라고 그 반응을 묘사하고 있습니다. 그 내용에 놀란 것도 있겠지만, 자기 지역 출신도 아닌 사람들에게 친숙한 모국어를 들어서 놀랐을 것입니다. 그들의 반응을 보십시오.

> "이 말하는 사람들이 다 갈릴리 사람이 아니냐 우리가 우리 각 사람이 난 곳 방언으로 듣게 되는 것이 어찌 됨이냐"(사도행전 2:7-8)

어떻게 알았을까요? 그들은 낯선 자기 나라 말을 하는 자들이 '갈릴리 출신'이란 것을 알아차렸습니다. 아마 그들의 어투, 음조, 악센트가 힌트가 되지 않았을까 싶습니다. 랍비들의 자료를 보니 갈릴리 사람들은 불분명한 후두음을 쓴다고 빈정거리고 있는데, 그런 어조 때문에 식별할 수 있었는지 모르겠습니다. 갈릴리 촌놈들이 갑자기 여러 외국어들을 나눠서 구사하니 놀랄 수밖에 없었습니다. 그들이 이 말을 알아들었다는 점에서 이것은 고린도전서 12-14장에 나오는 방언과는 분명히 다릅니다. 여기 오순절에 주신 방언은 그냥 외국어입니다. 갈릴리가 어디입니까? 예수께서 처음으로 하나님 나라의 사역을 시작하신 곳입니다. 백이십 명의 성도들이 모두 갈릴리 출신은 아니었겠지만, 여기 처음으로 '성령 충만' 하여 교회를 시작한 제자들이 갈릴리 출신이라고 저자가 언급하고 있는 것은 이 성령 충만을 통해 제자들이 하고 있는 사역이 '성령 충만' 하셨던 예수의 갈릴리 사역을 이어 받은 것이라고 말하고 싶었던 것은 아닌가 싶습니다.

저는 하나님께서 이 외국어 방언을 주신 사건이 교회에게 주는 메시지가 뚜렷하다고 생각합니다. 그 핵심은 '장벽 허물기'입니다. '경계 넘기'입니다. 교회는 사회적인 여타 장벽을 깨뜨리고 넘어서는 공동체일 때 세상 앞에서 그 정체성이 뚜렷해집니다. 교회와 세상 간의 장벽이나 세상에 존재하는 다양한 차별과 배제와 혐오와 부당한 특권과 불공정의 담들을 깨뜨리는 것이 교회의 역할입니다. 교회가 세상으로부터 외면당하는 것은 세상과 너무 달라서가 아니라 너무 닮아서입니다. 세상보다 더 강고한 담장과 경계를 쌓아서 '우리끼리'만의 세상을 누리려고 하기 때문입니다.

이 방언 소통 사건은 또한 세상에서 그리스도인은 그리스도처럼 성육신적인 삶을 살아야 한다는 것을 보여줍니다. 예수께서 인간의 언어를 구사하시기 위해 육신을 입고 오셨듯이, 우리도 지역적, 언어적, 문화적 경계를 넘어 세상이 만들어 놓은 온갖 차별과 특권의 장벽을 허물 수 있는 능력을 가져야 한다고 말씀하시는 것입니다. 갈릴리 사람들에게 그들이 원래 갖고 있지 않았던 다른 방언을 구사할 은사를 주신 것 자체가 장벽을 깨는 일입니다. 예루살렘의 지식층이 아니라 갈릴리 촌뜨기들을 통해서 성령께서 일하셨다는 것 자체가 혁명적입니다. 하나님께서는 놀라운 일을 행하기로 작정하셨을 때, 주님은 세상에서 저명한 사람이 헌신하기로 결단할 때까지 기다리시지 않습니다. 주께서 기다리라고 하셨을 때 기도하고 말씀에 착념하여 주의 때를 향하여 나아가는 사람이 있다면, 출신을 가리지 않고 능력 있게 사용하실 것입니다.

이처럼 '난 곳 방언'으로 '하나님의 큰 일'을 듣게 되는 일이 또 다른 의미에서 매우 중요합니다. 이것은 바벨탑의 저주를 전복시킨 사건이기 때문입니다. '바벨탑 사건'의 의미는 무엇입니까? 하나님의 명령을 어기고 그분의

'무지개 언약' 다시는 물로 심판하지 않고 만물을 보존하겠다는 약속을 불신한 사람들이 자기 이름을 내기 위해서 한 군데 모였고, 하늘까지 닿는 대를 쌓아갔던 사건입니다. 하나님과 동등해지려는 욕망과 다시 홍수로 심판하시더라도 눈 뜨고 당하지 않겠다는 의지가 결합된 것이 바벨탑 건축의 본질입니다. 그런 바벨의 사람들을 향한 하나님의 심판은 무엇이었습니까? 그들이 의기투합하고 단결할 수 있게 해준 가장 큰 도구인 한 언어를 혼잡하게 하셔서 소통 불가의 집단이 되게 하셨습니다. 언어파괴는 소통 불가를 가져왔고, 그것은 다시 관계 파괴로 이어졌을 것입니다. 결국 그들은 쌓다 만 바벨탑을 남긴 채 자기 발로 온 땅 곳곳으로 흩어지게 되었습니다. 명예로운 이름을 남기려던 그들은 '바벨' 혼돈이라고 하는 불명예만 남겼습니다. 여기서 우리는 하나님을 대적하여 높아지려는 자들은 결국 자기만 생각하는 이기적인 존재들이기에 서로 원활히 소통할 수 없다는 신학적인 메시지를 얻을 수 있습니다. 어쩌면 하나님께서 다른 언어를 주시기 전에 이미 그들의 마음에서부터 갈등과 대립과 분열은 시작되었을 것입니다. 언어가 다르다고 다 갈등하고 헤어지는 것은 아닙니다. 세상에서 벌어지는 숱한 전쟁들이 언어가 달라서 생긴 것이 아닙니다. 세상은 지금도 여러 방식으로 연합을 추구합니다. 하지만 자기 잇속을 계산하는 데 분주하고 권력 지향적이기만 한 자들 간에는 진정한 연합은 없습니다. 사랑과 헌신과 자기부정이 아니면 결코 하나가 될 수 없기 때문입니다.

그런데 이제 오순절 예루살렘에는 어떤 일이 일어났습니까? 바벨의 사건과 대조적으로 뿔뿔이 흩어졌던 사람들이 각각 다양한 자기 언어를 가지고 예루살렘에 모였습니다. 성령께서 다른 언어를 가진 그들이 다 '알아들을 수 있는' 말로 '하나님이 하신 큰 일'을 듣게 하십니다. 그 결과 모두 하나님을 대적한 바벨론과 대조적으로 하나님을 찬미하는 자들이 되었습니다. 바벨탑은 사람들이 하늘로 올라가려고 했지만, 오순절에는 하늘이 땅으로 하나님의 영을 보내주셨습니다. 바벨탑에서는 언어를 혼잡케 하시자 놀랐지만, 이제는 자기 나라 말로 듣게 되자 놀랐습니다. 바벨탑 사건은 다양한 언어를 통해 사람들을 흩었지만, 성령의 방언 사건은 다양한 언어를 가진 열방을 모아 한 백성이 되게 하였습니다.

물론 성령께서 오늘날에도 이와 똑같은 은사를 자주 반복하여 집단적으로 주시는 것은 아닙니다. 이 초대교회 공동체에게 주신 독특한 사건이었습니다. 예루살렘에 모인 15개 나라17개 명칭 사람들에게 성령께서 복음을 알아듣도록 전하게 하셨습니다. 이를 통해서 사도행전 1장 8절에서 약속하셨던, "땅 끝까지 이르러 증인"이 될 사람들을 성령께서 친히 준비하셨습니다. 예루살렘에서 이미 그 땅 끝 구원의 약속이 실현되기 시작한 것입니다. 여기서 복음을 들은 사람들이 앞으로 땅 끝 선교에 어떤 식으로 쓰임 받았는지는 모릅니다. 나중에 이 예루살렘 유대인 가운데 복음을 즉시 받아들인 사람이 아니라, 그 복음을 핍박한 '바울'이라는 사람을 통해서 땅 끝까지 복음을 증거하게 하실 것입니다. 그래서 바벨탑의 저주 아래 있던 아브람을 부르시면서 약속하셨던 것, "너를 통하여 모든 족속이 복을 받게 하겠다"는 언약을 이루게 하실 것입니다(창 12:1-3 참조).

그러니 성령의 사람으로, 복음의 증인으로 오늘 부름 받은 우리는 각자 자기 야망과 욕망을 따라 자기 말만 하고 자기 말이 권력이 되게 하는 데 인생을 허비하지 않아야 합니다. 무슨 목적으로 내 말이 힘이 있기를 바라는 것인지 꼭 자문해야 합니다. 우리는 성령의 언어로만 바벨의 공동체를 무너뜨릴 수 있습니다. 형제 자매 여러분, 성령의 언어로 소통하는 공동체, 남을 세워주고 격려해주고 위로해주고 허물을 덮어주고 용서해주는 말들이 오고가는 성령의 공동체를 세워갑시다. 그렇게 하나 될 때 주님은 우리 공동체에게 더 넓게, 더 멀리 하나님께서 하신 큰 일을 전하는 사명을 맡겨주실 것입니다. 가정에서 부부가 성령의 언어로 소통할 때, 자녀들이 땅 끝으로 나아가 사랑의 언어로, 하늘의 언어로 그곳을 섬기는 하나님의 사람들이 될 것입니다.

조롱하는 자들

하나만 더 살펴보겠습니다. 이렇게 도저히 인간의 상식으로는 이해할 수 없는 성령의 역사가 있고 많은 사람들이 그 증인으로서 신비한 경험을 공유하고 있는데도, 이것을 성령께서 하신 일로 인정하지 않는 이들이 있을 것입니다. 12-13절에 두 가지 다른 반응이 나옵니다.

> "다 놀라며 당황하여 서로 이르되 이 어찌 된 일이냐 하며 또 어떤 이들은 조롱하여 이르되 그들이 새 술에 취하였다 하더라"(사도행전 2:12-13)

놀라며 당황하는 자들이 있었습니다. 앞서 놀라고 신기해하던 자들과 비슷한 반응입니다. 그들은 도저히 인간의 차원에서는 설명할 수 없는 일이라고 여겨서 놀랐습니다. 하지만 다른 반응도 있습니다. 그들은 '조롱합니다'. 다른 언어로 말하는 자들을 가리켜 '새 술에 취하였다'고 하였습니다. '새 술'은 아직 다 발효되지 않은 신선하고 달콤한 포도주를 말합니다. 성령이 임한 제자들이 각기 다른 방언을 하니 못 알아듣는 사람들도 있었을 것입니다. 하지만 달리 생각하면 그들이 틀린 말을 한 것은 아닙니다. 그들은 오랫동안 숙성시킨 복음의 새 포도주에 취했기 때문입니다. 천오백 년 묵은 포도주에 취했습니다. 이사야 25장 6절을 보면, 하나님은 시온산에 골수가 가득 찬, 기름진 포도주로 만민을 위한 연회를 준비하실 것이라고 약속하십니다. 그 포도주는 아브라함 때부터 시작된 이스라엘 역사 가운데 하나님이 손수 담그시고 발효시키시고 숙성시킨 포도주였습니다. 천오백 년 묵은 포도주를 마신 갈릴리 사람들이 세계 만민의 지방 언어를 구사하기 시작한 것입니다. 이 포도주는 이기심과 탐욕, 자기주장과 교만, 절망과 자포자기에 빠진 사람으로 하여금 이제 예수의 얼로 사는 자들이 되게 할 것입니다. 손익을 계산하지 않은 채 하나님 나라를 위해서 살고, 사랑하면서 사는 자들이 될 것입니다. 세상은 정신 나간 사람이라고, 얼빠진 사람이라고 야유할지 모르지만, 그들이야말로 예수의 정신, 예수의 얼이 제대로 들어간 사람입니다. 우리가 더 철저히 성령에 취해 살수록 세상은 우리를 더욱 이상하게 여기면서 조롱할 것입니다. 성령의 권능을 보여주어도 하나님을 찬미하기는커녕 우리를 변두리로 밀어내려고 혈안이 될 것입니다. 당연히 그럴 줄 알아야 합니다. 사도 베드로는 자신의 서신에서 성령을 따라 살면서 고난 받는 것은 '아름다운 일'이라고 하였습니다(벧전 2:20 참조). 그 아름다운 일에 참여하는 성령의 사람들로 우리 살아가지 않겠습니까?

나가는 말
성령이 임하자 백이십 명의 성도들은 전혀 다른 존재가 되었습니다. 그들은 여전히 사람이었고 여전히 연약했습니다. 하지만 그런 조건이 더 이상 그들에게는 제약이 되지 않았습니다. 성령께서 역사하실 공간이 그들의 심령에 준비된 자들은 더는 세상에 속하지 않기 때문입니다. 그들은 눈에 보이는 성전을 대신하는 새로운 성전이 되었습니다. 새로운 언어를 얻었습니다. 말씀에 대한 새로운 안목을 얻었습니다. 새로운 세계로 진입했습니다. 하나님이 열어 가시는 역사에서, 그리고 하나님께서 만들어 가시는 이야기에서 의미 있는 배역들을 맡아서 참여하는 자들이 되었습니다.

성령을 통해 그들은 하나로 결속되었지만, 동시에 세상 어디를 향해서도 나아갈 수 있는 존재가 되었습니다. 흩어지기를 두려워하던 바벨탑의 사람들과는 달리, 자신들과 함께 하시는 성령께서 가라고 하신 곳이면 어디든 갈 수 있는 증인들이 되었습니다. 자기 말을 하는 자들이 아니라 성령께서 말씀하시게 하는 대로 말하는 자들이 되었습니다. 자신의 나라가 아니라 하나님의 나라를 세우고, 자신의 뜻이 아니라 하나님의 뜻이 서는 나라를 세우는 공동체가 되었습니다. 성령의 사람들의 언어는 더 이상 닫힌 사유의 회로가 아니라 열린 의식과 열린 존재의 집이 됩니다. 그 열림은 현실 세계 안에 뿌리 깊게 자리 잡고 있는 폐쇄성과 배타성을 끝장내는 열림입니다. 이 성령이 우리 안에도 임하여 계십니다. 이제 이 성령의 역사를 기대하고 갈망하는 성도와 교회가 되기를 바랍니다.

하나님 아버지, 오늘 여기에도, 저에게도

성령의 바람과 불로 임재하셔서 충만히 거하여 주옵소서.

그리하여 저로 담대하게 예수 그리스도를

유일한 나의 주와 왕으로 인정하고,

하늘의 사람으로 날마다 새롭게 지어져가게 하여 주옵소서.

성령님 이제 저를 나와 남을 가르지 않고,

소유와 언어를 통해서 하나님을 영화롭게 하며,

이웃을 사랑하고 잘 섬기는 사람으로 창조하옵소서.

하나님께서 이미 행하신 큰 일이 또렷하게 기억나게 하옵소서.

그것을 알아들을 수 있는 말로

겸손하게 전하고 보여주는 증인이 되고 싶습니다.

이제는 저희 자신의 이름이 아니라

오직 주의 나라와 주의 이름을 드러내게 하시고,

영원한 하늘 생명을 나누는 인생 되게 하여 주옵소서.

성령의 능력을 주옵소서.

그것으로 저희 안에 커져가는 바벨성이 일거에 무너지게 하옵소서.

저희의 모든 지식과 언어와 혀가 성령의 불로 세례를 받아

겸손하고 친절하게, 다정하고 신실하게 섬기고

사랑하는 데만 쓰이게 하옵소서.

사람의 헛된 욕망을 자극하는 말이 아니라

그 욕망을 부끄럽게 하는 말이 되게 하여 주옵소서.

주께서 어디로 가라고 하시든지 기꺼이 나아가고

주님 부르시는 그 날까지 순례하는 걸음 되게 하여 주옵소서.

성령께서 오늘 저를 강건하게 하옵소서.

그리하여 새 주인이신 예수님의 뜻을 받들어

온전히 그리고 즐거이 그 말씀을 따라 사는

하늘의 자녀가 되게 하여 주옵소서.

아멘.

성령 강림과 주主와 그리스도가 되신 예수님 ——— 사도행전 2:14-36

변화의 복음

기독교 신앙의 목표는 '사람의 변화'입니다. 그것은 사람이 사람다워지는 것, 보기에 좋은 사람이 되는 것입니다. 피조물이 피조물의 자리를 지키고, 창조주를 창조주로 인정하는 존재가 되는 것, 자신을 지으신 이를 인정하고, 그분의 마음을 알아서 그분을 닮아가고, 그래서 이 세상에서 그분의 뜻을 실현하고 그분의 다스림을 실행하는 존재, 그분이 만들고 싶어 하시는 사랑과 평화, 정의와 공평이 넘실거리는 나라, 그 나라를 주님과 함께, 공동체와 함께 꿈꾸는 사람의 창조, 그것이 기독교 신앙의 목표입니다.

그런데 오래 살아보신 어른들이 많이 하시는 말씀 가운데 하나가 '사람은 징허게 안 변해야'입니다. 그렇습니다. 인간처럼 안 변하는 존재가 또 있을까 싶습니다. 변할 수 없도록 지어진 존재가 아니지만 쉽게 변하는 존재도 아닙니다. 왜 그렇습니까? 인격적인 존재라서 그런 것 같습니다. 지성, 감성, 영성을 가진 통합적인 존재이기 때문입니다. 그러니 논리적인 설명이나 과학적인 증명만 있으면 충분한 것이 아닙니다. 열정적으로, 감동적으로 설득해도 되지 않습니다. 윽박질러도 안 되고 듣기 좋은 말로 유혹해도 안 됩니다. 인간이 변한다는 것은 자신을 부인하는 일입니다. 더 적나라하게 말하면 자신을 죽이는 일입니다. 자신이 사라진다는 뜻이 아니라, 자신을 지탱하고 있던 가치관 혹은 세계관을 무너뜨리고 새로운 가치관으로, 새로운 기준과 잣대로 나와 세상과 인생을 바라보기 시작한다는 뜻입니다. 그 觀의 변화 때문에 욕망이 재조정되고, 그것을 뒷받침하는 의지가 형성되는 것까지가 신앙의 목표입니다. 의식적이든 무의식적이든 그런 근본적인 가치관의 전환이 있을 때 인간은 변하는 것입니다. 그러니 어려울 수밖에 없습니다. 우리 안에서 한 세계가 무너지고 다른 세계가 세워지는 일이 어찌 쉽겠습니까? 그에 수반되는 엄청난 파급 결과를 다 수용하겠다는 결단 없이는 결코 할 수 없는 일이니 말입니다.

그 결단을 '믿음'이라고 합니다. 믿기로 작정하는 것, 그것은 변하기로 작정했다는 뜻입니다. 그것은 나를 부인하기로 작정했고, 새로운 나라에, 새로운 통치에 나 자신을 복종시키기로 결심했고, 새 나라에 참여하기로 선택했다는 뜻입니다. 우리가 사도행전에서 볼 수 있는 것이 바로 이것입니다. 제자들은 새로운 나라가 시작되었다는 소식을 듣습니다. 새로운 왕이 오셨다는 소식을 듣습니다. 그 왕이 오셨음을 증명하는 표적과 기사가 일어납니다. 그리고 그 나라에 전격적으로 헌신하는 사람들이 생기기 시작합니다. 목숨 바쳐 그 나라, 그 왕을 전하는 자들이 나옵니다. 그 복음을 듣고 변화된 인격, 변화된 삶이 다양한 형태로 등장합니다. 그리고 그것이 그 사회에 가져온 파격적이고 급진적인 영향이 나타납니다. 그로 인한 반발과 저항 또한 만만치 않습니다. 사도행전 2장 14-36절에서 우리는 그

세찬 변화를, 하지만 참으로 벅찬 변화를 감지할 수 있습니다. 그리고 성령님은 우리에게도 그 변화의 대열에 동참하도록 초청하고 계십니다. 그 질기고 질긴 자기 확신의 감옥에서 나와서 복음이 주는 자유함을 누리라고 부르고 계십니다. 과연 초대교회 믿음의 선배들이 그토록 전격적으로 과거의 삶을 떠나 새로운 삶에 투신할 수 있었던 원동력은 무엇이었는지 우리같이 확인해봅시다.

오순절에 성령이 임하시다

기도하며 기다리던 제자들에게 오순절에 성령이 임했습니다. 급하고 강한 바람이 그들이 머물고 있던 곳에 가득했습니다. 하나님은 이제 그들을 자신의 거처로 삼으신 것입니다. 하늘에서 불 같은 성령이 백이십 명에게 각각 내렸습니다. 한 사람도 예외 없이 성령을 받았습니다. 그러자 그들은 여러 나라의 말들로 하나님께서 하신 큰 일, 즉 예수 그리스도를 통한 구속과 하나님 나라의 소식을 전하기 시작했습니다. 각국에서 오순절을 지키러 온 많은 사람들이 자기 나라 방언으로 이 복음을 들을 수 있었습니다. 그 내용에 놀랐을 뿐 아니라, 갈릴리 출신의 평범한 사람들이 이렇게 다양한 나라의 언어를 구사하는 것을 듣고 너무도 놀랐습니다. 예루살렘엔 일순간 소동이 일어났습니다. 하지만 이 모습을 듣고 보던 이들 중에는 제자들을 조롱하는 이들도 있었습니다. 그들은 '새 술에 취했다'고 비웃었습니다. 성령으로 충만하여 귀신을 쫓아내시던 예수님을 보고는 귀신의 왕 바알세불의 힘을 빌어 저런 일을 한다고 조롱했던 옛 모습 그대로입니다. 그들은 하나도 변하지 않았습니다. 예전에는 제자들도 이 무리와 크게 다르지 않았습니다. 그런데 이제 변했습니다. 자신이 변한 자들만 남을 변화시킬 수 있습니다. 자신이 전하는 메시지에 자신이 먼저 영향을 받은 자들만 변화와 변혁을 가져올 메신저가 될 수 있습니다.

제자들은 이제 더는 예수가 죽는 것을 보고 풀이 죽고 크게 낙심하던 자들이 아니었습니다. 기대가 꺾여서 목숨이라도 부지하려고 예수를 버리고 달아나던 제자들이 아닙니다. 그들의 기대가 잘못되었고, 그들이 예수를 오해했다는 것을 알았기 때문입니다. 그들은 예수를 새롭게 만났고, 그 예수 때문에 《구약성경》에서 약속하셨던 모든 말씀을 새롭게 해석할 수 있는 안목을 얻었습니다. 그 예수 안에서만 그 약속이 성취될 수 있음을 알았습니다. 자신들을 낙망케 했던 바로 그 예수의 죽음이 사실은 하나님의 구원을 이루는 가장 결정적이고 필연적인 사건이었음을 알게 되었습니다. 어떻게 알았습니까? 예수의 부활을 경험했습니다. 부활하신 예수의 가르침을 받았습니다. 그리고 이제 그들에게 성령이 임하셨습니다. 예수의 영이요 그리스도의 영이신 성령이 제자들에게 임하셨습니다. 이제 예수님이 세상을 두려워하거나 세상을 기쁘게 하려고 살지 않고 하나님 아버지의 뜻을 따라 사셨듯이, 제자들도 예수의 뜻을 따라서만 사는 존재로 변화되었습니다.

2장 15-21절에서 베드로가 나서서 설교합니다. 여기서는 앞선 방언 현상에 대한 오해를 바로잡고 참 의미를 설명해주고 있습니다. 물론 이것은 설교 전문이 아니라 핵심적인 내용을 저자가 요약하여 수록한 것입니다. 수제자 베드로, 천방지축 베드로, 성미 급하고 저돌적인 베드로, 그가 가장 먼저 나섭니다. 하지만 예전의 베드로가 아닙니다. 그에게는 성령님이 계십니다. 부활하신 예수님과의 만남이 있었고, 하나님 나라에 대한 깨달음이 있습니다. 그 곁에는 성령에 충만한 열한 제자가 서 있습니다. 백이십 명의 성도들이 같이하고 있습니다. 그래서 두려워 도망하던 유대인 무리 앞에 당당히 설 수 있었습니다. 성령을 통해서 그리고 성령의 공동체 안에서 담대한 복음의 증인이 태어나는 것입니다.

> "베드로가 열한 사도와 함께 서서 소리를 높여 이르되 유대인들과 예루살렘에 사는 모든 사람들아 이 일을 너희로 알게 할 것이니 내 말에 귀를 기울이라 때가 제 삼 시니 너희 생각과 같이 이 사람들이 취한 것이 아니라"(사도행전 2:14-15)

베드로 곁에서 열한 사도도 '함께' 서서 소리를 높여 말했습니다. 열두 명이 동시에 말했다는 뜻일 리는 없습니다. 이는 앞으로 있을 베드로의 설교가 그 혼자만의 개인기가 아니며, 모든 사도들이 함께 가담한 설교가 될 것임을 강조하는 것 같습니다. 2장 32절에서도 "우리가 다 이 일에 증인이로다"라고 하면서 역시 공동체적 결속을 강조하고 있습니다. 베드로는 자신들이 새 술에 취하여 이렇게 방언하는 것이 아니라면서 사람들의 오해를 바로잡는 것부터 시작하고 있습니다. 제 삼시, 그러니까 오전 아홉 시부터 취할 정도로 새 술을 마실 사람은 없기 때문입니다. 더군다나 오순절이라는 중요한 절기에 말입니다.

오순절 성령 강림의 첫 번째 의미
일부 유대인들이 성령께서 그리스도인들을 통해 하신 일을 전혀 비상식적이고 몰염치한 일로 만들어 폄하할 때, 베드로는 우선 그들의 주장을 단호히 부인하였지만, 거기서 그치지 않았습니다. 《구약성경》 요엘 2장

28-32절을 인용하면서 이 사건이야말로 《구약성경》의 예언이 성취된 것이라고 지금 눈앞에서 벌어진 이 일의 참 의미를 설명해 주고 있습니다. 베드로가 말한 오순절 사건의 의미는 크게 두 가지입니다.

첫째, 16-18절에서는 오순절 성령 강림 사건은 모든 사람이 성령으로 예언하는 말세가 왔음을 보여주는 사건이라고 말합니다. 이는 또한 사람들이 만든 작위적인 사건이 아니라는 뜻이기도 합니다. 사람들이 만들어낼 수 있는 현상이 아니고, 심지어 술 취한 사람들이 제 정신이 아닌 채로 하는 난리도 아니며, 여호와의 영이 하신 일임을 강조하려고 요엘서를 인용하고 있습니다.

"이는 곧 예언자 요엘을 통하여 말씀하신 것이니 일렀으되 하나님이 말씀하시기를 말세에 내가 내 영을 모든 육체에 부어 주리니 너희의 자녀들은 예언할 것이요 너희의 젊은이들은 환상을 보고 너희의 늙은이들은 꿈을 꾸리라 그때에 내가 내 영을 내 남종과 여종들에게 부어 주리니 그들이 예언할 것이요"(사도행전 2:16-18)

앞으로도 사람들의 눈에 놀랍고 경이롭고 장엄한 일들이 많이 일어날 것인데, 그것은 성령의 일이며, 기독교의 발전과 확장은 사람의 힘이나 지혜로 한 것이 아니고 전적으로 성령의 역사였음을 기억하라는 뜻입니다. 원래 요엘서에서는 "그 후에"라고 되어 있는 것을 베드로는 "말세에"라고 바꾸고 있습니다. 그는 요엘서를 인용하는 데 그치지 않고 그것을 예수 그리스도의 십자가와 부활을 통해 성취된 뜻으로 해석한 것입니다. 오순절 성령 강림 사건은 요엘 예언자가 내다보았고 다른 많은 예언자들이 예고했던 바로 그 새 시대, 새 언약의 시대, 즉 메시아가 통치하는 '말세'가 왔음을 가시적으로 보여주는 표시였던 것입니다. 예수님이 왕으로 오시면서 그 시대가 시작되었는데, 유대인들이 자신들의 메시아를 죽여버렸습니다. 선민이라는 자들이 새 시대, 성취의 시대를 가장 앞서 거스르고 말았습니다. 이스라엘은 온 열방과 세상 앞에 제사장과 증인으로 부름 받은 자들입니다. 그런데 이제 그 이스라엘이 수행하지 못한 증인의 사명을 성령께서 능력 있게 임하셔서 감당하고 계셨던 것입니다. 성령님은 유대인들이 죽인 이 예수께서 하나님 나라를 가져온 메시아이심을 증거하셨고, 그분으로 말미암아 이미 말세가 시작되었음을 증명하셨습니다. 성령께서 임하신 이 말세의 특징이 무엇입니까?

"내가 내 영을 모든 육체에 부어 주리니"

백이십 명의 성도들에게 '각각', '하나씩', '다' 성령이 충만하게 임하신 것을 우리는 이미 보았습니다. 그와 같이 말세에는 '모든 육체에' 성령이 임하실 것입니다. 남녀 구분 없이, 나이 구분 없이젊은이와 늙은이, 계층 구분 없이 남종과 여종, 민족 구분 없이 누구에게든 차별 없이 성령께서 임하실 것이라는 뜻입니다. 이제 하나님의 구원은 선민의 경계를 넘어 만민을 향해 나아가게 되었습니다. 베드로가 보기에 지금 벌어지고 있는 현상들은 여호와의 영이 부어지는 상황을 뜻하며, 오순절에 목격된 사건들은 요엘서 예언을 통해 이미 예언된 것들이 나타나는 것이라는 뜻입니다.

"예언하고, 꿈을 꾸고, 환상을 볼 것이니"

이것은 이전까지는 제사장들이나 예언자들에게만 허용된 일이었습니다. 그것도 꼭 필요할 때만 일시적으로 허용되었습니다. 그런데 이제 모든 믿는 자들이 보편적으로 경험하는 일이 될 것입니다. 여기 보십시오. 성령께서 그냥 임하신다고만 말하지 않고 '부어주신다'고 약속하고 있습니다. 유례 없이 성령께서 역사하시는 시대가 도래하였다는 뜻입니다. '부어주신다'는 표현은 이슬비가 아니라 장대비를 가리키는 말입니다. 열대성 폭우가 억수 같이 내리는 장면을 연상케 합니다. 물론 받는 이들의 반응에 따라 달라집니다. 아무리 성령의 시대가 도래하였더라도 거절한 자들에게는 단 한 방울도 떨어지지 않겠지만, 온전히 수용하는 자들, 크게 마음을 열고 받아들이는 자에게는 엄청난 역사가 일어날 것입니다.

종교개혁이 우리에게 가져다준 중요한 깨우침 하나가 있습니다. 그것은 '만인 제사장직'입니다. 일부 성직자들만이 아니라 믿는 성도들이 다 제사장이라는 진리입니다. 그렇다면 여기 요엘서는 우리에게 '만인 예언자직'에 대해 말해주고 있습니다. 모든 믿는 자의 예언자화化를 말합니다. 게다가 주의 이름을 부르는 모든 자의 구원까지 언급하였으니 구원의 보편화가 이루어지는 시대가 온 것입니다. 만인 제사장, 만인 예언자, 만인 왕,《구약성경》에서 기름 부음을 받아 하나님의 뜻을 실행했던 메시아그리스도의 역할을 예수께서 성취하셨고, 이제 그 과업을 주를 믿는 모든 자들에게 맡기셨다는 뜻입니다. 주님은 우리에게 이런 명령을 남겨주고 가셨습니다.

"예수께서 나아와 말씀하여 이르시되 하늘과 땅의 모든 권세를 내게 주셨으니 그러므로 너희는 가서 모든 민족을 제자로 삼아 아버지와 아들과 성

령의 이름으로 세례를 베풀고 내가 너희에게 분부한 모든 것을 가르쳐 지키
게 하라 볼지어다 내가 세상 끝날까지 너희와 항상 함께 있으리라"(마태복음
28:18-20)

'땅의 모든 권세를' 받으신 왕 예수께서 구약의 예언자가 감당한 사역을
열두 제자들에게 주십니다. 하지만 이것은 하나님의 교회에게 주신 명령입
니다. 제자들의 힘만으로 그걸 해낼 수 있다고 생각하지 않으셨습니다. "하
늘과 땅의 모든 권세"를 아버지 하나님으로부터 받으신 예수님이 성령을
통하여 항상 교회와 함께 하시기에 가능합니다. 그런데 하늘로 승천하신
예수님이 어떻게 제자들과 함께하십니까?

"오직 성령이 너희에게 임하시면 너희가 권능을 받고 예루살렘과 온 유대와
사마리아와 땅 끝까지 이르러 내 증인이 되리라 하시니라"(사도행전 1:8)

예수님은 저 하늘에서 성령을 보내어 제자들과 함께하게 하십니다. 그
약속대로 오늘 성령이 백이십 명의 성도들에게 내리신 것입니다. 여기 그
성령을 통해 예언하고 환상을 보고 꿈을 꾸는 것은 소수의 신비적인 은사
를 가진 자들만 누릴 수 있는 신비 체험이 아닙니다. 그것은 복음을 통해
미래를 조감하고 통찰하고, 세상과 전혀 다른 창조적인 방식으로 그 미래
에 자신을 던지는 능력을 가리킵니다. 성령에 충만한 사람은 결코 돈이나
권력이 만들어내는 미래를 꿈꾸고 거기에 자신을 팔지 않습니다. 나만, 우
리 가족만, 우리 교회만, 우리 나라만 잘 되는 미래를 꿈꾸지 않습니다. 쓰
고 싶은 것 맘대로 쓰는 나라를 꿈꾸지 않습니다. 그들이 보는 환상은 무

엇입니까? 모두가 창조주를 인정하는 나라, 사람이 사람을 귀하게 여기는 나라, 서로 사랑하고 용납하고 기다려주는 나라, 서로의 필요에 민감하여 나누고 베풀어 채워주는 나라, 철저하게 이타적이고 희생적인 섬김의 나라, 그런 나라에 대한 환상을 갖고 있는 사람이 성령에 충만한 사람입니다.

청년 시절로 기억합니다. 어느 날 혼자 버스를 타고 난지도를 찾아갔습니다. 쓰레기가 산을 이루던 그곳에 집을 짓고 살면서 고물을 분류하여 생계를 이어가던 비루한 인생들과 온종일 일을 하고 대화를 나누던 기억이 아직도 선명합니다. 세상에 이런 사람들이 있다는 것을 잊지 않겠다고, 내 설교를 듣고 내가 복음을 나눠야 할 사람들이 바로 이들임을 기억하겠다고, 이들의 삶을 구체적으로 변화시켜줄 수 있는 세상이 이 땅에 임한 하나님 나라일 것이라고 혼잣말을 하면서 돌아왔던 날이 생각납니다. 그런데 지금 그곳은 매우 쾌적한 생태공원이 되었습니다. 아무도 과거의 모습을 상상할 수 없을 것입니다. 물론 그곳에 살던 가난한 인생들은 또 다른 곳에서 난지도를 만들어 살고 있겠지만 말입니다. 꿈을 꾸고 환상을 보는 사람들은 인간의 탐욕과 죄악으로 철저히 망가진 세상과 사람이 그렇게 평화와 사랑 가득한 곳으로 변하는 미래를 상상하고, 그것을 현실이 되게 하면서 사는 사람입니다. 그것이 '복된 소식', '아름다운 소식', '하나님 나라 소식', 즉 '복음'유앙겔리온, εὐαγγέλιον입니다.

꿈을 꾸는 자, 환상을 보는 자, 우리 시대의 예언자들이 바로 그리스도인들입니다. 여기서 우리는 분명히 은사 민주주의, 성령 민주주의 공동체를 만납니다. 특정인에게 국한된 은사가 아니라, 모든 이들에게 성령이 임하여 각각 다른 모습으로 다른 곳에서 이 말세에 예언자로 살게 하십니다. 설교하는 베드로를 보십시오. 그가 바로 성령에 충만한 예언자입니다. 학문이 그렇게 많지 않은 베드로인데도 성경을 이해하는 '안목'이 생겼습니다. 교회에는 목사나 교사가 필요하지만, 그들만을 예언자로 부르지는 않습니다. 모든 그리스도인들은 예언자로서 베드로처럼 기도와 말씀으로 예열하여 자신의 삶에서 일어나는 일들을 말씀으로 해석해내는 자들입니다. 개인성경묵상Quiet Time이 그 해석의 민주화, 성령 은사의 민주화를 이루는 한 방편입니다. 그것은 종교전문가의 손에만 있던 성경을 성도들에게 넘겨준 우리 시대의 종교 개혁적 장치입니다. 우리 각자가 수준에 따라서 성령의 도움을 받아 성경을 해석하게 함으로써 성경해석의 민주화를 가져온 것이 개인성경묵상입니다. 그것은 우리 시대의 모든 성도들, 모든 예언자들에게 꼭 필요한 일입니다. 그 성경의 안목, 성령의 안목으로 나와 내 가정과 내 주변과 교회와 나라에서 일어나는 모든 일들을 조망하도록 우리는 부름을 받은 것입니다.

오순절 성령 강림의 두 번째 의미

누가는 요엘서가 예언하고 있고 오순절 성령 강림 사건이 성취하고 있는, 말세의 또 다른 특징 하나를 19-21절에서 말해주고 있습니다.

"또 내가 위로 하늘에서는 기사를 아래로 땅에서는 징조를 베풀리니 곧 피와 불과 연기로다 주의 크고 영화로운 날이 이르기 전에 해가 변하여 어두워지고 달이 변하여 피가 되리라 누구든지 주의 이름을 부르는 자는 구원을 받으리라 하였느니라"(사도행전 2:19-21)

이것은 아직 오지 않은 사건이고 더 미래에 성취될 일입니다. '말세'는 짧은 어떤 한 기간을 의미하지 않고, 예수님이 오신 초림부터 다시 오시는 재림까지의 전 기간을 말세라고 부릅니다. 주의 크고 영화로운 날이 이르기 전에, 즉 이미 임한 하나님 나라가 다 완성되는 날이 이르기 전에, 우주적인 재난, 국가적인 재난이 있을 것입니다. 여기 해가 변하여 어두워지고 달이 변하여 피가 되는 현상, 즉 창조 세계가 해체되는 현상은 이스라엘이 멸망하는 사건을 말할 때 예언자들이 쓰는 표현입니다. 이 때 다니엘서나 요한계시록이 말하는 엄청난 핍박과 고난이 끝까지 믿음을 지키는 이들에게 있을 것입니다. 말세의 끝에 그런 엄청난 파국과 파멸과 파괴가 있을지라도 성령에 충만한 자들에게는 분명한 약속이 주어집니다.

"누구든지 주의 이름을 부르는 자는 구원을 얻으리라"(사도행전 2:21)

여기서 '주'Lord는 누구입니까? 요엘이 말할 때는 분명히 여호와 하나님이십니다. 그런데 베드로는 이번에도 그 '주'가 예수님이라고 설명하고 있습니다. 오늘 교회의 역할은 무엇입니까? 바로 땅 끝까지 이르러 예수님이 '주' 퀴리오스, κύριος라고 전하는 것입니다. 그래서 성도들이 고난 중에도 예수님만 유일한 '주主'라고 고백하여 '구원을 얻게' 하는 일입니다. 이것은 매우 위태로운 고백입니다. '주主'라는 호칭은 오로지 제우스Zeus 신과 아우구스투스Augustus 황제에게만 사용하던 호칭이었습니다. 인간의 생사화복生死禍福을 주관하는 신적 대권을 가진 왕에게 사용하던 호칭입니다. 황제숭배가 성행하던 로마제국 안에서는 어떤 인간에게도 '주主'라는 말을 감히 쓸 수 없었습니다. 그렇다면 "주의 이름을 부른다"는 것은 단지 주문을 외듯이 그 이름을 쓴다는 뜻일 수 없습니다. 누군가의 이름은 그 인물 자신을 지칭합니다. 하나님의 이름을 영화롭게 하는 것은 하나님을 영화롭게 한다는 말과 같습니다. 여기 "부른다"는 것은 그의 이름을 되뇌고 그의 존재를 인정하여 호명한다는 뜻입니다. 이것은 로마의 황제와 예수 그리스도 사이에서 오직 하나만을 '주主'로 선택하도록 요구 받는 상황을 염두에 둔 표현입니다. 따라서 이것은 거짓 주主들을 배격하고 거절하는 담력을 발동하라는 엄중한 명령입니다. 그게 어떻게 가능하다는 것입니까? 바로 성령이 충만할 때만 할 수 있습니다. 그게 가능한 말세가 왔다고 하신 겁니다. 바울 사도는 이렇게 말씀하십니다.

"그러므로 내가 너희에게 알리노니 하나님의 영으로 말하는 자는 누구든지
예수를 저주할 자라 하지 아니하고 또 성령으로 아니하고는 누구든지 예수
를 주시라 할 수 없느니라"(고린도전서 12:3)

말세에 성령에 충만한 교회만이 '긴급 구조 예인선'이 될 것입니다. 오순절 성령 강림 사건은 주의 이름을 부르는 사람은 누구든 구원을 받는 '보편적인 만민 구원 시대', '긴급하고 즉각적인 구원 요청에 구원이 이뤄지는 시대'가 시작되었음을 보여준 사건입니다. 교회는 고난 중에도 주의 이름을 부르는 공동체요, 주의 이름을 의지하는 공동체요, 주의 이름의 명예를 드높이는 공동체입니다. 그래야 주의 이름을 부르는 구원 받는 성도들을 잉태하는 공동체가 될 수 있습니다.

예수님이 주와 그리스도가 되신 것을 증명하는 성령 강림

베드로는 "주의 이름을 부르는 자는 구원을 얻는다"고 했는데, 이제 그 '주'가 누구인지를 자세히 설명하기 시작합니다. 요엘서가 말하는 '여호와 하나님'이 아니라 십자가에서 '죽은' 예수님이 구원을 주시는 그 '주'라고 설명합니다. 그렇다면 오순절에 성령께서 오신 사건은 무엇이라는 것입니까? 유대인들이 죽인 예수님이 지금 죽은 채로 돌무덤에서 썩고 있는 것이 아니라, 죽음에서 살아나 우리를 다스리는 '주'가 되셨음을 증명해주는 사건이라는 것입니다. 이것이 사도행전 2장 22-36절까지 베드로가 설명하는 바입니다. 베드로는 이 예수의 공생애 사역, 십자가의 죽음, 부활과 승천을 시간 순서로 설명하고 있습니다. 그의 결론은 무엇입니까? 36절입니다.

"그런즉 이스라엘 온 집은 확실히 알지니 너희가 십자가에 못 박은 이 예수를 하나님이 주와 그리스도가 되게 하셨느니라"(사도행전 2:36)

성령 강림 사건은 하나님이 예수를 '주'요 '그리스도'로 증명한 사건입니다. 왜 그런지를 설명하기 위해 베드로는 이번에도 성경을 인용하고 있습니다. 사십 일 동안 그가 예수께 어떤 가르침을 받았을지 짐작이 갑니다. 분명히 예수님은 《구약성경》의 여러 곳을 읽어주시면서 자신의 모든 삶과 말씀, 특히 십자가와 부활이 바로 그 말씀들을 성취하는 것이라고 알려주셨을 것입니다. 그것이 엠마오로 가는 두 제자들에게 예수님이 하신 일입니다(눅 24:26-27). 또 나중에 빌립 집사가 에디오피아의 내시에게 해준 일입니다(행 8:32-35). 그리고 지금 베드로가 하고 있는 일이 바로 그것, 《구약성경》을 인용하여 예수를 설명하는 일입니다.

공생애 사역(22절)

이어서 베드로는 22-32절까지 그 이름을 부르는 모든 이들에게 구원을 주시는 예수님을 소개합니다. 무엇보다 그분의 십자가와 부활을 복음으로 소개합니다. 누가는 또한 이 십자가와 부활이 지금 예루살렘 유대인들이 보고 있는 이 성령의 역사를 가능하게 하였다고 말하고 싶어 합니다. 공생애 사역 동안에는 무엇으로 자신의 정체를 드러내셨습니까?

> "이스라엘 사람들아 이 말을 들으라 너희도 아는 바와 같이 하나님께서 나사렛 예수로 큰 권능과 기사와 표적을 너희 가운데서 베푸사 너희 앞에서 그를 증언하셨느니라"(사도행전 2:22)

누가는 예수님을 굳이 '나사렛 예수'라고 소개합니다. 원문에는 '한 사람안드라, ἄνδρα 나사렛 예수'라고 하여 그가 '사람'인 것을 밝히고 있습니다. 예수님이 나사렛이란 구체적 공간에서 육체로 사셨던 한 인간임을 강조한 것입니다. 그리고 36절에서 이 설교를 끝내면서 그렇게 인간적인 눈으로는 자격 없어 보였기에 너희가 십자가에 못 박은 이 예수를 하나님께서 주와 그리스도가 되게 하셨다고 합니다. 둘을 대조하고 있는 것입니다. 하나님께서 그가 큰 권능과 기사와 표적을 행하게 하셨습니다. 그래서 그가 '주'와 '메시아그리스도'이신 것을 '증언'하셨습니다. 예수님의 공생애 사역은 하나님의 전도요 하나님의 선교 기간이었던 것입니다. 예수님은 자신의 말씀과 사역을 통해 하나님 나라가 도래하였고, 새 시대가 열렸고, 새 언약의 약속이 성취되었음을 보여주셨습니다. 그래서 옛 시대를 고수하고 기득권을 지키려는 이들의 세계를 뒤흔드셨습니다. 아무도 구원하지 못하는 고리타분한 종교와 그 권력에 기생하는 자들을 부끄럽게 하셨습니다.

죽음(23절)

하지만 유대인들은 어떻게 반응했습니까?

"그가 하나님께서 정하신 뜻과 미리 아신 대로 내준 바 되었거늘 너희가 법 없는 자들의 손을 빌려 못 박아 죽였으나"(사도행전 2:23)

여기서는 예수의 죽음에 대한 두 관점이 한 절에 다 나와 있습니다. 우선은, 십자가는 하나님이 아들을 '내준' 일이었습니다. 바울의 주장과 같습니다.

"우리가 아직 죄인 되었을 때에 그리스도께서 우리를 위하여 죽으심으로 하나님께서 우리에 대한 자기의 사랑을 확증하셨느니라"(로마서 5:8)

하지만 그것만이 전부는 아닙니다.

"너희가 법 없는 자들의 손을 빌려 못 박아 죽였으나"(사도행전 2:23)

이건 분명히 인간의 사악함이 빚은 불순종이고 무법한 일이었다고 말합니다. 사도행전 1장에 나온 가룟 유다의 비참한 죽음은 그것이 큰 죄악이었고 그에게 전적으로 책임이 있는 일이었음을 보여줍니다. 그럼 유대인들은 왜 얼마든지 현장에서 예수를 돌로 쳐 죽일 수 있었는데, 굳이 정치범으로 몰아서 나무에 달아 죽였습니까? 신명기 21장 22-23절은 나무에 달려 죽은 자는 하나님께 저주를 받은 자라고 말합니다. 유대 당국자들은 유대 민중들, 특히 갈릴리 민중들 앞에서 예수를 예언자나 메시아가 아니라 하나님께 저주를 받아 죽은 자로 만들고 싶었습니다. 그런데 아이러니하게도 그건 맞는 말이 되어버렸습니다. 예수님은 모든 인류의 저주를 대신 지고 돌아가셨기 때문입니다. 십자가는 인간의 가장 큰 불순종을 가장 큰 구원의 수단으로 사용하신 하나님의 가장 큰 지혜와 사랑의 방법입니다. 여기까지는 유대인들도 잘 알고 있는 내용입니다. 예수의 죽음이 죽음으로만 끝났고 여전히 그가 돌무덤의 시신으로 있다면, 그를 메시아로 주장하는 것은 억지고 궤변이 됩니다. 그런데 그렇게 죽은 예수님은 썩어 흙이 되는 것으로 끝나지 않으셨습니다.

부활(24절)

이제 2장 24-32절까지는 이 예수의 부활에 대해서 증언하고 있습니다. 24절에서 그의 부활을 이렇게 증언합니다.

"하나님께서 그를 사망의 고통에서 풀어 살리셨으니 이는 그가 사망에 매여 있을 수 없었음이라"(사도행전 2:24)

예수의 죽음을 '사망의 고통'이라고 표현합니다. 그의 삶이 추상적인 삶이 아니라 나사렛 사람으로서의 실제적인 삶이었듯이, 그의 죽음도 통증을 수반하는 아픔의 과정이었습니다. 오늘 우리 인간이 살아서 겪는 모든 고통도 죽음의 고통을 미리 맛보는 일입니다. 예수의 부활은 그 고통에서 '풀려나는' 해방 사건입니다. 따라서 오늘 우리가 예수 안에서 참여하는 영적 부활 역시 그 해방을 맛보는 일입니다. 구체적인 사망의 고통으로부터의 자유와 해방의 사역 없이 현재 임한 하나님 나라와 이미 시작된 구원이나 영생만을 말한다면, 그것은 우리를 너무 위선적인 사람이 되게 하며, 근사하게 보이지만 결국 허무한 수사修辭로 끝나고 말 것입니다. 예수께서 사망에 매여 있다면 구원자가 되실 수 없습니다. 부활이 없다면 우리의 믿음은 헛것이 됩니다. 부활이 없다면 주께서 죄를 용서하실 수 없고 사탄의 궤계를 이기실 수도 없습니다. 부활이 없다면 현재가 전부가 되고 이 세상이 전부가 됩니다. 승리도, 복락도 없고, 오늘 먹고 즐기는 것만 남습니다. 부활이 없다면 예수님은 '주와 그리스도'가 되실 수 없습니다. 바로 이런 이유에서 예수님은 사망에 매여 있을 수 없었습니다. 그래서 하나님께서는 그를 살리신 것입니다.

베드로는 모두 세 가지로 이 부활을 증명하고 있습니다. 첫째,《구약성경》시편 16편을 인용하고 있고 둘째, 자신들이 친히 그 부활을 본 증인이라고 고백하고 있습니다.

"이 예수를 하나님이 살리신지라 우리가 다 이 일에 증인이로다"(사도행전 2:32)

마지막으로 이 '성령 강림'이 바로 예수님이 부활하신 증거라고 소개합니다.

《성경》의 증거(25-28절)

먼저 《성경》의 증거를 살펴보겠습니다. 베드로는 시편 16편 8-11절을 읽어주고 있습니다. 이 시편은 다니엘 12장 2절과 함께 《구약성경》에서 부활에 대해 가장 분명하게 말해주고 있는 구절입니다.

"다윗이 그를 가리켜 이르되 내가 항상 내 앞에 계신 주(여호와)를 뵈었음이여 나로 요동하지 않게 하기 위하여 그(주)가 내 우편에 계시도다 그러므로 내 마음이 기뻐하였고 내 혀도 즐거워하였으며 육체도 희망에 거하리니 이는 내 영혼을 음부에 버리지 아니하시며 주의 거룩한 자로 썩음을 당하지 않게 하실 것임이로다 주께서 생명의 길을 내게 보이셨으니 주 앞에서 내게 기쁨이 충만하게 하시리로다 하였으므로"(사도행전 2:25-28)

다윗은 이스라엘 역사에서, 그리고 구속사에서 가장 중요한 인물 중 하나입니다. 그의 예언이 예수에게서 성취된다면, 교회가 이스라엘 역사에서 정통성 있는 존재가 되고, 구속사의 연속성을 이어가는 곳이라고 주장할 수 있게 됩니다. 여기서 다윗은 항상 자기 우편에 계신 여호와 하나님 때문에 고난 중에도 흔들리지 않는다고 고백합니다. 심지어 마음이 기쁘고 혀도 즐거워하고 늘 소망 중에 거한다고 노래합니다. 그에게 어떤 확신이 있었기 때문입니까? 그 하나님이 자신을 무덤에 내던져 썩도록 두시지 않을 것을 믿었습니다. 고난 중에도 다윗이 기뻐할 수 있었던 것은 "주께서 생명의 길을 내게 보여주셨기" 때문이었습니다. 여기 시편에 나온 '육체의 희망', '거룩한 자로 썩음을 당하지 않게 하심', '생명의 길', '기쁨이 충만함' 등의 표현이 부활과 직접 관련이 있습니다.

부활의 확신, 그것이 다윗으로 하여금 십자가의 길을 걷게 해주었습니다. 그런데 사도 베드로는 지금 왜 이 시편 16편을 인용합니까? 그것이 예수의 부활과는 어떤 관계가 있습니까? 예수님도 다윗처럼 부활의 확신을 가지고 죽기까지 순종할 수 있었다고 말하는 것입니까? 맞습니다. 하지만 그게 다는 아닙니다. 더 파격적입니다. 29-32절까지가 이 구절에 대한 베드로의 해석입니다.

"형제들아 내가 조상 다윗에 대하여 담대히 말할 수 있노니 다윗이 죽어 장사되어 그 묘가 오늘까지 우리 중에 있도다 그는 예언자라 하나님이 이미 맹세하사 그 자손 중에서 한 사람을 그 위에 앉게 하리라 하심을 알고 미리 본 고로 그리스도의 부활을 말하되 그가 음부에 버림이 되지 않고 그의 육신이 썩음을 당하지 아니하시리라 하더니 이 예수를 하나님이 살리신지라 우리가 다 이 일에 증인이로다"(사도행전 2:29-32)

여기서 우리가 놀랄 일이 하나 더 있습니다. 베드로는 청중들을 '형제들'이라고 부르고 있습니다. '유대인들과 예루살렘에 사는 모든 사람들'(14절)에서 '이스라엘 사람들'(22절)로, 그리고 여기서는 청중을 호명하는 표현이 '형제들'로 변하고 있습니다. 점점 자신과 상관있는 사람들로, 더 나아가 예수와 상관있는 사람들로 그들을 이 이야기에 참여시키고 있는 것 같지 않습니까?

사도 베드로는 다윗이 예수와 비슷한 확신을 갖고 있었다고 말하는 데서 그치지 않고, 사실 다윗은 예수와 비교할 수도 없다고 말하고 있습니다. 예수는 제2의 다윗이 아니며, 다윗이 이 시편에서 자기 이야기를 하면서 동시에 훗날 영원한 왕위에 앉을 그의 후손의 죽음과 부활을 미리 예언한 것이라고 해석하고 있는 것입니다. 그래서 베드로는 다윗을 '예언자'라고까지 부르고 있습니다. 그는 왕이면서 동시에 예언자였습니다. 예언자 다윗이 남긴 시편에는 여러 면에서 《신약성경》 시대에 일어날 일을 미리 내다보는 말씀들로 가득합니다. 이런 본문들은 우리가 예수의 부활을 경험하지 않고서는 도저히 그 자체만으로는 해석하기 어렵습니다. 예수의 십자가와 부활 경험을 통해 베드로도 《구약성경》을 전혀 다른 빛으로 조명하여 해석할 수 있게 되었습니다. 지금 그가 구약 본문을 자유롭게 자기 필요와 선택에 따라 임의로 인용하고 해석하는 모습을 우리는 보고 있는 것입니다. 지금 우리도 그렇습니다. 하나님의 말씀에 순종하여 예수께서 왕으로서 직접 나의 삶에 관여하여 만들어 가시는 일들을 경험하면 경험할수록 성경의 의미가 더 실제적으로 다가올 것이고, 성경의 많은 부분들이 이해될 것이고 연결될 것입니다. 당연합니다. 하나님은 단지 성경책 하나 남겨두시는 데 그치지 않고, 그때처럼 지금도, 거기서처럼 여기서도, 그들에게처럼 오늘 나에게도 살아 역사하시고 동행하시고 앞서 인도하시는 분이기 때문입니다.

다윗이 어떻게 이런 예언을 하게 되었을까요? 저는 사무엘하 7장에 나온 하나님의 약속 때문이라고 생각합니다.

"네 수한이 차서 네 조상들과 함께 누울 때에 내가 네 몸에서 날 네 씨를 네 뒤에 세워 그의 나라를 견고하게 하리라 … 네 집과 네 나라가 내 앞에서 영원히 보전되고 네 왕위가 영원히 견고하리라 하셨다 하라"(사무엘하 7:12-16)

다윗은 여기서 말하는 이 자손이 영원히 왕 노릇 하려면 죽지 않고 영원히 살아야 한다고 생각했을 수 있습니다. 그래서 사도 베드로는 다윗이 결국 '예수'를 염두에 두고 시편 16편에서 부활에 대해 쓴 것이라고 결론지은 것입니다. 다윗이 자신의 부활을 가리켜 말했을 리가 없습니다. 사도는 29절에서 그 이유를 밝힙니다.

"형제들아 내가 조상 다윗에 대하여 담대히 말할 수 있노니 다윗이 죽어 장사되어 그 묘가 오늘까지 우리 중에 있도다"(사도행전 2:29)

제자들의 증거(32절)

베드로는 다윗의 입을 빌어 너희 유대인들이 죽인 예수를 하나님이 살리셨다고 오순절에 모인 큰 무리 앞에서 담대히 주장하고 있습니다. 왜 그렇게 당당할 수 있을까요? 그들이 두 눈으로 똑똑히 그 부활하신 예수를 보았기 때문입니다. 사십 일 동안이나 그분과 함께 있었기 때문입니다. 그분이 승천하신 것을 보았기 때문입니다.

"이 예수를 하나님이 살리신지라 우리가 다 이 일에 증인이로다"(사도행전 2:32)

사도는 백이십 명의 제자들이 "우리는" 단순히 사건의 목격자로서가 아니라 자신의 전 존재와 인격을 걸고 그분의 부활을 전하고 있다고 말하는 것입니다. 이제 제자들에게 부활은 한 사건이 아니라 '우리의' 사건이 되었습니다.

성령의 증거(33-36절)

베드로는 여기에 그치지 않습니다. 이제 베드로는 부활하신 예수와 성령님의 관계로 주제를 확대하기 시작합니다. 예수님은 부활하셨을 뿐 아니라 다윗이 기대한 대로 하나님 나라의 왕으로 다스리고 계십니다. 그런데 아무리 《성경》에서 예언을 했다고 해도, 또 제자들이 두 눈으로 봤다고 해도, 그것이 충분한 증거가 되는 것은 아닙니다. 정말 예수님이 살아계시고 또 역사의 주인이시라는 점을 사람들이 알게 하려면 무엇이 더 필요할까요? 그분이 진짜 왕으로서 다스리고 계시는 결과를 보여주어야 합니다. 그분이 다스리기 전과 후에 일어난 분명한 변화를 확인할 수 있어야 합니다. 그래서 성령을 보내주신 것입니다. 베드로는 33절에서 그것을 말합니다.

"하나님이 오른손으로 예수를 높이시매 그가 약속하신 성령을 아버지께 받아서 너희가 보고 듣는 이것을 부어 주셨느니라"(사도행전 2:33)

여기 "하나님이 오른손으로 예수를 높이시매"는 오역입니다. 원문에는 "그가 하나님의 오른편에 높여지신 후 높여지심으로써"입니다. 예수님이 지상의 왕의 통치를 마치고 이제 하늘의 왕적 통치를 시작하시면서 하신 통치 행위가 바로 성령을 세상에 파송하는 일이었습니다. 그 성령은 "아버지로부터 약속받았던" 성령입니다. 자신이 더는 육신으로 지상에 있을 수 없지만, 마치 지상에 있는 것처럼 다스리기 위해 성령을 보내셨습니다. 그렇다면 성령이 오신 것은 주와 그리스도가 되신 예수의 '영적 재림' 사건인 것입니다. 그래서 성령을 가리켜 '예수의 영' 혹은 '그리스도의 영'이라고 부르는 것입니다. 예수께서 성령을 "부어주셨습니다"(행 10:45 참조). 사도행전 2장에는 성령과 관련하여 네 가지 다른 표현이 나오고 있습니다. 성령충만(2:4), 성령 부음(행 2:17-18), 성령 선물(행 2:44), 성령 세례(행 2:41). 그 밖에도 성령이 '임하다'에피핍토, ἐπιπίπτω, 행 11:15와 '위에 임하다'에르코마이 에피, ἔρχομαι ἐπί, 행 19:6라는 표현이 더 있습니다. 성령을 물화物化시킨 표현이기는 하지만, 실제 성령이 그렇게 물건처럼 임했다는 뜻은 아닙니다. 이것은 인간 언어가 갖고 있는 한계를 고스란히 드러내고 있을 뿐입니다.

그럼 이 예수의 영이, 그리스도의 영이 제자들에게, 교회에게 임했다는 것은 무엇을 의미하겠습니까? 바로 예수의 제자들이, 그리고 예수의 몸인 교회가 예수를 대신하여 왕 노릇을 하고 왕적인 통치를 행하도록 부름을 받았고, 그 일을 감당할 수 있는 능력과 은사를 받았다는 뜻입니다. 예수의 영이신 성령님을 의지할 때만 교회는 그 소명과 사명을 이룰 수 있습니다. 교회는 교회를 위해서 존재하지 않습니다. 하나님 나라를 위해서 존재합니다. 하나님 나라의 완성을 위해서 존재합니다. 세상이 우리를 통해서 예수를 보게 해주어야 합니다. 특별히 '성령에 충만한 우리'를 통해서 예수님이 온 세상과 역사의 주와 그리스도로 다스리심을 볼 수 있게 해야 합니다. 우리가 예수님을 알기 전과 다르게 변하는 것을 보고서 그들이 예수님의 살아계심과 그분의 통치를 알게 해주어야 합니다. 또한 우리 교회가 세상의 여느 이익 단체와 전혀 다른 가치를 추구하고, 전혀 다른 동기와 목적으로 모이고, 전혀 다른 힘으로 살아가는 것을 보면서, 그들이 우리가 믿는 예수만이 주와 그리스도가 되심을 알게 해야 합니다.

성령님이 오셔서 제자들이 방언을 말하게 하신 이 기이하고 신비한 현상은 예수께서 몸으로 이 땅에 계시지는 않지만, 여전히 하늘의 하나님 보좌 우편에서 다스리고 계시다는 것을 증명하는 사건입니다. 베드로는

147

이것 역시 《구약성경》에 이미 예고된 것임을 보여줍니다. 그는 시편 110편을 인용합니다. 이 시편 110편은 《신약성경》에서 가장 자주 인용되는 시편인데, 메시아를 예언하는 시편으로 잘 알려져 있었습니다. 베드로는 말합니다.

"다윗은 하늘에 올라가지 못하였으나 친히 말하여 이르되 주께서 내 주에게 말씀하시기를 내가 네 원수로 네 발등상이 되게 하기까지 너는 내 우편에 앉아 있으라 하셨도다 하였으니"(사도행전 2:34-35)

다윗은 여기서 주께서, 그러니까 여호와 하나님께서 '내 주에게' 내 우편에 앉아 있으라고 말씀했다고 적고 있습니다. 그럼 여기 '내 주에게'는 누구를 가리킬까요? 베드로는 당연히 다윗 자신을 가리키지는 않을 것이라고 합니다. 다윗은 하늘에 올라가지 못하였기 때문입니다. 그렇다면 다윗은 시편 16편에서처럼, 메시아가 혈통적으로는 비록 자신의 후손이지만, 그 후손이 자신의 '주'가 될 것이라고 미리 말하고 있는 것입니다. 베드로는 다윗이 말한 이 '내 주'가 바로 예수라고 해석하고 있습니다. 하나님이 예수님에게 "내 우편에 앉아 있으라"고 명령하십니다. 이 오른편은 '통치권자의 자리'입니다. 그렇다면 하나님께서 예수님을 부왕, 즉 섭정왕Second King으로 세우실 거라는 의미입니다. 부왕은 항상 아버지 왕 오른편에 앉아 아버지 왕과 함께 공동통치를 합니다.

예수님은 언제까지 왕 노릇 하십니까? 원수를 발등상 삼을 때까지 하실 것입니다. 고대 아시리아의 신상이나 왕의 원정 전쟁을 기록한 부조물

浮彫物을 보면, 원수의 목을 밟고 있는 아시리아 대왕의 모습을 볼 수 있습니다. 예수님은 원수인 사망을 완전히 정복하여 무력화시킬 때까지 불가불 왕 노릇 하시고, 그 후에 왕권과 나라를 아버지 하나님께 바치실 것입니다 (고전 15:20-25). '왕이 보좌에 앉은' 시간은 쉬는 시간이 아니라 일하는 시간입니다. 따라서 이것은 왕의 소극적인 역할이 아니라 매우 역동적인 통치 행위를 가리키는 표현입니다. 예수의 영인 성령이 오셔서 초자연적인 은사를 베푸신 이 사건은 드디어 예언자들이 말한 그 말세, 그 하나님의 통치의 때가 왔으며, 그 나라의 왕으로 오신 예수님, 유대인들이 십자가에 죽인 이 예수님이 하나님의 아들이시며 저 하늘에서 지금도 이 땅을 통치하시는 왕이심을 증명한 사건인 것입니다. 베드로는 이렇게 자신의 설교를 결론 짓고 있습니다.

> "그런즉 이스라엘 온 집은 확실히 알지니 너희가 십자가에 못 박은 이 예수
> 를 하나님이 주와 그리스도가 되게 하셨느니라 하니라"(사도행전 2:36)

사도가 얼마나 자신 있게 도전하고 있는지가 들리십니까? "이스라엘 온 집은 확실히 알지니." 그러면서 앞에서 "너희가 법 없는 자들의 손을 빌려 못 박아 죽였으나"(행 2:23)라고 했던 말을 다시 반복합니다. "너희가 십자가에 못 박은 이 예수를." 그렇습니다. 믿는다는 것은 바로 이 예수님의 주主 되심과 그리스도메시아 되심을 믿는 것입니다. 그분이 유일한 왕이심을 믿고, 이제 다른 주를 버리고 다른 구원자를 떠나서 오직 한 분 예수님의 다스림에 복종하는 것을 '믿음'이라고 말합니다. 따라서 믿음의 다른 표현은 신실함이고 충성이고 순종일 수밖에 없습니다. 다른 강력한 통치 체제가

엄연한 현실에서 체제 저항적이고 대안적인 다른 왕의 통치 앞에 복종하는 이 믿음의 결단에는 엄청난 대가가 따를 수밖에 없다고 《성경》은 말합니다. 그래서 성령이 필요하고 교회가 필요합니다. 성령에 충만한 자들에게 이 반대와 시련은 더욱 이 믿음을 연단하고 거룩하게 만들어 줄 것입니다. 다니엘과 그의 세 친구를 기억하십니까? 또 환난 때에 믿음을 지킨 이들을 이렇게 묘사합니다.

> "백성 중에 지혜로운 자들이 많은 사람을 가르칠 것이나 그들이 칼날과 불꽃과 사로잡힘과 약탈을 당하여 여러 날 동안 몰락하리라"(다니엘 11:33)

> "또 그들 중 지혜로운 자 몇 사람이 몰락하여 무리 중에서 연단을 받아 정결하게 되며 희게 되어 마지막 때까지 이르게 하리니 이는 아직 정한 기한이 남았음이라"(다니엘 11:35)

> "땅의 티끌 가운데에서 자는 자 중에서 많은 사람이 깨어나 영생을 받는 자도 있겠고 수치를 당하여서 영원히 부끄러움을 당할 자도 있을 것이며 지혜 있는 자는 궁창의 빛과 같이 빛날 것이요 많은 사람을 옳은 데로 돌아오게 한 자는 별과 같이 영원토록 빛나리라"(다니엘 12:2-3)

나가는 말

신앙의 목표는 우리가 변하는 것입니다. 우리가 충성할 주인을 바꾸는 것이고, 그 주인이 다스리시는 나라의 가치관으로 변하는 것입니다. 그래서 우리의 인격이 변하고 성품이 변하는 것입니다. 예수의 영이신 성령님으로 충만하여 예수 닮은 사람들이 되는 것입니다. 입술로 고백하고 찬미하는 것에서 더 나아가 예수처럼 생각하고 예수처럼 사는 자들이 되는 것입니다. 그러려면, 예수께서 하나님 보좌 우편에서 주와 그리스도가 되어 다스리고 계신다는 이 엄연한 사실을 믿어야 합니다. 성령이 충만하다는 것은 바로 그 사실을 더욱 믿게 된다는 뜻입니다. 얼마나 성령이 충만한지에 따라서 우리 자신이, 우리 공동체가 그 예수의 다스림에 얼마나 복종할지가 결정될 것입니다.

성령 충만한 사람은 입에 할렐루야, 아멘을 달고 다니는 사람이 아닙니다. 방언으로 기도하고 병을 고치는 사람이 아닙니다. 어떤 고난 속에서도 주님의 뜻에 순종하는 사람입니다. 아무리 불리해도 이타적인 사람이 되는 것입니다. 계산하지 않고 순종하고 순전하게 사랑하는 사람, 그들이 성령에 충만한 사람입니다. 아무리 캄캄한 밤에도 별을 볼 줄 아는 사람입니다. 하나님이 역사의 주관자이심을 믿으면서 '환상'을 보고 '꿈'을 꾸는 자들입니다. 우리가 먼저 그렇게 믿을 때, 그렇게 살 때 세상은 예수를 보게 되고 알게 되고 결국 믿게 될 것입니다. 그럴 때 우리는, 우리 공동체는 '증인'이 될 수 있을 것입니다.

함께 기도하겠습니다

거룩하신 하나님 아버지,

사랑하는 자녀들을 날마다 주의 영으로 충만케 하셔서

주께서 약속하신 미래와 생명의 길을

담대히 선포할 줄 아는 예언자들이 되게 하여 주옵소서.

성령에 충만한 첫 성도들이 술에 취한 줄로 오해 받았듯이,

성령에 사로잡혀 사는 저희를 보면서

세상이 이해하지 못하고 심지어 외면한다 할지라도,

주님, 저희가 선명하게 하늘의 가치를 따라 살게 하시고

현실에만 매몰되어 살아가는 세상과 달리

저희는 주님께서 주시는 꿈을 꾸면서

주님께서 맡겨주신 복음을 자랑하며 사명 따라 살게 하여 주옵소서.

더는 세상이 자기 맘대로 그어놓은 선과 경계와 담에

굴복하지 않지 않도록 용기와 상상력을 주옵소서.

그것으로 나와 남을 차별하고 하나님의 형상대로 지음 받은 그들을

배제하고 소외시키는 일에 참여하지 않도록,

주님, 저희를 강건케 하여 주옵소서.

저희에게 주신 하늘의 언어를 가지고

세상에 있는 모든 사람들과도 잘 소통하게 하셔서

그들을 살리고 그들에게 힘을 주고

그들에게 장래의 소망을 주는 말만 우리 안에서 나오게 하여 주옵소서.

이 세상에서 오직 예수님만
주와 그리스도가 되신다고 선언하며 살고 싶습니다.
그리스도를 닮으며 살고, 그리스도를 따라 살고 싶습니다.
그리스도를 위해서 사는 주의 종들이 다 되게 하여 주옵소서.

아멘.

우리가
어찌할꼬

사도행전 2:37-41

오순절에 선포된 복음

오순절에 예루살렘에 모인 유대인들에게 사도 베드로를 통해 하나님의 말씀이 선포되었습니다. 복음이 전해졌습니다. 로마황제 가이사의 복음이 아니라 하나님 나라의 왕 주 예수 그리스도의 복음이 전해졌습니다. 유대인만의 복음이 아니라, 만민을 위한 복음이 선포되었습니다. 그 복음의 핵심은 이것입니다.

"그가 하나님께서 정하신 뜻과 미리 아신 대로 내준 바 되었거늘 너희가 법없는 자들의 손을 빌려 못 박아 죽였으나 하나님께서 그를 사망의 고통에서 풀어 살리셨으니 이는 그가 사망에 매여 있을 수 없었음이라 다윗이 그를 가리켜 이르되 내가 항상 내 앞에 계신 주를 뵈었음이여 나로 요동하지 않게 하기 위하여 그가 내 우편에 계시도다"(사도행전 2:23-25)

154

"그런즉 이스라엘 온 집은 확실히 알지니 너희가 십자가에 못 박은 이 예수를 하나님이 주와 그리스도가 되게 하셨느니라"(사도행전 2:36)

두 가지가 명백하게 구분됩니다. 유대인들이 메시아 예수께 한 일과 하나님이 그 예수께 하신 일입니다. '너희' 유대인들은 예수가 하나님이 보내신 메시아, 왕, 구원자인 줄 모르고 죽였지만, 하나님은 그 예수를 살려 하나님 나라의 '주와 그리스도', 즉 하나님 나라의 통치자가 되게 하셨습니다. 하나님께서는 이 아들 예수를 통해서 아브라함에게 주셨던 약속, "땅의 모든 족속이 너로 말미암아 복을 얻을 것"이라고 하셨던 약속을 성취하셨습니다. 그리고 다윗에게 주신 약속을 그 후손 예수를 통해 성취하셨습니다.

"그러므로 이제 내 종 다윗에게 이와 같이 말하라 만군의 여호와께서 이와 같이 말씀하시기를 내가 너를 목장 곧 양을 따르는 데에서 데려다가 내 백성 이스라엘의 주권자로 삼고 네가 가는 모든 곳에서 내가 너와 함께 있어 네 모든 원수를 네 앞에서 멸하였은즉 땅에서 위대한 자들의 이름 같이 네 이름을 위대하게 만들어 주리라"(사무엘하 7:8-9)

"네 집과 네 나라가 내 앞에서 영원히 보전되고 네 왕위가 영원히 견고하리라 하셨다 하라"(사무엘하 7:16)

그런데 유대인들이 이 메시아를 죽였습니다. 그것은 자신들이 원하는 나라, 자신들이 원하는 왕을 세우고 하나님이 원하시는 나라, 하나님이 원하시는 왕을 거절하였다는 뜻입니다. 그 순간 여호와 하나님만을 참 신으로 믿고 있다고 여겨지던 자들이 하나님의 원수가 되고, 하나님 나라의 대적이 되었습니다. 가장 하나님 나라에서 가깝다고 생각되던 이들이 가장 먼 자들이 되었습니다. 그들이 열심히 예배하고 기도하고 찬미했던 하나님은 사실 그들을 만든 창조주 하나님, 그들을 새롭게 만드시고 구속하실 하나님이 아니라, 그들이 만든 하나님, 자신의 욕망을 만족시키기 위해서 고안해낸 우상에 불과했다는 사실이 그들이 예수를 십자가에 못 박는 순간 다 드러나고 말았습니다.

이 얼마나 비통한 일입니까? 욥은 세 친구들에게 가장 신실하게 '위로', 즉 헤세드ヿ맛, 언약적 사랑를 받을 것이라고 기대하였는데, 친구들이 가장 모질고 가장 비정하고, 그래서 가장 큰 고통을 안겨주는 존재가 될 줄 누가 알았겠습니까? 그들의 문제는 무엇입니까? 욥이 무엇 때문에 고통을 겪고 있는지를 욥의 입장에서 생각하기보다는 자신들이 갖고 있는 '인과응보'因果應報의 신학만으로 해석하고 그것을 기계적으로 적용한 것이 문제였습니다. 유대인들이 예수를 향해서 보인 태도도 그와 같았습니다. 그들은 자기 시대가 고안한, 왜곡되고 제한된 메시아 사상에 매몰되어 있었습니다. 메시아가 이루실 나라에 대해서는 관심이 없었고, 오직 자신들이 꿈꾸던 나라를 이루어줄 메시아만을 기다렸습니다. 그런 상태에서 열심히 하면 할수록 더욱 열심히 우상을 숭배하는 사람이 됩니다. 자기 욕망을 숭배하는 사람이 됩니다. 사랑을 말해도 이기적인 욕망이 되고, 거룩을 말해도 고립주의가 되고, 정결을 말해도 겉만 깨끗하게 하는 위선이 되고, 기도를 해도 자기 욕망의 배설이 될 뿐입니다.

이것은 '깊이'나 '열정'의 문제가 아니라 '방향'의 문제입니다. 그들이 착하지 않았다는 뜻이 아닙니다. 좋은 아빠 엄마, 좋은 이웃이었을지도 모릅니다. 과연 예수를 십자가에 못 박아 죽인 사람들이 일상의 삶에서도 불량하게 살고 괴팍하게 살았을까요? 꼭 그런 사람들만 예수를 십자가에 못 박아 죽이는 건 아닙니다. 물론 그들 중에는 예수가 자신들의 정치적인, 혹은 경제적인 이해관계에 위협이 되기 때문에 죽인 사람들도 있었을 것입니다. 그렇더라도 그들은 예수가 메시아인 줄 알면서도 죽인 것은 아닙니다. 더욱이 거기에 동조한 더 많은 사람들은 정말 예수가 자신들이 바라고 기대하던 하나님 나라에 치명적인 해가 된다고 여겼을 것입니다. 벌레만도 못한 사람이라고 여겼고, 죽어 마땅하다는 사실을 추호도 의심하지 않았습니다. 감히 메시아 행세를 하여 신성모독을 하는 그에게 분노하였을 것입니다. 위대한 조상 비느하스의 열심을 가지고 예수를 죽였습니다. 나름대로는 거룩한 분노였습니다. 회심하기 전의 사도 바울을 생각하면 어렵지 않게 그들의 경도된 열심을 상상할 수 있습니다.

성령

그런데 오순절에 예수를 따르던 예수쟁이들에게 말로는 설명할 수 없는 사건이 일어났습니다. 예수가 사흘 만에 부활했다는 소식은 이미 널리 퍼져 있었습니다. 다들 예수를 따르던 자들이 퍼뜨린 헛소문이라고 여겼을 것입니다. 열두 사도들이 직접 나타나서 퍼뜨리고 다니지 않았으니 믿을 만한 소식으로 여기지 않았을 것입니다. 그런데 오순절에 엄청난 사건이 일어납니다. 메시아의 시대에 일어날 것이라고 기대되던 일이 벌어진 것입니다. 메시아 시대에 일어나리라고 유대인들이 기대하던 일은 크게 세 가지입니

157

다. 첫째, 예언의 영이 임하는 것입니다. 하나님의 영이 임해서 하나님의 말씀을 깨닫게 하고 지킬 수 있게 해줄 것이라고 믿었습니다. 그것은 예레미야, 에스겔, 요엘 예언자가 약속했던 새 언약의 영이었습니다. 둘째, 즉시 부활이 일어날 것이라고 믿었습니다. 악한 자들은 심판을 받고 의인들은 부활할 것이라고 믿었습니다. 셋째, 성전이 정화될 것이라고 믿었습니다. 그래서 지금 로마에 기생하고 있는 성전 권력자들이 심판을 받고 거룩한 성전 예배가 회복될 것이라고 기대했습니다.

그런데 오순절에 예수의 열두 사도들을 포함하여 백이십 명의 예수의 제자들이 일시에 성령에 충만하여 하나님의 큰 일을 전하는데, 아람어로 말하는 것이 아니라 각국에서 온 디아스포라 유대인들이 자기 나라 말로 들을 수 있도록 외국어를 하는 것이었습니다. 갈릴리 출신의 촌사람들에게서는 전혀 기대할 수 없던 기적이었습니다. 사람들은 놀라움을 금할 수 없었습니다. 그렇다고 해서 성경이 말하는 종말이 왔다고 생각한 것은 아니었습니다. 대대적인 의인의 부활이 일어나지 않았고, 악인들이 즉시 심판 받는 일도 없었고, 성전에서는 로마와 결탁한 자들이 버젓이 제사하고 있었고, 로마가 팔레스타인을 지배하고 있는 정치적인 현실도 전혀 바뀌지 않았기 때문입니다. 그래서 그 가운데는 이 사람들이 술에 취한 것이 아니냐고 조롱하는 이들도 있었습니다.

성전

그러자 베드로가 대답합니다. 지금 그들이 보고 있는 이 현상은 바로 요엘 예언자가 종말에 일어나리라고 말했던 그 사건이라고 말입니다. 온 성도들이 성령을 통해서 예언자가 되는 시대가 왔다고 합니다. 이제 누구든 이 성령에 충만하여 하나님의 말씀을 따라서 살 수 있는 시대가 온 것입니다. 이 성령에 충만한 자들이 새로운 성전이 되는 시대가 온 것입니다.

부활

이 성령은 유대인, 너희들이 죽인 바로 그 예수가 보내신 영이라고 말합니다. 예수님은 죽고 끝난 것이 아니라 하나님 아버지가 살리셨고, 하나님 나라의 왕으로 세우셨으며, 그 왕의 자리에서 성령을 이 땅에 보내신 것이라고 설명합니다. 예수께서 부활하신 것입니다. 부활은 이미 일어났습니다. 그것은 이미 《구약성경》에서 다윗을 통해서 약속하신 그대로 된 것이라면서 베드로는 시편 16편과 110편을 인용하고 있습니다. 베드로의 결론은 이것입니다.

"너희가 십자가에 못 박은 이 예수를 하나님이 주와 그리스도가 되게 하셨느니라"(사도행전 2:36)

이건 간단한 메시지가 아닙니다. 예수의 부활은 사도 바울의 인생 전체를 수정해야 할 만큼 유대인들에게는 혁명적인 사건입니다. 율법이 저주하여 죽인 자를 하나님이 살리셨다면, 이제 그 율법에 근거하여 믿었고 기대했던 모든 것들을 다 포기해야 하기 때문입니다. 자신들이 나름대로 율법을 해석하여 기다려왔던 하나님 나라가 사실 다 틀렸다는 것을 의미하기 때문입니다. 하나님은 율법을 통해 당신을 계시하셨는데, 자신들은 그 율법을 엄청나게 오해했고 자신들의 그릇된 욕망을 투영하여 해석해왔다는 사실을 인정할 수밖에 없게 만드는 사건이었습니다. 예루살렘에 모인 이 유대인들은 지금 이 베드로의 설교를 진실하다고 믿느냐 그렇지 않느냐, 자신에게 적용하느냐 그렇지 않느냐에 따라서 인생 전체가 달라지는 기로에 서 있었습니다. 그들은 어떻게 반응했습니까? 그들의 반응은 《성경》이 말하는 '회심'이 무엇인지를 말해주고 있습니다.

회심이란

물음(37절)

37절에 그들의 첫 번째 반응이 나옵니다. 그것은 찔림과 질문이었습니다.

> "그들이 이 말을 듣고 마음에 찔려 베드로와 다른 사도들에게 물어 이르되
> 형제들아 우리가 어찌할꼬 하거늘"(사도행전 2:37)

오순절의 유대인들에게는 듣는 귀가 있었습니다. 그뿐 아니라 듣는 마음의 귀도 있었습니다. 여기에는 나와 있지 않지만, 오순절에 임하신 성령께서 역사하셨을 것입니다. 그들은 그 말씀을 자신들과 상관있는 말씀으로 들었습니다. "너희가 예수를 죽였다"는 말에 얼마든지 변명할 수 있는 사람들입니다. 자신들은 그때 예루살렘에 없었다, 나는 직접 그 재판에 참여하여 예수를 십자가에 못 박으라고 동의한 적이 없다, 그러니 난 예수의 죽음에 책임이 없다고 말할 수 있었습니다. 그런데 그렇게 하지 않았습니다. 예수가 잘 죽었다고 생각했고, 그렇게 허망하게 죽은 걸 보니 그가 율법의 저주를 받은 게 분명하고, 그가 살아났다는 소문을 헛소문이라고 말했던 그

모든 것이, 사실은 내가 예수를 죽인 거나 다름없는 것으로 인정한 것입니다. 그 자리에 있었으면 나도 그를 십자가에 못 박으라고 소리쳤을 것이라고 생각한 것입니다. 오순절을 지키려고 막 도착한 자들도 있었겠지만, 많은 디아스포라 유대인들은 유월절에 와서 오순절까지 머물다가 돌아갑니다. 평생에 한 번이라도 이렇게 예루살렘에 순례자로 오는 것을 버킷리스트로 삼는 디아스포라 유대인들이 많았습니다. 따라서 이들 가운데 상당수는 이미 유월절에 예루살렘에서 벌어진 이 끔찍한 예수의 십자가 처형 사건을 알고 있었을 것입니다. 그래서 더욱 더 자신들이 공범이라고 여긴 것입니다. 그래서 '찔렸습니다.' '찔리다'는 신약에서 여기만 나오는 단어입니다. '찌를 듯 에는 듯 날카롭게 가해지는 고통을 나타냅니다. 이것은 설교를 듣고 난 다음에 찾아오는 감정인데, 감동이 아니라 후회와 자기 책망의 감정입니다. 그들이 묻습니다.

"형제들아 우리가 어찌할꼬"

하나님의 아들을 죽인 죄를 어떻게 하면 씻을 수 있겠는가, 라고 묻는 것입니다. 이렇게 큰 죄를 지었는데, 그런 우리에게 가망이 있는가, 하고 물은 것입니다. 세례 요한의 설교를 들은 '무리와 세리와 군인들이' 차례로 이와 비슷하게 반응한 바 있습니다(눅 3:10, 12, 14). 가룟 유다는 똑같이 찔림을 경험했지만, 결국 자살을 선택했습니다. 나중에 스데반도 베드로와 크게 다르지 않은 설교를 합니다. 예수님이 예언자들이 예언한 바로 그 메시아라고 전했습니다. 그 말을 듣고 있던 사람들은 어떻게 반응합니까?

"그들이 이 말을 듣고 마음에 찔려 그를 향하여 이를 갈거늘"(사도행전 7:54)

"그들이 큰 소리를 지르며 귀를 막고 일제히 그에게 달려들어 성 밖으로 내치고 돌로 칠새 증인들이 옷을 벗어 사울이라 하는 청년의 발 앞에 두니라"(사도행전 7:57-58)

마음에 찔린다고 다 회개하는 것이 아닙니다. 이들은 귀를 막았습니다. 더는 듣지 않으려고 큰 소리를 질렀습니다. 하지만 여기 오순절의 청중들은 베드로와 사도들에게 질문하였습니다. 이것은 들을 귀를 막지 않았다는 뜻입니다. 이것은 자신들의 모습을, 자신의 신념을, 자신이 살아온 삶을 스스로 판단하지 않고 하나님의 말씀에 근거하여 재해석하겠다는 의지의 표시입니다. 그것이 질문입니다. 그래서 질문한다는 것은 엄청나게 용기 있는 일입니다. 내 세계가 무너지고, 내 생각이 교정되고, 내 판단을 수정할 각오를 했다는 뜻이기 때문입니다. 여기서 회심은 시작합니다. 회심은 하나님의 말씀을 듣는 데서 시작합니다. 그 말씀이 해석해주는 내 삶의 현주소를 정직하고 겸손하게 수용하는 데서 회심은 일어납니다.

왜 교회가 이렇게 수치를 당할 만큼 어려워졌습니까? 교인들이 이 질문을 더는 던지지 않기 때문입니다. 구원을 받고 천국에 가는 문제에 대해서는 귀를 대문짝만하게 열고 이 땅에서 물질적인 축복을 받고 건강의 축복을 받는 방법에 대해서는 열심히 질문하면서도, 근본적으로 자신의 삶을 재조정해야 한다는 말씀에 대해서는, 그리고 궤도 수정을 해야 하고 방향 전환을 해야 한다고 도전하시는 말씀에 대해서는 "우리가 어찌할꼬" 하며 질문하지 않았기 때문입니다.

대답(38-40절)

• 회개

베드로가 대답해줍니다.

"베드로가 이르되 너희가 회개하여 각각 예수 그리스도의 이름으로 세례를 받고 죄 사함을 받으라 그리하면 성령의 선물을 받으리니 이 약속은 너희와 너희 자녀와 모든 먼 데 사람 곧 주 우리 하나님이 얼마든지 부르시는 자들에게 하신 것이라 하고"(사도행전 2:38-39)

베드로는 여기서 회심이 무엇인지를 잘 설명해주고 있습니다. 회심은 두 가지로 말할 수 있습니다. 첫째 회심은 회개하는 것입니다. 둘째 회심은 성령을 따라서 사는 것입니다. 하나는 어디로부터 돌아서는 것이고, 다른 하나는 어딘가를 향해 나아가는 것입니다. 회개는 우리의 죄를 보고 거기서 돌아서는 것이고, 신앙은 예수님을 보고 그분을 향해서 나아가는 것입니다. 회개가 우리의 과거를 다룬다면, 신앙은 우리의 현재와 미래를 다룹니다. 이 둘은 떼려야 뗄 수가 없습니다. 회심은 죄에서 구원으로, 우상에서 하나님께로, 속박에서 자유로 이동합니다. 불의에서 정의로, 죄책에서 용서로, 거짓에서 참으로 이동합니다. 어둠에서 빛으로, 자신에게서 이웃에게로, 죽음에서 생명으로 향합니다.

회심의 첫 단계는 '회개'입니다. 이것은 어떤 것에 대해 유감스럽게 생각하거나 미안하게 여기거나 어떤 죄책감을 갖게 되는 것에 그치지 않습니다. 회개는 아주 구체적입니다. 그것은 죄나 이기심, 어둠이나 우상, 나쁜 습관, 그 배후에 있는 사탄으로부터 돌아서는 일입니다. 우리를 얽어매고 우리를 압제하는 모든 것으로부터 돌아서는 것입니다. 땅에 있는 지체들을 죽이고 어둠의 일을 벗어버리는 것입니다(골 3:5-9 참조). 우리가 연루되었을 수도 있는 모든 폭력과 악으로부터 떠나는 것입니다. 한마디로 죽음으로부터 돌아서는 것입니다. 더는 그 가공할 만한 죽음의 세력이 내 삶을 통제하지 못하게 하는 일, 그것이 회개입니다. 더는 그것들이 내 삶에 결정권을 행사하지 못하게 하는 일입니다. '주인을 바꾸는 일'입니다. 한 나라를 배반하고 다른 나라를 선택하는 일입니다. 한 가치관을 거스르고 다른 가치관을 선택하는 일입니다. 회개, 그것은 방향전환이요, 가치전환입니다. 각도를 조금 수정하는 정도가 아니라, 기존의 것을 완전히 뒤엎고 Upside Down 뒤집는Inside Out 일대 전복이 우리 안에서 일어나는 것이 회개입니다.

• 세례

베드로는 그것을 "각각 예수 그리스도의 이름으로 세례를 받고 죄 사함을 받으라"는 말로 표현하고 있습니다. '세례'는 옛 사람에 대하여, 과거의 삶에 대해서 죽는다는 것을 고백하는 의식입니다. 내 정과 욕심과 내 인생계획을 십자가에 못 박는 일이요, 주님의 죽으심에 연합하여 함께 죽고, 주님의 살아나심에 연합하여 함께 살아나는 일입니다. 그 결과 인생의 주도권, 소유권, 결정권을 예수께 양도하는 의식이 세례입니다. 원래 회개는 이방인들이 유대교로 개종할 때 요구받던 의식입니다. 따라서 한편으로 유대인의 입장에서 세례는 굴욕이었습니다. 더군다나 이전에 자신들이 십자가에 매달아 죽인 예수, 하나님의 저주를 받은 자로 여겼던 그 사람 예수의

164

이름으로 세례를 받는 일은 정말 예수에 대한 근본적인 이해가 바뀌지 않고서는 상상할 수도 없는 일이었습니다. 세례는 엄청난 용기가 필요한 '공개 변절' 사건이었습니다. 이제부터는 '이단'으로 정죄 받겠다는 표시였습니다. 사도행전 2장 44절에 보면 그들은 "믿는 자들"이라고 불리기 시작하고 있습니다. 세례는 예수를 주와 그리스도로 믿는다는 표시입니다. 예수의 권위를 인정하고, 예수의 주장을 인정하고, 예수의 교리에 동의하고, 예수를 섬기는 일에 헌신하고, 예수의 공로만을 의지하겠다고 나서는 일, 그것이 세례입니다. 그러니 세례는 영적으로 다시 태어나는 의식입니다. 영적인 생일이라고 해도 좋고, 영적인 결혼이라고 해도 좋습니다. 새로운 부모를 만나는 일이요, 새로운 남편과 아내를 만나는 일입니다.

두 가지 선물: 사죄와 성령

그렇게 회개하고 세례를 받을 때 주님은 우리와 하나님 사이의 깨어진 관계를 회복하십니다. 원수 되었던 관계를 화목하게 하십니다. 사라졌던 샬롬, 평화의 관계를 복원하십니다. 그 결과로 주어지는 두 가지 선물을 언급하십니다. 하나는 죄 용서요, 다른 하나는 성령입니다.

"죄 사함을 받으라 그리하면 성령의 선물을 받으리니"(사도행전 2:38)

그렇게 나를 부인하고, 이제 내가 죽고 그리스도께서 내 안에 사시게 하는 것을 '믿음'이라고 부릅니다. 예수 그리스도의 은혜를 갈구하는 믿음만이 이제껏 지은 모든 죄책에서 자유롭게 하시고, 죄의 권세로부터도 자유롭게 해줄 수 있습니다. 그 회개의 믿음으로 사탄의 나라, 어둠의 나라, 미움의 나라에서 살던 우리가 이제 빛의 나라, 사랑의 나라, 하나님의 아들의 나라로 옮겨왔습니다(골 1:13-14 참조). 예수를 통해 새 언약을 맺었습니다. 그러니 이제 아무도 예수 안에 있는 우리를 정죄할 수 없습니다.

이제 내가 죽고 내 안에 그리스도께서 사시도록 주님을 왕으로, 주로 영접하는 자에게 예수님은 또 어떤 선물을 주십니까? 하나님의 백성으로 주와 교제하며 살 수 있도록 어떤 은혜를 주십니까?

"그리하면 성령의 선물을 받으리니"

성령께서 성도 안에 내주하게 해주십니다. 예수께서 세례를 받으신 후에 성령이 충만하여 하나님 아버지의 뜻을 따라서 이 세상을 순종하며 살 수 있었듯이, 이제 제자들도 성령이 충만하여 하나님 아버지의 뜻을 따라 하나님 나라를 이루면서 살 수 있게 하실 것입니다. 이 성령으로 인하여 '신앙'의 길을 걸을 수 있게 되는 것입니다. 성령께서 우리의 영적 시력을 회복하여 주시고 우리 마음을 부드럽게 기경하여 말씀이 뿌리 내리게 하십니다. 그리스도께서 열어주시는 새 나라의 질서, 새로운 가치관을 따라 긍휼과 자비의 나라, 정의와 평화의 나라를 가정에서, 직장에서, 교회에서 이루며 살게 해주실 것입니다. 내 욕망의 노예가 되어 사망의 음침한 골짜기를 다니던 삶을 떠나서 예수 그리스도께서 주시는 자유함과 용기를 가지고 세상을 살아가게 하실 것입니다. 그것이 기성 질서에는 엄청난 위협이 될 것입니다. 그래서 핍박도 당하고 시련도 찾아오겠지만, 그것을 상쇄하고도 남을 만큼 성령께서 희락을 주실 것입니다.

회심, 그것은 돌아섬이요 돌아감입니다. 세상으로부터 돌아섬이요, 예수께로 돌아감입니다. 하나는 회개요, 다른 하나는 신앙입니다. 하나는 세례요, 다른 하나는 성령이요 죄 사함입니다. 그것은 이제 유대인들만의 축복이 아닙니다. 하나님의 나라는 경계를 넘어서 이방인에게까지 확장될 것입니다.

"이 약속은 너희와 너희 자녀와 모든 먼 데 사람 곧 주 우리 하나님이 얼마든지 부르시는 자들에게 하신 것이라"(사도행전 2:39)

• 구원의 보편성

회개와 세례와 죄 사함은 종교 엘리트들만 경험할 수 있는 것이 아닙니다. 그렇다면 그 결과로 주어지는 성령의 선물 역시 평범한 교인들, 보편적인 신앙인들 누구나에게 허락되는 보편적인 선물이 됩니다. 이 대목에서 유대인들은 이 혈통적인 선민주의가 얼마나 하나님 나라에 큰 장애물이고 이방인들에게는 엄청난 폭력이었음을 깨닫고 회개해야 했습니다. 지금도 그렇습니다. 나만, 우리 가정만, 우리 교회만, 우리 교파만, 우리 나라만 이야기하는 복음은 거짓 복음입니다. 그것은 하나님의 부르심의 은혜에 감사하지 않고, 자기 기준대로 은혜 받을 사람과 저주 받을 사람을 나누었던 유대인들의 편협함을 재현하는 태도이기 때문입니다. 알게 모르게 우리는 얼마나 높은 울타리를 치고 사는지 모릅니다. 하지만 베드로는 말합니다.

"주 우리 하나님이 얼마든지 부르시는 자들에게 하신 것이라"(사도행전 2:39)

하나님의 자유를 인간이 자기 기준으로 감히 훼손하지 말라는 것입니다. '얼마든지'라는 단어에 주목하시겠습니까? 하나님은 얼마든지, 우리가 전혀 예상하지 못한 사람도 우리가 전혀 상상할 수 없는 방법으로 부르실 수 있는데, 절대 그렇게 될 리 없다고 미리 재단하는 일이 얼마나 많은지 모릅니다. 심지어 절대 그래서는 안 된다고 내가 지레 막는 일도 많았을 것입니다. 욥기의 큰 주제가 이 '하나님의 자유'입니다. 욥의 친구들과 또 욥이 침해하고 있는 것이 바로 이 하나님의 자유입니다. 한쪽은 자기가 갖고 있는 신학적인 지식으로, 다른 한쪽은 자기가 갖고 있는 경험으로 하나님을 자기 입맛대로 재단했습니다. 이런 태도를 버리는 것이 진정한 회심입니다. 하나님을 하나님의 크기대로 인정하고 대접하는 것, 하나님을 하나님의 자리에 앉게 해드리는 것, 그것이 진정한 회심이고 예배입니다.

• 구원이란

베드로는 위의 모든 말을 이렇게 다시 표현하면서 회심이 무엇인지를 설명합니다.

"또 여러 말로 확증하며 권하여 이르되 너희가 이 패역한 세대에서 구원을 받으라 하니"(사도행전 2:40)

베드로는 《신약성경》에 나온 것보다 훨씬 더 많은 가르침을 전했습니다. 기록이 안 되긴 했지만, 훨씬 더 길게 설교를 했을 것입니다.

"또 여러 말로 확증하며 권하여 이르되"

그 긴 확증과 권면의 요지는 이것입니다.

"너희가 이 패역한 세대에서 구원을 받으라"

이것은 회심을 하나님의 입장에서 다시 표현한 것입니다. 우리가 과거의 죄의 종 된 삶에서 돌아서서 하나님 나라의 새로운 왕인 예수를 믿는 삶으로 돌아서는 것, 그것이 '구원'입니다. 구원 받는다는 것은 천국 가는 티켓을 획득하는 문제가 아닙니다. 그것은 새로운 나라의 백성이 되는 문제입니다. 그것은 새로운 왕에게 항복하는 문제입니다. 이전에 우리는 어떤 나라의 사람이었습니까? '패역한 나라'입니다. 여기 '패역한' 스코리오스, σκολιός은 '구부러진', '어그러진', '왜곡된'이란 뜻입니다 (눅 3:5 참조). 하나님의 질서를 구부러뜨린 나라, 하나님께 반역하는 나라입니다. 구원은 그 질서를 따라서 살던 인생에서 떠나는 것입니다. 그 질서와는 정반대의 삶을 사는 일입니다. 둘 사이에 완충지대는 없습니다. 우리가《성경》을 믿는다는 것은, 하나님께서 우리 삶의 모든 부분을 창조하셨고, 따라서 우리의 모든 삶의 영역이 하나님께 속한다는 것을 믿는다는 뜻입니다. 우리의 어떤 일부도 하나님의 무한한 사랑과 따로 서 있지 않습니다. 삶의 어떤 측면도 이 회심의 영향에서 피할 수 없다는 뜻입니다.

회심했다는 것은, 교회 안 나가는 사람이 교회 나가기 시작하고 교회에서 요구하는 종교적 삶을 이행하기 시작하는 정도로 변하는 것을 의미하지 않습니다. 회심은 우리 존재의 모든 영역에서 우리 자신을 하나님께, 예수께, 성령님께 항복하는 것을 의미합니다. 개인적이고 사적인 영역만이 아니라 공적인 영역에서, 사회적인 영역에서, 경제적이고 심리적인 영역에서도 회심이 일어나야 합니다. 이 패역한 세대 역시 이 모든 영역에서 우리에게 자신의 세계관을 주입하고 있습니다. 그러니 이 패역한 세대에서 구원받았다는 것은 과거의 그 모든 세계관에서 돌아서는 일이며 또한 새로운 복음의 세계관 속으로 들어가는 일입니다. 이런 점에서 복음은 통전적統全的이고 전인적全人的입니다. 그러니 우리의 회심도 통전적이고 전인적이어야 합니다. 가슴과 마음과 영혼, 우리의 생각과 행동, 우리의 가정과 직장과 교회에서 일관된 세계관으로 살아야 합니다. 그것은 또한 개인적인 차원의 신앙고백을 요구하는 데서 더 나아가 한 새로운 공동체 안으로 들어오도록 요구하는 명령입니다. '세례'를 특징으로 하는 새로운 메시아 공동체, 즉 교회의 구성원이 되라는 요구였습니다. 빌립보서에서 바울은 이렇게 말합니다.

"이는 너희가 흠이 없고 순전하여 어그러지고 거스르는 세대 가운데서 하나님의 흠 없는 자녀로 세상에서 그들 가운데 빛들로 나타내며 생명의 말씀을 밝혀 나의 달음질이 헛되지 아니하고 수고도 헛되지 아니함으로 그리스도의 날에 내가 자랑할 것이 있게 하려 함이라"(빌립보서 2:15-16)

여기 '어그러진' 세대라고 할 때 쓰인 단어가 앞에 나온 '패역한'이라는 단어와 같습니다. 회심한 사람은 이 세대 가운데서 흠 없고 순전한 자녀가 되어야 합니다. 어둠의 세대에서 '빛들로 나타나야' 합니다. 그렇게 할 때 목숨을 걸고 복음을 전한 바울의 수고가 헛되지 않고 마지막 날 그의 자랑이 될 수 있습니다. 에베소서에서는 회심을 이렇게 묘사합니다.

"그는 허물과 죄로 죽었던 (너희를 살리셨도다) 그때에 너희는 그 가운데서 행하여 이 세상 풍조를 따르고 공중의 권세 잡은 자를 따랐으니 곧 지금 불순종의 아들들 가운데서 역사하는 영이라 전에는 우리도 다 그 가운데서 우리 육체의 욕심을 따라 지내며 육체와 마음의 원하는 것을 하여 다른 이들과 같이 본질상 진노의 자녀이었더니"(에베소서 2:1-3)

'패역한 세대'를 여기서는 사탄이 배후에서 역사하는 "이 세상 풍조"라는 말로 표현하고 있습니다. 그곳에서 혼자서는 빠져 나올 수 없는 우리를 하나님께서 구원하신 것입니다. 그런데 그것은 우리의 믿음을 요구하는 일이지만, 동시에 철저히 하나님의 능동적인 구원 역사를 통해서만 가능합니다. 그래서 '구원을 받으라'고 베드로는 말한 것입니다. 우리가 할 일은 '받는' 것입니다. 그 시작은 우리가 누구였는지를 인정하는 것입니다. 더는 스스로 내 인생의 주인 노릇 하겠다는 생각을 내려놓는 것입니다. 더는 가진 것으로, 아는 것으로, 쌓은 것으로, 나의 인지도로, 나의 그 어떤 것으로 인생의 안전을 도모할 수 있을 것이라는 허망한 세상 신화를 포기하는 것입니다. 그리고 새로운 주인을 영접하는 것입니다. 새로운 나라를 선택하는 일입니다. 그것이 회개이고, 그것이 믿음입니다. 바울은 데살로니가전서에서 회심을 이렇게 잘 정리해주고 있습니다.

"주의 말씀이 너희에게로부터 마게도냐와 아가야에만 들릴 뿐 아니라 하나님을 향하는 너희 믿음의 소문이 각처에 퍼졌으므로 우리는 아무 말도 할 것이 없노라 그들이 우리에 대하여 스스로 말하기를 우리가 어떻게 너희 가운데에 들어갔는지와 너희가 어떻게 우상을 버리고 하나님께로 돌아와서

살아 계시고 참되신 하나님을 섬기는지와 또 죽은 자들 가운데서 다시 살리

신 그의 아들이 하늘로부터 강림하실 것을 너희가 어떻게 기다리는지를 말

하니 이는 장래의 노하심에서 우리를 건지시는 예수시니라"(데살로니가전서

1:8-10)

주님의 말씀이 먼저 데살로니가에 들어갔습니다. 바울은 성도들이 그

말씀을 사람의 말로 받지 않고 하나님의 말씀으로 받았다고 합니다. 그리

고 어떻게 반응하였습니까? 첫째, 우상을 버리고 하나님께 돌아왔습니다.

회개한 것입니다. 둘째, 살아 계시고 참되신 하나님을 섬기고 있습니다. 셋

째, 아들 예수님이 강림하실 날을 기다리고 있습니다. 이것이 신앙입니다.

그들은 과거로부터 돌아섰고, 미래를 향하여 소망을 품으면서, 그 소망으

로 오늘 살아 계신 하나님, 참되신 하나님을 섬기면서 사는 자녀가 된 것

입니다. 이렇듯 회개와 신앙은 서로 떼려야 뗄 수 없는 관계입니다. 바울은

복음에 합당한 삶을 말하면서 이 회심이 무엇인지 더욱 선명하게 보여줍

니다.

"그러므로 형제들아 내가 하나님의 모든 자비하심으로 너희를 권하노니 너

희 몸을 하나님이 기뻐하시는 거룩한 산 제물로 드리라 이는 너희가 드릴 영

적 예배니라 너희는 이 세대를 본받지 말고 오직 마음을 새롭게 함으로 변

화를 받아 하나님의 선하시고 기뻐하시고 온전하신 뜻이 무엇인지 분별하도

록 하라"(로마서 12:1-2)

회심이 있고서야 예배의 삶이 가능하다고 바울은 말해줍니다. 무엇이

회심입니까? 이 세대를 본받지 않는 것입니다. '마음'생각을 새롭게 하는 것입니다. 이것은 새로운 가치관으로 무장한다는 뜻입니다. 그것은 '성령을 통해서' 변화될 때 가능합니다. 그래서 그 하나님 나라 가치관에 따라서 내 작은 일상에서부터 하나님의 선하시고 기뻐하시고 온전하신 뜻이 무엇인지 분별하여 살아가는 모든 순간이 다 예배가 되는 것입니다. 그것이 나 자신이 거룩한, 즉 이 세대로부터 구별된 산 제물이 된다는 말이 의미하는 바입니다. 그러니 회심은 단회적인 사건일 수 없습니다. 어떻게 세계관이 바뀌는 일이 일순간에 일어나겠습니까? 그것은 순간이면서 동시에 여정입니다. 전 생애를 통해서 깊어지고 확장됩니다.

청중들의 반응

이것이 "우리가 어찌할꼬"라고 묻는 청중들에게 베드로가 요구하는 내용입니다. 쉽지 않은 도전입니다. 하지만 베드로는 거절당할 것을 두려워하지 않았습니다. 아무도 오해할 여지 없이 분명히 알아들을 수 있는 말로 결단을 촉구했습니다. 유대교와 예수님 사이에서 양다리 걸쳐도 된다는 식으로 말하지 않았습니다. 대충 영접기도만 따라 하면 된다는 식으로 구원의 조건을 완화시켜주지 않았습니다. 아무나 부담 없이 챙길 수 있는 쉽고 넓고 간단한 구원 받는 법을 제시하지 않았습니다. 그랬는데도 이 설교를 들은 사람들의 반응은 놀랍습니다.

"그 말을 받은 사람들은 세례를 받으매 이 날에 신도의 수가 삼천이나 더하더라"(사도행전 2:41)

173

당연히 베드로도 예상하지 못했을 것입니다. 베드로의 부담스런 요구에 저항하지 않고 그 말씀을 받았습니다. 그리고 세례를 받겠다는 사람들이 쇄도했습니다. 물론 사도행전은 많은 부분들을 생략했고 축약했을 것입니다. 본문에는 안 나오지만 그들은 분명히 회개했을 것입니다. 하지만 성령을 받았다는 언급은 없고, 대신에 신도의 수가 삼천이나 더하였다고만 말하고 있습니다. 하지만 당연히 성령을 받았을 것입니다. 성령의 임재가 있었기에 설교 한 편에 믿음이 생기고 세례를 받는 데까지 이를 수 있었을 것입니다. 이어지는 2장 42-47절에서 확인할 수 있는 소유의 유무상통의 역사도 성령께서 일하지 않으셨으면 결코 실현될 수 없는 장관이었습니다. 누가 세례를 받았습니까? '그 말을 받은 사람들'입니다. '받았다'는 '기쁘게 받았다', '환영했다', '인정했다', '찬양했다'는 뜻입니다. 말씀을 귀로 듣기만 한 것이 아니라 온 마음으로 인정하고 수용한 것입니다. 그러니 세례가 있기 전에 가르침이 있었을 것입니다. "이 날에"라는 표현이 있기는 하지만, 단 하루 만에 삼천 명의 신앙을 확인하고 고백을 듣고 그들에게 현장 세례를 베푸는 것은 거의 불가능했습니다. 따라서 그 날 말씀을 들은 사람 중에 나중에라도 세례를 받은 자들이 삼천 명에 이르렀다고 보는 것이 좋을 것입니다.

백이십 명으로 시작한 예루살렘의 그리스도인들이 이제 삼천 백이십 명이 되었습니다. 무려 스물여섯 배가 증가했습니다. 폭발적인 수적인 성장보다 우리를 더 주목하게 하는 것은 그들의 변화입니다. 우리는 다음에 그 변화의 모습을 살펴볼 것입니다. 중요한 것은 개인적인 변화나 사적인 변화에 머물지 않았다는 것입니다. 예수 그리스도를 향해 돌아서는 이 회심은 '교회 공동체'를 낳았습니다. 새로운 하늘 가정이 형성되었습니다. 변화는 그

174

교회 안에서 먼저 일어났고, 그 교회를 통해서 일어났습니다.

나가는 말

누가복음 4장 18-19절이 예수의 취임설교였다면, 여기 이 베드로의 설교는 교회의 취임설교입니다. 베드로가 전한 복음은 듣는 이들 마음속에 일대 지각변동을 일으켰습니다. 속에서 난리가 났습니다. 세계관적 진동을 불러왔습니다. 그들이 들은 것은 듣고 감상하는 데 그칠 수 없게 하는 말씀이었습니다. 전격적이고 급진적인 방향 전환을 요구하는 명령이었습니다. 결단하지 않으면 안 되게 하는 말씀이었습니다. 다양한 옵션 가운데 하나가 아니라 양자택일을 요청하는 무례한 말씀이었습니다. 이에 말씀을 들은 예루살렘의 청중들은 "우리가 어찌할꼬"라고 질문합니다. 그것은 그간 자신들이 살아온 인생에 대해서 의문을 제기했다는 뜻입니다. 대안적인 삶을 시작해보겠다면서 용기를 내어 질문한 것입니다.

이에 베드로는 회심을 요구합니다. 세계관적 변혁을 요구합니다. 먼저 자기 안에서, 그리고 자신을 둘러싼 세상 속에서 예수의 세계관으로 살도록 촉구합니다. 이를 위해 그간 섬겨온 세상 나라를 향하여 변절하고 새로운 나라에 항복해야 했습니다. 그것은 어둠을 떠나 빛으로 나오라는 명령이요, 대조적인 삶, 대항적인 삶, 대안적인 삶을 살라는 명령이었습니다.

베드로는 그렇게 돌아선 자들에게 주실 하나님의 약속을 전달합니다. 첫째로 사죄의 약속입니다. 더는 과거를 묻지 않겠다는 약속입니다. 더는 죄와 허물로 죽은 인생으로 간주하지 않겠다는 약속입니다. 둘째로 성령의 약속입니다. 이제 자기 힘으로만 이 험한 광야 세상 살도록 고아와 같이 버려두지 않겠다는 약속입니다. 말씀을 알게 하고 말씀을 지키게 하고 말씀의 능력을 경험하게 하시겠다는 약속입니다.

오순절의 청중들은 이렇게 양심을 에는 듯한 하나님의 호된 말씀을 받았습니다. 그 말씀을 믿었습니다. 그 말씀대로 자기 인생이 새롭게 창조되도록 맡겼습니다. 그렇게 하여 새로운 공동체가 태어났습니다.

사랑하는 형제 자매 여러분, 이제 우리 자신에게 질문해 보십시오. 우리 자신을 돌아보건대 나는 이 패역한 세대에서 돌아서서 하나님의 사랑의 아들의 나라로 이동한 사람 맞습니까? 말씀과 기도와 예배로 그 나라의 삶을 살고 있습니까? 그 나라의 언저리에서 맴도는 인생으로 그칠 것이 아니라, 더욱 깊이 이 빛의 나라로, 이 희락의 나라로, 이 평화의 나라로 들어가길 바랍니다. 나 혼자가 아니라 우리 함께 살고, 단지 살아남기 위해for Survival 사는 것이 아니라 하나님이 주신 참 좋은 부흥의 공동체를 만들어 가면서for Revival 사는 우리네 인생이 되기를 바랍니다. 그런 우리들을 통해 또 누군가가 새 생명으로 살아나는 것을 보고 또 보는 복된 공동체 만들어가길 소원합니다.

함께 기도하겠습니다

주님,

오늘도 말씀으로 저희에게 다가와 주셔서 감사합니다.

말씀을 듣고 나니 오순절의 사람들처럼 저희 자신에게 묻게 됩니다.

"아, 이제 어찌할꼬"

주님, 이대로는 안 되겠는데 어찌하면 좋습니까?

주님 저희는 이 패역한 세대와 떼려야 뗄 수 없이 붙어 있는데

어떻게 하면 좋습니까?

저희들을 불쌍히 여기시고 또 도우셔서

이제는 주님께서 싫어하시는 생각과 삶의 방식으로부터

돌아서게 하시고,

때로 저항해야 한다면, 담대하게 맞설 수 있도록

용기와 지혜를 허락하여 주옵소서.

주님, 저희는 삶의 주도권을 주께 넘겨드리지 않았으면서도

하나님 백성이요 구원 받은 자녀라고 착각하며 살아왔습니다.

여전히 죄 아래 거하여 살면서도 죄사함을 받았다고 좋아했고,

남을 사랑하지 않으면서도 나를 사랑해주시는 하나님은 좋아했습니다.

성령의 선물보다 더 좋아했고 더 갖고 싶었던 것이 너무 많았습니다.

어찌하면 좋겠습니까?

주님, 이렇게 제자리 걸음만 하는 저희를 그냥 두지 마시고

주님의 나라를 열망하고 주 예수님을 사랑하고

그 사랑으로 세상을 새롭게 해석하며

이 어그러진 세대에서 구원을 받을 뿐 아니라

그 세대를 구원하는 일에

주께서 보내어 사용하시는 증인들이 되게 하여 주옵소서.

아멘.

참 교회,
살아 있는 교회
———— 사도행전 2:42-47

식품인가 약품인가? 연기인가 간증인가?

한 잇몸 약에 대해서 식약청이 약효를 검증하라는 명령을 내렸고, 이 회사들은 약효 검증을 포기하고 제품을 회수하기로 결정했습니다. 한 TV 프로그램에서 이 두 제품이 우리가 알고 있는 것과는 달리 잇몸약이 아니라 영양제였다는 사실이 드러났기 때문입니다. 치과 의사들은 잇몸이 아플 때는 치과를 찾아가야지 잇몸 약을 먹어서는 별 효과가 없다고 합니다. 한 치과의사는 이렇게 말합니다.

"광고하는 사람들, 연기하는 거지 간증하는 게 아닙니다. 이런 경우 개발비보다 광고비를 훨씬 많이 씁니다. 저게 식품인지 약품인지 잘 구분해야 합니다."

우리는 식품인 줄도 모른 채 광고 속 연기자의 말만 믿고 부모님께 선물로 많이 갖다 드렸습니다. 효도한다고 한 건데 사실은 별 도움을 못 드린 겁니다. 광고 속 연기자가 '연기'한 것인데 '간증'한 것으로 속았기 때문입니다.

이사를 갔으니 교회를 소개해달라는 부탁이 종종 들어옵니다. 아마 누가 저에게 어떤 태권도장 가면 좋겠느냐고 물으면 "가까운 동네 도장 가세요."라고 대답했을 겁니다. 그런데 교회를 묻는 질문에는 "가까운 동네 교회 가세요."라고 대답하지 못하는 게 현실입니다. 진짜인지 가짜인지, 연기인지 간증인지, 생명의 양식인지 불량식품인지 정신 똑바로 차리고 분간하지 않으면 약이 아니라 독毒을 줄 수 있기 때문입니다. 예수께서 오늘 나와 우리 교회를 향해서 '약효'를 검증하라고 명령하신다면, 그리고 아픈 사람을 치유하고 살리는 복음을 전하고 있는지, 회복하고 온전하게 하는 공동체인지를 증명하라고 하신다면, 어떻게 대답할 수 있을까요? 우리도 그간 연기한 것으로 드러나서 철수하고 문 닫아야 하는 것은 아닐까요?

앞서 우리는 참 교회를 결정하는 기준은 참다운 회심이라는 말씀을 나누었습니다. 회심은 주인을 바꾸는 일이고, 나라를 바꾸는 일이고, 인생의 우선순위를 바꾸는 일이라고 했습니다. 그것은 그 나라에 어울리는 세계관으로, 그 통치권자가 원하는 가치관으로 우리의 사상이 전격적으로 바뀌는 일입니다. 단지 미안한 마음과 죄스러운 마음이 드는 정도의 지극히 사적인 문제나 감정 차원에 그치지 않습니다. 가치체계를 재조정하고 그것에 맞는 삶의 방식Life Style을 채택하는 데까지 나아가야 합니다. 따라서 그것은 양방향의 변화입니다. 죄로부터 돌아섬이요 예수를 향해 돌아감입니다. 그것은 양자택일의 변화입니다. 어둠을 버리고 빛을 선택하고, 미움을 버리고 용서를 선택하고, 전쟁을 버리고 평화를 선택하고, 이기심을 버리고 이타심을 선택하는 삶입니다. 세례 요한의 말대로 그것은 회개와 열매 맺는 삶을 다 아우르는 변화입니다. "회개에 합당한 삶을 살라"는 말은 "성령에 충만하여 살라"는 말과 같습니다. 예수께로 돌아가는 삶은 '성령'을 따라서 살 때만 가능하기 때문입니다. 회개의 열매는 곧 성령의 열매인 것입니다.

따라서 그것은 개인적인 변화일 뿐 아니라 공동체적인 변화입니다. 그것은 하나님과의 관계에서의 변화로 시작하지만, 이웃과의 관계로 이어지고, 세상과의 관계로, 생태계와의 관계로까지 확장되는 변화입니다. 즉 회개는 하나님과의 교제코이노니아, κοινωνία, 성도 간의 교제, 세상과의 교제, 생태계와의 교제로 이어질 때만 진실합니다. 그 변화의 공동체, 회심 공동체를 가리켜 '교회'에클레시아, ἐκκλησία라고 부릅니다. 참 교회는 참다운 회심을 경험한 자들의 모임이며, 그 회심을 이끌어낼 만큼 강력한 증거와 증언이 있는 공동체입니다. 그런 공동체가 탄생한다면, 그것을 '부흥'이라고 부릅니다. 따라서 부흥에서 결정적으로 중요한 것은 수적 성장이 아닙니다. 사람의 변화이고 삶의 변화입니다.

이제 우리는 참다운 회심 공동체였던 초대교회의 모습을 살펴보려고 합니다. 그것은 부흥의 원형입니다. 또 참 교회를 결정하는 가늠자가 되는 모델교회입니다. 변하는 세상 속에서 변하지 않는 교회의 본질을 우리에게 보여주고 있습니다. 그래서 초대교회는 모든 시대 모든 교회의 큰 바위 얼굴 역할을 하고 있습니다.

진짜 교회, 산 교회

오순절 성령 강림으로 가장 먼저 일어난 결과는 개인의 내면의 변화와 결단입니다. 그것이 회개와 세례로 나타났습니다. 이어서 성령을 받은 자들이 하나님의 큰 일들을 전하자 예루살렘의 사람들이 각자 자기 출신지 언어로 듣는 역사가 일어났습니다. 교회의 말씀 선포가 두 번째 변화입니다. 셋째 결과는 오늘 본문에서 볼 수 있는 공동체를 통한 사회적 삶의 변화입니다. 그것을 2장 42절은 이렇게 묘사합니다.

"그들이 사도의 가르침을 받아 서로 교제하고 떡을 떼며 오로지 기도하기를 힘쓰니라"

성령 받은 자들의 공동체적 삶을 가르침, 교제, 떡을 뗌, 기도 등 네 가지로 정리하고 있습니다. 존 스토트John Stott는 이 본문에서 교회를 교회 되게 하는 네 가지 모습을 보고 있습니다(《살아있는 교회》, 존 스토트). 첫째, 배우는 교회입니다. 둘째, 돌보는 교회입니다. 셋째, 예배하는 교회입니다. 넷째, 전도하는 교회입니다. 배우는 교회는 사도들과 관계하는 교회입니다. 참 교회는 사도적 교회인 것입니다. 돌보는 교회는 지체들 간에 서로서로 관계하는 교회입니다. 참 교회는 돌봄과 나눔이 있는 교회입니다. 예배하는 교회는 하나님과 관계하는 교회입니다. 참 교회는 기쁨과 경건함으로 하나님께 예배하는 교회입니다. 전도하는 교회는 세상과 관계하는 교회입니다. 참 교회는 세상에 복음을 증거하고 그들의 필요에 민감한 교회입니다.

회심이 하나님과 교회와 세상을 향한 변화이듯이, 참 교회 역시 이런 우리가 맺고 있는 다양한 관계에서 복음이 구현되게 한다는 것을 보여줍니다. "복음에 합당한 삶"이란 모호한 표현이 아닙니다. 바로 우리가 관계하고 있는 모든 영역에서 하나님 나라의 가치가 실현되고, 그래서 하나님의 뜻이 하늘에서와 같이 땅에서도 이루어지게 하는 일을 가리킵니다.

사도적 가르침

베드로의 설교를 듣고 오순절 예루살렘의 청중들은 이렇게 반응했습니다. "우리가 어찌할꼬." 그러자 베드로는 대답합니다.

"베드로가 이르되 너희가 회개하여 각각 예수 그리스도의 이름으로 세례를 받고 죄 사함을 받으라 그리하면 성령의 선물을 받을 것이다. 이 패역한 세대에서 구원을 받으리니"(사도행전 2:38)

그 말씀 받고 세례를 받은 사람이 삼천 명이나 되었습니다. 그런 자들을 사도들은 그냥 돌려보내지 않았습니다. 사도행전 2장 42절에 그들이 사도의 가르침을 받는 데 힘썼다고 말합니다.

"그들이 사도의 가르침을 받아 서로 교제하고 떡을 떼며 오로지 기도하기를 힘쓰니라"(사도행전 2:42)

'힘쓰다'의 시제미완료를 고려하여 직역하면 "그들은 지속적으로 사도들의 가르침에 헌신하였다몰두하였다"입니다. '힘썼다'는 것은 그들이 얼마나 진지하게 그리고 권위를 존중하면서 배웠는지를 보여줍니다. '지속적으로'

배웠다는 것은 그들의 열정뿐만 아니라 그 가르침이 얼마나 풍성했는지를 말해줍니다.

살아있는 교회, 진짜 교회는 '배우는 교회'입니다. '지속적으로' 배우는 교회입니다. '사도들의' 가르침을 배우는 교회입니다. 성령에 충만한 사람들이 보인 맨 처음 반응은 결코 반지성적인 것이 아니었습니다. 성령의 학교는 배움의 학교였습니다. 그 학교는 성령께서 사도들을 통해 가르치는 학교였습니다. 성령에 충만했다고 해서 지성을 멀리하거나 신학을 경멸하거나 체험만을 강조하는 사람들이 된 것이 아니었습니다. 그럴 수 없었습니다. 성령은 '진리의 영'이시기 때문입니다. 성령은 철저하게 진리이신 예수 그리스도의 말씀을 기억나게 하고, 그것을 각 사람 속에서 각자 다른 상황에 적용하여 순종할 수 있도록 돕는 분이기 때문입니다. 성령을 받았다고 해서 다른 사람들의 도움을 받지 않은 채 자신이 직접 직통계시를 받아 하나님과 소통하겠다고 나서는 사람이 없었습니다. 그들은 겸손하게 '사도들에게' 가르침을 듣기 위해 지속적으로 모였습니다. 물론 아무나 원하기만 하면 가르칠 수 있었던 것은 아닙니다. 분명 성령께서는 사도들이 가르칠 권위를 갖고 있는 것을 여러모로 증명해주셨을 것입니다. 그 대표적인 것 가운데 하나가 백이십 명의 제자들이 난 곳 방언으로 말하는 것이었습니다. 또 있습니다.

"사람마다 두려워하는데 사도들로 말미암아 기사와 표적이 많이 나타나니"(사도행전 2:43)

물론 이 구절은 접속사가 없이 나란히 병렬된 두 문장입니다. 그래서 사람들이 두려워하는 이유가 기사와 표적 때문인지, 아니면 성령이 임한 후 성도들이 기본적으로 느끼는 모종의 경외감인지는 알 수 없습니다. 다만 '두려워하다'의 시제미완료를 고려하면과거의 반복적인 동작, "두려워하곤 했다" 사도들이 행하곤 했던 기사와 표적을 보고 성도들이 두려워하곤 했다고 보는 것이 더 자연스럽습니다. 이는 사도들에 대한 두려움이라기보다는 사도들의 배후에서 역사하시는 하나님성령에 대한 두려움입니다. 그것은 구약의 예언자들에게서나 볼 수 있는 현상이었기 때문입니다. 구약의 예언자들에게 부여하셨던 말씀의 권위를 이제는 사도들에게 부여하시기 위해 성령께서 특별히 역사하고 계시는 것을 성령의 사람들이 금세 알아본 것입니다. 이 두려움에서 말씀을 전하는 사도들의 권위도 형성되었을 것입니다. 오늘날에도 이런 기사와 표적이 아니더라도, 말씀의 종들에게 하나님께서 동행하시고 역사하고 계시다는 것이 확인될 때 성도들은 그들이 전하는 말씀을 권위 있게 들을 것입니다.

지금도 여전히 참 교회는 사도들에게 배우는 교회입니다. 그 가르침에 지속적으로 헌신하는 교회입니다. 그런데 문제가 있습니다. 오늘날에는 더는 사도들이 없습니다. 아무도 자신을 사도라고 자처할 수 없습니다. 열두 사도 외에는 교회 역사에서 사도는 없습니다. 교황이 그 사도권을 계승한다고 주장하는 것은 비성경적이고 반성경적입니다. 그러나 사도는 없지만 사도적 가르침은 존재합니다. 《구약성경》 39권을 비롯하여 《신약성경》 27권에 사도들의 가르침이 보존되어 있습니다. 교회는 그 사도적인 가르침을 기초로 하여 세워졌습니다.

"너희는 사도들과 예언자들의 터 위에 세우심을 입은 자라 그리스도 예수께서 친히 모퉁잇돌이 되셨느니라"(에베소서 2:20)

누가 가르칠 수 있습니까? 사도적 가르침인 《성경》을 잘 해석할 수만 있다면, 누구든 좋습니다. 그 역할을 전문적으로 잘 하기 위해 교사와 목사와 장로 같은 직분을 주셨습니다. 하지만 그들만 《성경》을 해석할 권한이 있는 것은 아닙니다. 그들은 사도가 아니라 성도입니다. 교회는 특정한 사람이나 사상 위에 세워져서는 안 됩니다. 특정한 이해관계를 위해서 세워져서도 안 됩니다. 그 사람의 한계가 교회의 한계가 될 것이기 때문입니다. 특정 이념 위에 세워진 집단으로 전락할 것이기 때문입니다. 교단이나 교파에 속하는 것은 유익하기도 하고 불가피하기도 하지만, 그 교파의 교리가 《성경》의 권위 위에 있어서는 안 됩니다. 교회가 목회자의 목회철학이나 성경관, 교회관에 영향을 받기 마련이지만, 그렇다고 한 사역자의 생각만이 관철되는 곳이 되어서는 안 됩니다. 지난 세기 조국 교회는 일부 카리스마적인 성격의 목회자들이 남긴 빛과 그림자를 모두 물려받았습니다. 그 후임들의 시대에 상당수 교회들이 몸살을 앓았고, 무리하게 담임 목사직을 세습하려는 시도로 조국 교회 전체를 어렵게 만든 것을 보고 있습니다. 목사에게 일체 이의를 제기할 수 없는 사도적 절대 권위를 부여한 데서부터 문제가 시작되지 않았나 싶습니다.

교회는 오로지 '하나님'의 말씀 위에 세워져야 합니다. 교회는 늘 《성경》을 가르쳐야 하고, 《성경》을 선포해야 하고, 성도든 목사든 누구나 그 아래 조아려 배우는 곳이 되어야 합니다. 그들은 또한 지속적으로 사도들에게서 배웠습니다. 예루살렘의 회심자들은 이 말씀이 진실하다고 믿었습니다. 거

기에 생명이 있다고 믿었습니다. 그 말씀을 통해 살아 계신 예수님이 지금
도 다스리고 계신다고 믿었습니다. 세상 어디에서도 찾을 수 없는 소망이
거기에 있다고 믿었습니다. 참 그리스도인은 평생토록 배우는 제자입니다.
그 앎이 삶이 되고 존재가 되도록 애쓰는 사람입니다. 그 말씀이 실재가 되
고, 사건이 되고, 말씀 자체가 되게 하려고 애쓰는 사람입니다.

교제하는 공동체

전인적, 통전적 교제

회심의 공동체, 부흥의 공동체가 갖고 있는 두 번째 표지, 참 교회가 반
드시 갖춰야 하는 두 번째 조건은 교제 혹은 돌봄입니다. 42절에 보면, "그
들이 서로 교제하기를 힘쓰니라"고 말하고 있습니다. 여기 '교제'코이노니아
는 신자와 사도 간의 영적인 교제, 물질을 나누는 물질적 교제, 성례를 통
해 신자들이 하나가 되는 성례전적 교제, 공동체가 하나 됨을 누리는 교회
적 교제 등을 다 포함합니다. 전인적, 통전적 교제였습니다. 이 사귐의 원형
은 삼위 하나님의 사귐입니다. 세 분이 한 분인 것처럼 서로 연합하여 사
랑의 교제 속에 거하시듯, 그 형상을 닮은 우리도 서로 사랑하여 하나가
되기를 원하십니다. 구속은 바로 깨어진 우리 사이의 교제가 회복되어 다
시 하나가 되는 것입니다. 미워하고 쪼개지고 다투던 우리가 샬롬과 화해
의 공동체, 사랑과 섬김의 공동체, 나눔과 베풂의 공동체가 되는 것입니다.
구원은 여전히 나만 사랑하고 나만 좋은 세상 누리려는 마음밖에 없던 사
람들이 죽은 다음에 하나도 변하지 않았는데도 다른 좋은 장소로 이동하
는 것을 말하지 않습니다. 아무리 환경적으로 좋은 세상이 있어도 자기밖

에 모르는 욕심쟁이들이 모인 곳이 천국일 리 없습니다. 구원은 타인과 진실히 교제할 줄 몰랐던 자들이 성령의 새롭게 하시는 능력으로 이제 기꺼이 타인과 교제할 수 있는 사람이 되는 것입니다. 사랑할 만한 사람을 사랑하는 것이 아니라, 이해관계가 대립되는 이들이나 심지어 원수마저 사랑할 수 있는 사람이 되는 것입니다. 악한 싸움을 걸어오는 자들에게 선한 싸움으로 응수하는 사람이 되는 것입니다. 교제는 삼위 하나님을 공유하는 것Sharing In이고, 그리하여 우리가 가진 것을 남과 공유하는 일입니다Sharing Out. 그래서 《성경》에는 이 '코이노니아'라는 단어가 연약한 교회를 돕는 '구제헌금'(롬 15:26)이라는 뜻으로도 사용되고 있습니다.

유무상통의 교제

44-45절에 코이노니아의 모습이 구체적으로 묘사되어 있습니다.

"믿는 사람이 다 함께 있어 모든 물건을 서로 통용하고, 또 재산과 소유를 팔아 각 사람의 필요를 따라 나눠 주며"(사도행전 2:44-45)

언뜻 보면 사유재산이 없이 모두가 유무상통有無相通하는 것처럼 보입니다. 하지만 전혀 그렇지 않습니다. 여기 사용된 시제를 보면 알 수 있습니다. "함께 있어", "통용하고", "팔아", "나눠 주며"라는 동사가 나오는데 모두 미완료시제입니다. 이것은 반복적인 동작을 나타내는 시제입니다. 그렇다면 단 한 번에 모든 것을 다 팔아서 가난한 자들에게 나눠 준 것이 아니라, 공동체에 도움이 필요한 사람들이 나타나면 너나 할 것 없이 십시일반으로 형편껏 가진 것을 팔아서 더 핍절한 사람들을 도운 것 같습니다. 46절에 보면 "집에서 떡을 뗐다"는 말이 나옵니다. 그들에게는 여전히 자기 소유의 집이 있었기 때문에 삼천 명이나 되는 사람들이 여러 집에 흩어져 예배를 드릴 수 있었을 것입니다. 아나니아와 삽비라(5장) 사건에서도 사유재산의 소유가 정당한 일로 전제되고 있습니다. 하지만 4장 32절에서 "한마음과 한 뜻이 되어 모든 물건을 서로 통용하고 자기 재물을 조금이라도 자기 것이라 하는 이가 하나도 없더라"고 한 것을 볼 때, 곤경에 처한 지체를 보면 언제든 자기 것을 내놓을 준비가 되어 있었던 것이 분명합니다. 자기 재산이 있었지만, 심정적으로는 공적 자산처럼 여기고 있었던 것입니다. 맘몬의 지배에서 벗어난 이 변화는 성령의 역사가 아니면 불가능합니다.

이는 성령이 임하면서 서로를 향한 성도들의 인식이 바뀐 결과입니다. 성령을 받기 전에는 예수를 믿고 있었는데도 이런 소유와 나눔까지는 이르지 못했습니다. 그런데 성령께서 예수를 믿는다는 것이 무엇인지에 대해서 더 깊고 더 확장된 이해를 가져다 주셨을 뿐 아니라, 이제 새로운 삶을 감행할 수 있을 만큼 충분한 용기와 결단력을 주신 것이 분명합니다. 이제 예수 안에서 그들은 형제관계, 가족관계가 되었습니다. 너와 내가 없고 네 것과 내 것이 없는 사이가 되었습니다. 형식적인 사유재산의 경계를 언제든 허물 준비가 되어 있었습니다. 이제 공동체의 지체들은 단순한 우정의 대상이 아니라 영적인 혈육의 관계가 된 것입니다. 더는 남이 아니라 우리가 되었음을 이 물질공유를 통해서 증명하였습니다.

회심한 사람, 성령에 충만한 사람, 사도들의 가르침을 잘 배운 사람, 그리고 그런 사람들이 모인 교회의 특징이 여기 잘 나타나 있습니다. 그동안 안 보였던 사람들이 보이기 시작하고, 신경 쓰지 않았던 사람들이 신경 쓰이기 시작했습니다. 긍휼한 마음이 생겼습니다. 공감의 마음이 생겼습니다.

나와 상관없다고 여겼던 사람들이 불가분의 상관있는 사람으로 보이기 시작합니다. 계산하지 않게 됩니다. 내가 도와주면 돌아올 것이 무엇인지는 생각하지 않습니다. 그 대신 값없이 받은 하나님의 은혜를 계산할 줄 아는 사람, 기억할 줄 아는 사람이 됩니다. 자신이 사랑의 빚진 자라는 것을 알게 됩니다. 자기 가진 것이 자기 것이 아니라 위탁 받은 것이고, 자신은 주인이 아니라 청지기임을 알게 됩니다. 그래서 이제는 내 마음의 욕망이 조종하는 대로 쓰지 않고 성령께서 촉구하시는 대로 소유나 은사나 시간을 쓰는 사람이 됩니다. 물질의 노예가 아니라 물질의 주인이 됩니다. 그래서 회심한 자들은 자발적으로 자기 소유를 나누었습니다. 나눔의 돌봄이 없는 교제는 진짜 교제가 아닙니다. 나눔의 돌봄이 없는 교회는 진짜 교회가 아닙니다. 초대 교부 크리소스톰John Chrysostom은 자신이 본 초대교회를 이렇게 묘사합니다.

> "아무도 자기 것을 자기 것으로 여기지 않는 천사 같은 단체였다. 악의 뿌리가 잘려 나갔고 … 아무도 비난하지 않았고 아무도 시샘하지 않았다. 아무도 인색하게 굴지 않았다. 거기에는 교만도 치욕도 없었다. 가난한 사람들은 부끄러움을 몰랐으며, 부자들은 거만함을 몰랐다."

스스로 빈곤에서 벗어날 수 없는 지체를 보고도 모른 척, 못 본 척하는 교회는 참 교회가 아닙니다.

물질의 분배

공동체는 이 재산을 어떻게 분배하였습니까? 정확히 그 분배 방법이

어떠했는지 알 수 없습니다. 공동소유의 풀Pool을 만들어 놓고 필요한 대로 가져갔는지, 아니면 필요가 생길 때마다 재산을 내놓는 사람들이 있었고, 그것을 분배하는 사람들이 따로 있었다는 것인지 본문만으로는 알기 어렵습니다. 다만 한 가지 기준만은 분명했습니다. 그들은 '원하는' 만큼 가져간 것이 아니라 '필요한' 만큼 가져갔다는 것입니다. 그것은 믿음의 공동체 안에 있는 사람들 사이에서만 통용되던 일이었습니다. 그러니까 자기 필요에 따라 자기 몫을 고집하지 않고 다른 사람을 배려하여 극도로 절제하여 가져가는 것이 가능하려면, 함께 성령을 받은 믿는 자들의 공동체여야 했던 것입니다. 이것은 그동안 자선이나 구제를 매우 중요한 경건의 표지로 간주했던 유대교 사회에서도 한 번도 본 적이 없는 모델이었습니다. 그래서 초대교회의 유무상통은 기존의 어떤 본보기를 따라한 것이 아니라 현실적인 필요를 회피하지 않고 공동체가 함께 더듬어 방안을 찾아가다가 나온 독특한 모델인 것입니다. 그들은 이상사회를 꿈꾸고 그 비전대로 만들어가려고 했던 것이 아니고, 당장 눈앞에 나타난 곤궁한 사람들을 자기 가족처럼 보살피고 싶어서 임기응변으로 유무상통을 해낸 것입니다. 그러니 누구든 욕심을 부려서 한몫 챙기려는 마음을 감히 품을 수 없었을 것입니다.

지속적인 교제

여기 42절이 《한글개역개정》에는 "서로 교제하고"라고 되어 있지만, 끝에 나온 "힘쓰다"라는 말에 걸립니다. 따라서 "서로 지속적으로 교제하기를 힘썼다"라고 번역해야 합니다. '지속적인 교제'라는 것은 교회의 존재 방식 자체가 '교제'여야 한다는 뜻입니다. 하나님과의 교제가 예배이고, 성도간의 교제가 나눔과 섬김이고, 세상과의 교제가 전도와 선교입니다. 교회는 코이노니아 공동체입니다. 성도의 필요가 보일 때마다, 그 절박한 필요가 사라질 때까지 힘을 보태야 합니다. 교회 규모가 어느 정도가 적절한지를 고민할 때도, 이 살아 있는 교제가 가능한 공동체, 가족 같은 공동체를 지속하는 데 알맞은 수로 조율하려는 노력이 필요합니다.

떡을 떼는 공동체

회심의 공동체, 부흥 공동체, 참 교회의 세 번째 표지는 예배하는 공동체입니다. 42절에 보시면 "떡을 떼며 오로지 기도하기를 힘쓰니라"고 말합니다. 46-47절에서는 "날마다 마음을 같이하여 성전에 모이기를 힘쓰고 집에서 떡을 떼며 기쁨과 순전한 마음으로 음식을 먹고 하나님을 찬미하며"라고 묘사하고 있습니다. 유대인들에게 '떡을 뗀다'부수다는 것은 식사를 시작한다는 것을 나타내는 관용적인 표현입니다. 그런데 누가복음 저자가 성만찬 용어를 여기다 사용한 것은 이 식사 교제가 단순히 음식을 먹는 것에 그치지 않고 성만찬 의식을 포함하고 있었다는 것을 말하고 있는 것 같습니다. 밥을 같이 먹는다는 것, 그것도 날마다 먹는다는 것은 그들이 얼마나 친밀하게 교제했는지를 보여주는 또 하나의 사례입니다.

기도하는 공동체

그들은 또한 기도하는 데도 힘썼습니다. 이것은 공적인 기도회 혹은 기도 예배를 말하는 것으로 보입니다. 누가복음에서부터 사도행전에 이르기까지 기도가 예수의 사역과 교회의 설립, 선교의 진행에 얼마나 큰 역할을 하는지가 유독 강조되고 있습니다. 초기 기독교 전개 과정에서 중요한 일들은 늘 기도와 함께 진행되었습니다. 여기 '기도하기를 힘썼다'에서 기도는 복수형기도들입니다. 그들이 얼마나 열정적으로, 지속적으로, 간절하게 기도했는지를 말하고 싶었을 것입니다. 백이십 명의 제자들이 간절히 성령이 오시기를 기다리며 기도했듯이, 성령이 오신 후에도 삼천 명의 제자들이 성령과 더불어 기도했습니다. 기도는 교회 성장의 수단이나 부흥의 수단이 아닙니다. 기도는 하나님과의 교제, 하나님을 향한 예배의 중심입니다. 살아 있는 교회는 하나님의 임재, 예수 그리스도의 임재, 성령님의 내주하심을 좀 더 민감하게 경험하는 교회입니다. 그러니 가까이 계신 그분께 늘 말을 걸게 되지 않겠습니까? 아니 그분이 말 걸어오시는 것에 늘 대답하지 않겠습니까? 그래서 삶의 모든 순간이 예배가 되게 하는 교회, 그런 교회가 살아있는 교회, 참 교회입니다.

이들이 드린 예배에는 두 가지 특징이 있습니다. 첫째, 공적인 예배와 사적인 예배를 모두 포함하고 있습니다. 그들은 성전에서 모였고 또 집에서도 모였습니다. 성전이 그리스도 안에서 완성된 것을 알고 있었지만, 그렇다고 자신들에게 익숙한 제도를 쉽게 버리지는 않았습니다. 성전의 제사의식에는 참여하지 않겠지만, 자신들에게 익숙한 방식으로 신앙을 표현했습니다. 그들은 집에서도 모였습니다. 좀 더 비공식적이고 자발적인 모임이었을 것입니다. 우리 식으로 하면, 오전에 공예배로 모였다가 오후에는 소그룹으로 흩어져 집에서 삶을 나누고 교제하는 것과 비슷합니다. 혹은 주중에 소그룹 가족들끼리 모여서 예배하는 것과도 비슷합니다. 조직적인 것과 비조직적인 것, 전통적인 것과 자발적인 것, 교회나 예배를 말할 때, 둘 중 어느 하나가 더 절대적이고 성경적인 것처럼 주장하는 이들이 있습니다. 그러나 초대교회는 이 두 요소를 다 가지고 있었습니다. 중요한 것은 우리 공동체가 어떻게 하면 가장 진심과 전심으로 하나님을 예배할 수 있고 교제할 수 있느냐 하는 것이지 형식 그 자체가 아닙니다.

하지만 '집'을 예배의 장소로 언급한 것은 당시로서는 파격 그 자체였습니다. 집이라는 사적인 공간이 이제 종교적 공간, 공적 공간으로 변화되고 있습니다. 특히 《누가-행전》이 배포된 시점은 이미 건물로서의 예루살렘 성전이 로마에 의해 파괴되고 사라진 뒤였습니다. 1차 독자들에게 성전을 대체하는 것은 집에서 모이는 교회였습니다. 아마 독자들은 집에서 모이는 자신들의 모임이 성전을 대체할 수 있는 것은 건물 성전이 무너졌기 때문이 아니라 이미 교회가 시작될 때부터 가능한 일이었다는 것을 이 대목을 읽으면서 깊이 느꼈을 것입니다. 하나님은 거룩한 하나님의 집에서 세속적인 인간의 집으로 이동하신 것입니다. 예수님이 거룩한 하늘 성전에서 땅으로 오신 것처럼 말입니다. 민족의 자의식과 정체성의 발원지 역할을 했던 성전이 사라진 뒤, 이제 그리스도인들은 유대인들의 전유물인 '회당'을 대안 공간으로 삼지 않고 성령을 받은 그리스도인들의 '집'을 대안 공간으로 제시하고 있는 것입니다. 예루살렘 성전 중심의 구심적 귀환 운동이 끝나고 땅 끝의 모든 민족을 향한 원심적 선교 운동이 출발되었음을 보여주는 것이 성전으로부터 집으로의 이동입니다. 성령이 함께하시는 공동체라면 그들이 모인 곳이 집이든 예배당이든 카페든 상관이 없게 되었습니다.

초대교회 예배의 두 번째 특징은 거기에는 예배의 기쁨이 있었으며, 동시에 그것은 경건한 예배였다는 사실입니다. 46절에 "기쁨과 순전한 마음"이 그들에게 있었다고 말합니다. 이 '기쁨'아갈리아시스, ἀγαλλίασις이라는 헬라어 단어는 '큰 기쁨'을 의미합니다. 성령의 열매 가운데 하나가 '희락'입니다. 성령에 충만한 자들이 성령으로 주께 예배하는 곳에 큰 기쁨이 임하는 것은 당연한 일이었을 것입니다. 이것은 유대교의 율법주의에서는 좀처럼 경험하기 어려운 현상입니다. 의무감에 젖어서, 심판의 두려움 속에서 드리는 예배와 자격 없는 자에게 베푸신 하나님의 용서와 자비, 또 영원히 동행하시고 돌보아주시고 교제해주시겠다는 약속을 받은 성도들의 예배는 결코 같을 수 없었을 것입니다. 우리 안에 이런 기쁨이 있습니까? 우리는 만나면 서로 좋고 보고 싶어 합니까? 또 우리는 주님의 임재를 갈망하고, 주님이 우리 마음을 만져주시고, 우리의 간구를 들어주시고, 우리의 찬미를 향기로운 제물로 받아주시기를 열망하는 마음으로 찾아옵니까? 그런 성령으로 충만한 심령이 드리는 예배에 기쁨이 찾아올 것입니다. 빈 마음, 가난한 마음, 어린 아이의 마음으로 겸허하게 조아린 심령에 기쁨이 차오를 것입니다.

하지만 그 기쁨은 경박한 기쁨이 아니었습니다. 경건한 기쁨이었습니다. 43절을 보면 "사람마다 두려워하는데"라고 말합니다. 성령의 역사를 보고는 '두려워하는 마음'을 품는 것 역시 기뻐하는 것만큼이나 성령의 역사입니다. 방언을 하는 것을 보고 술 취했다고 조롱하는 사람들이 있는가 하면, 기사와 표적을 보면서 '두려워하는 사람'들도 있습니다. 지금 예배에 참여하는 자들의 기본적인 정서가 바로 이 거룩한 두려움입니다. 그것은 공포나 무서움과는 다른 정서입니다. 이것은 일종의 '외경심' 畏敬心입니다. 외경심이 사라진 종교는 더는 종교가 아닙니다. 신비가 사라진 채 사람 냄새만 가득 나는 곳은 교회가 아닙니다.

언젠가 한 잡지와 인터뷰를 했는데, 말미에 그 기자가 제게 이런 말을 하더군요. "목사님들을 만나면 대개 '사업가'처럼 보이던데 목사님은 아니네요. 목사님은 목사님 안 같아요." 이게 칭찬인지 욕인지 잠시 헛갈렸습니다만, 이런 말이 칭찬이 될 만큼 목회자에게서 하나님을 믿는 자의 외경심을 보기 힘든 시대가 되었다는 사실에 씁쓸했습니다. 우리 그리스도인들은 눈에 보이지 않는 초월적인 존재를 믿는 자들이고, 그분의 힘을 의지하여 사는 자들입니다. 사람이 계산하고 준비하고 소유하는 것 이상의 어떤 신비적인 세계와 힘이 있음을 믿는 자들입니다. 그 마음이 '외경심'입니다. 예배의 자리는 그 외경심을 가지고 모이는 자리입니다. 우리는 우리가 감히 범접할 수 없는 분이 죄인인 우리 가운데 임재해 계시다는 생각으로 예배해야 합니다. 설교자 역시 이 말씀의 원저자께서 이 모든 말씀을 듣고 계시다는 생각으로 설교해야 합니다. 그렇게 두렵고 떨리는 마음으로 나아갈 때, 하나님과 우리 사이의 참다운 만남이 있는 예배가 될 수 있습니다.

기쁨과 두려움이 공존하는 예배, '경직'되고 '경박'한 예배가 아니라 '경건'한 기쁨이 있는 예배를 드리는 교회가 주님께서 머리 되시는 살아 있는 교회, 참 교회입니다. 그것은 우리가 함께 모였을 때뿐 아니라 흩어져 홀로 있을 때, 가족과 함께 있을 때, 직장에서 믿지 않는 이웃들과 함께 있을 때에도 적용됩니다. 어디에 있든지 그곳에 하나님의 임재를 요청하고, 하나님께서 그 이름에 어울리는 영광을 받으시게 하고, 그분의 통치가 나의 순종을 통해서 이루어지게 할 때, 주님은 바로 그 자리를 기쁨의 예배, 경건의 예배가 드려지는 자리로 인정해주실 것입니다. 우리는 모였을 때만이 아니라 흩어졌을 때에도 예배자로 살아가는 성도들이 되기를 바랍니다.

구원 받는 사람이 더해가는 공동체

참 교회의 네 번째 표지는 '전도하는 교회'입니다. 이것은 세상을 향한 교제를 의미합니다.

"온 백성에게 칭송을 받으니 주께서 구원 받는 사람을 날마다 더하게 하시니라"(사도행전 2:47)

물론 여기에는 직접적으로 전도했다는 말이 나오지 않습니다. 하지만 사도행전 다른 곳을 보면, 복음을 듣고 예수를 영접한 사람들은 가만있지 못했습니다. '임금님 귀는 당나귀 귀'라는 사실을 알고 있는 신하에게 그 사실을 말하지 말라고 하는 것은 죽으라는 말과 같습니다. '내가 너한테만 하는 말이니 절대 딴 사람한테 말해서는 안 돼'라는 말은 진짜 사랑하는 사람한테는 해서는 안 되는 말입니다. 그렇게 은밀한 일을 말하지 말라는 것은 복창 터져서 죽으라는 말과 같기 때문입니다. 그런 흥미진진한 말은 반드시 발설될 수밖에 없습니다. 대개는 들은 사람이 발설하기 전에 절대 말하지 말라고 한 그 사람이 다른 사람에게 먼저 발설합니다. 그처럼 예수를 만난 사람들에게, 예수를 통해 드디어 도래한 하나님 나라의 소식, 즉 복음을 듣고 깨닫고 믿는 자들에게 그 소식에 대해서 함구하라는 것은 불가능한 명령이었습니다. 그것이 삶과 죽음을 결정한다는 것을 아는 이들에게는 그 복음의 증인으로 사는 일은 더는 지체할 수 없는 사명이었습니다. 전하지 않으면 화를 당할 것이라고 여겼던(고전 9:16) 사도의 심경이 이와 같았습니다.

초대교회는 공동체 안에 아름다운 교제가 있었습니다. 하지만 자기들만의 게토Ghetto에서 살면서 외부와는 차단되고 고립된 집단이 아니었습니다. 그들의 변화는 외부 사람들이 다 알 수 있을 만큼 또렷했습니다. 그들이 닮고 싶을 만큼 멋진 변화였습니다. 그들의 말을 믿고 싶고 그들의 공동체에 속하고 싶을 만큼 아름다운 변화였습니다. "백성들에게 칭송을 받았다"는 말이 그것을 보여줍니다. 훗날 안 믿는 자들로부터 공격도 받고 반대도 받겠지만, 참다운 교회는 늘 고난만 받지 않습니다. 칭송도 받습니다. 그런데 저자 누가는 단지 교인들이 잘 해서 믿는 자의 수가 늘어났다고 표현하지 않습니다. 다시 한 번 볼까요?

"주께서 구원 받는 사람을 날마다 더하게 하시니라"(사도행전 2:47)

여기서 우리는 세 가지를 생각해볼 수 있습니다. 첫째, 구원 받는 사람을 부르시는 분이 주 예수님이라는 사실을 분명히 하고 있습니다. 당연히 교회의 아름다운 순종을 사용하셨고 또 신실한 일꾼들의 수고를 통해서 하셨지만, 그 주권이 예수께 있다는 사실만은 교회가 절대 잊어서는 안 됩니다. 그럴 때 인간적인 방법으로 사람을 끌어 모으려는 생각을 안 하게 될 것입니다. 일단 큰 빚내서 건물을 크게 지어놓으면 사람이 모일 것이라고 생각하지 않게 될 것입니다. 전도에 상금을 걸거나, 다른 교인들까지 빼앗아오는 짓도 안 할 것입니다. 전도해서 사람 모은다고 참 교회가 되는 것은 아닙니다. 스펙 좋고 말 잘 하는 설교자가 참 교회의 조건도 아닙니다. 사람이 아니라 '주께서' 하셨다고 진심으로 고백할 수 있는 교회가 참 교회입니다.

둘째, 예수께서 구원 받는 자들을 기존의 제자들의 모임으로 더해주셨습니다. 우리나라에만 '가나안 성도'가 수백만에 이른다고 합니다. 예수님은 믿지만 교회에는 '안 나가'는 성도를 가나안 성도라고 부릅니다. 교회는 싫어하지만 예수님은 좋아하는 사람들이라고 스스로 정의합니다. 교회가 만든 우리 시대의 영적 유목민들입니다. 하지만 교회 공동체 없이 과연 그들이 온전하게 신앙생활을 할 수 있을지 의문입니다. 예수님은, 구원하지 않은 채 교인들만 많게 하시지 않았고, 또 교회와 상관없이 구원 받는 자들만 많게 하시지도 않았습니다. 교회의 목표는 더 많은 교인이 아닙니다. 전 교인이 그리스도인이 되는 것입니다. 전 교인이 제자가 되는 것입니다. 전 교인이 구원 받는 자가 되는 것입니다. 그런 교인들을 몇 명을 보내주실지 알 수 없지만, 모두가 주 예수 그리스도의 구속의 은혜에 감사하고 그분의 통치에 기쁨으로 화답하는 자녀가 되게 하는 것, 그것이 참 교회의 목표입니다. 규모가 큰 교회가 아니라, 믿음이 큰 교회입니다.

셋째, 초대교회는 구원 받는 사람이 '날마다' 더해졌습니다. '더해지다'도 미완료 시제입니다. '계속 더해졌다'라고 번역해야 합니다. 42-47절에 나온 동사의 특징이 바로 그 시제가 '미완료'라는 것입니다. 이것은 그냥 한순간 반짝하고 일어났다 그친 일이 아니라 초대교회가 존재하는 내내 지속된 현상이었음을 말해줍니다. 이 지속적인 성장은 앞으로 교회 역사상 부흥하는 교회, 진정으로 회심한 교회, 성령으로 충만한 교회에서 우리가 늘 확인할 수 있는 현상이 될 것입니다. 날마다, 계속 더해졌습니다. 날마다 예배하고, 날마다 교제하고, 날마다 기도하는 공동체에 하나님께서 날마다 당신의 구원 받는 백성들을 보내주셨습니다.

나가는 말

초대교회, 그들은 날마다 예배하고, 날마다 전도했습니다. 성령에 충만하여 중단 없는 찬양과 선포가 이어졌습니다. 직업 종교인이 되었다는 뜻이 아닙니다. 그들의 삶 자체가 예배였고 전도였다는 의미가 아니겠습니까? 어떤 교회가 살아 있는 교회입니까? 살아 계신 하나님을 전하는 교회, 죽음에서 살아나신 예수님을 전하는 교회, 살리는 영이신 성령님을 전하는 교회, 죄인을 죽음에서 살리는 생명의 복음을 전하는 교회, 그 복음으로 살아나는 교회, 그 복음을 살아내는 교회, 그래서 죽은 자들이 살아나는 역사를 두 눈으로 목도하는 교회, 그런 교회가 살아 있는 교회가 아닐까요?

그렇다면 우리 시대에 조심해야 하는 거짓 교회는 어떤 교회입니까? 간증하는 것이 아니라 연기하는 교회, 식품을 약품이라고 속이는 교회는 어디입니까? 성경적인 가르침이 없는 교회입니다. 성도간에 사랑의 나눔과 용서와 돌봄이 없는 교회입니다. 모이는 예배와 흩어지는 예배를 통해서 하나님께 영광 돌리는 것이 없는 교회입니다. 세상을 향해 말과 삶으로 복음을 증거하지 않는 교회입니다.

어릴 적에 유명 브랜드 신발을 신어보는 게 꿈이었습니다. 하지만 광주에서 자취하면서 시골에서 어렵게 농사 지으시는 부모님 생각하면 감히 입에 올릴 수 없었습니다. 그래서 신었던 것이 '프로스팍스'와 '나이스'였습니다. 발음은 한끝 차이인데 품질은 천지 차이였습니다. 이사야도 자기 시대 여호와 종교의 타락과 그 치 떨리는 위선을 이렇게 지적합니다.

"내가 사랑하는 자에게 포도원이 있음이여 심히 기름진 산에로다 땅을 파서 돌을 제하고 극상품 포도나무를 심었도다 그 중에 망대를 세웠고 또 그 안

에 술틀을 팠도다 좋은 포도 맺기를 바랐더니 들포도를 맺었도다"(이사야 5:1-2)

"무릇 만군의 여호와의 포도원은 이스라엘 족속이요 *그가* 기뻐하시는 나무는 유다 사람이라 그들에게 정의(미쉬파트, משפט)를 바라셨더니 도리어 포학(미스파크, משפח)이요 그들에게 공의(츠다카, צדקה)를 바라셨더니 도리어 부르짖음(츠아카, צעקה)이었도다"(이사야 5:7)

발음은 비슷해도 내용은 정반대인 것처럼, 좋은 포도와 들포도는 겉으로는 비슷하지만 내용은 정반대였습니다. 이스라엘이 얼마나 철저하게 위선적으로 자신을 포장했는지 알 수 있습니다. 참 교회와 유사 교회, 살아 있는 교회와 죽은 교회를 주님은 오늘 우리에게 분간하라고 하십니다. 주님이 방문하셔서 우리를 시험하신다면 어떤 교회로 평가하실까요? 우리 모두가 주님이 기뻐하실 만한 극상품 포도열매들이 되기를 소망합니다. 한없이 부족해도 진실하게 하나님께 나아가서 살아 계신 하나님의 손에 아름답게 빚어지는 사람들이 됩시다. 우리 모두가 그 일에 신실하게 쓰임 받는 하나님의 형상 제작소가 됩시다. 성령께서 목수가 되시고, 예수님이 토기장이가 되셔서 우리를 아름답게 깎으시고 빚으시도록 맡기는 인생이 되어 이 시대, 우리 이웃을 살리는 살아 있는 진짜 교회가 됩시다.

함께 기도하겠습니다

사랑하는 주님,
초대교회가 보여준 그 아름다운 주님의 몸이
오늘 여기 이곳에서도 이뤄지게 하옵소서.
그 말씀으로 교회를 세우셨듯이,
오늘도 사도의 말씀을 청종하는 저희들을 주의 백성으로 창조하시고
주의 몸인 교회답게 지어가시옵소서.

저희가 주 안에서 점점 가족이 되고,
한 몸이 되고, 서로의 삶이 신경 쓰이고,
자연스럽게 마음이 오고가는 사이가 되게 하여 주옵소서.
시간이 흐를수록 저희의 관심의 폭이 넓어지고, 마음의 연대가 강화되어,
세상의 모든 생명 있는 것들의 기쁨과 고통이
우리의 일부가 되게 하여 주옵소서.
그리하여 주님의 창조에 동참하고 주님의 탄식에도 참여하고
주님의 기쁨에도 함께하는 자녀들 되고 싶습니다.
작고 부족한 저희들을 사용하셔서
주께서 친히 구원 받는 자를 더하여 주옵소서.

우리의 영광을 구하지 않겠습니다.
사람의 이름을 높이지 않겠습니다.
부디 선한 열심과 순전한 믿음을 주셔서 저희도 살고
죽어가는 이 세상도 살리는 주님의 사람이 되게 하여 주옵소서.

이 질기고 질긴 탐욕의 고리를 끊고,

불안과 염려의 쳇바퀴에서 벗어나고,

증오와 대결을 부추기는 이데올로기를 뿌리치고,

참 사랑과 자유의 나라, 안식과 평화의 나라를

우리 가정에서부터, 우리 동네에서부터,

우리 교회에서부터 이루어가며 살게 하여 주옵소서.

그렇게 하고 싶은 꿈과 소망을 주셔서 감사합니다.

그것을 주님이 얼마나 좋아하시고 기뻐하시는지

알게 하셔서 감사합니다.

그것을 예배로 받으신다고 말씀해주셔서 감사합니다.

아멘.

은과 금이 아니라
오직 예수 이름으로

사도행전 3:1-10

소유냐 존재냐

혹시《성경》에서 '우상' 다음으로 하나님께서 경고하고 계신 죄가 무엇인지 짐작하십니까? 그것은 바로 '재물' 혹은 '소유'입니다. 맘몬신입니다. 우리가 나무나 돌로 우상을 만들어 숭배하는 것이나 우리가 소유의 노예가 되어 내 영혼을 파는 것은 다르지 않습니다. 우상을 숭배하는 것도 결국 물욕과 관련이 있습니다. 눈에 안 보이는 하나님, 통제할 수 없는 하나님을 믿지 않으니, 통제할 수 있고 손에 쥘 수 있는 소유를 의지하여 자기 안전을 확보하려는 것입니다. 성경이 하나님을 떠난 사람이 저지르는 가장 심각한 범죄로 교만과 탐심을 지적하고 가난한 자들을 향한 압제를 말씀하신 것은 당연합니다. 그것은 하나님 사랑도 이웃 사랑도 아니기 때문입니다.《신약성경》에는 이 주제에 관한 직접적인 가르침이 500개 이상 나옵니다. 심지어 그것은 천국과 지옥, 성적인 도덕, 율법이나 폭력에 관한 언급보다 더 많습니다. 공관복음에서는 열 절에 한 번 꼴로 나옵니다. 누가복음에는 일곱 절에 한번 꼴로 나오고, 야고보서는 다섯 절에 한번 꼴로 나옵니다.

"당신들이 하나님과 어떤 관계에 있는지를 알고 싶은가, 그럼 당신들이 당신 주변에 있는 가난한 자들과 어떤 관계를 맺고 있는지 보라"

"당신이 진정으로 무엇에 헌신하고 있고, 무엇을 예배하고 있는지 알고 싶은가? 그러면 당신이 어떤 기준으로 경제적인 선택을 내리고 있는지를 살펴보면 알 수 있을 것이다."

이웃의 곤경을 보고도 모른 체한다면 구원 받은 사람이라고 할 수 없습니다. 예수님과 하나님 나라보다 물질이 내 결정의 가장 우선적인 고려사항이라면, 근본적인 소속부터 의심해야 합니다. 요한도 이렇게 말합니다.

"그가 우리를 위하여 목숨을 버리셨으니 우리가 이로써 사랑을 알고 우리도 형제들을 위하여 목숨을 버리는 것이 마땅하니라 누가 이 세상의 재물을 가지고 형제의 궁핍함을 보고도 도와 줄 마음을 닫으면 하나님의 사랑이 어찌 그 속에 거하겠느냐 자녀들아 우리가 말과 혀로만 사랑하지 말고 행함과 진실함으로 하자 이로써 우리가 진리에 속한 줄을 알고 또 우리 마음을 주 앞에서 굳세게 하리니"(요한1서 3:16-18)

조국 교회가 이 사회로부터 비판과 조롱과 비아냥의 대상이 된 이유는 다양하겠지만, 아파트 평坪수와 성적 등等수를 가장 중요하게 여기는 소위 '평등坪等사회'인 대한민국에서 교회 역시 이것을 하나님의 축복의 가시적인 증거로 여기면서 철저하게 로또 같이 찾아온 이 기득권을 보호해주시는 편파적인 하나님을 칭송하고 있기 때문이 아닐까요? 더는 교회가 세상으로부터 존경을 받았을 때처럼 약하고 가난한 자들을 향하여 섬김과 나눔의 존재로, 그리고 세상으로부터 분리되어 살지 않으면서도 세상과 구별된 가치체계를 따라 살아가는 존재로 간주되지 않기 때문입니다. 밖에서는 신천지와 기성 교회를 다른 의미에서 모두 해로운 집단이나 탐욕적인 집단, 자기들만의 리그로 여기고 있습니다. 그러니 전도는 꿈도 꿀 수 없습니다.

《성경》에서 돈이나 소유, 가난한 자들에 대한 태도는 가벼운 관심거리가 아닙니다. 유대인 사회학자 에리히 프롬Erich Pinchas Fromm이 당신의 삶의 방식은《소유냐 존재냐》라고 단도직입적으로 묻는 것은 지나친 단순화라고 치부할 수 없는 소중한 통찰입니다. 하나님 없는 사람의 삶의 방식은 '소유 지향'입니다. 더 많이 가져서 더 많은 힘을 확보하는 것이 더 안전하고 인간다운 삶을 향유하는 길이라고 믿는 자들입니다. 그들은 생명이 소유에 달려 있다고 말합니다. '많이 벌라, 그러면 더 많이 누릴 것이다. 많이 쌓아 두라, 그러면 더 강해질 것이다. 사람들이 더 너를 숭배할 것이다'라고 유혹합니다. 반대로 하나님을 생명의 근원으로 삼는 사람들은 '존재 지향'의 삶을 추구합니다. 그들은 어떤 사람이 되느냐를 얼마나 많이 소유하느냐보다 더 중요하게 여깁니다. 그들은 재물의 노예가 아니라 주인이 되어 삽니다. 마지막 날 주님이 심판하실 때, 이 땅에서 얼마나 벌었고 얼마나 많은 돈을 자식에게 물려주었는지를 묻지 않으실 거란 걸 알고 있습니다. 선물로 받고 청지기로서 맡은 것을 갖고 얼마나 그분의 뜻대로 하나님 나라를 위해 썼는지를 물으실 거라는 것도 압니다. 또 하나님께서 당신의 형상대로 창조하신 사람들을 죽음에서 살리고, 실제적으로 인간다운 삶을 누릴 수 있게 하기 위해 쓰다 왔는지를 물으실 거라는 것도 잘 압니다.

두 주인을 섬길 수 없다

예수님도 형제간의 상속 재산을 나누는 일을 도와 달라는 사람을 향해서 "삼가 모든 탐심을 물리치라. 사람의 생명이 그 소유의 넉넉한 데 있지 아니하니라"(눅 12:15)고 분명히 못을 박으셨습니다. 예수님 덕분에 더 많은 상속분을 확보하려는 자들의 의도를 폭로하신 겁니다. 예수님은 아래의 두 태도 가운데 오직 하나만 선택할 수 있다고 하십니다.

> "한 사람이 두 주인을 섬기지 못할 것이니 혹 이를 미워하고 저를 사랑하거나 혹 이를 중히 여기고 저를 경히 여김이라 너희가 하나님과 재물을 겸하여 섬기지 못하느니라"(마태복음 6:24)

예수님은 재물과 하나님을 동시에 섬기려고 하지 '말라'고 하시지 않았습니다. 그렇게 할 수 '없다'고 하셨습니다. 처음부터 불가능한 일이라는 것입니다. 재물은 하나님만큼이나 그 위세와 영광이 대단합니다. 우리 힘으로 그 권세를 물리칠 수 없고, 그 영광과 권세를 맛보고는 그것을 아무것도 아닌 것으로 만들 수 없습니다. 인간은 스스로 그 돈의 전능성을 해체하거나 하나님을 선택할 수 없습니다. 우리 중에는 그렇게 할 수 있다고 생각하는 이들이 있을 겁니다. 그들은 "돈은 그저 돈일 뿐이다. 잘 사용하기만 하면 좋은데, 잘못 사용해서 문제다"라고 지나치게 쉽게 말합니다. 돈은 가치 중립적이란 것이지요. 하지만 이론으로는 맞을지 몰라도 순진한 생각입니다. 돈 자체에 좋은 속성과 나쁜 속성, 유혹적인 속성이 동시에 존재한다는 사실을 간과하고 있기 때문입니다. 자크 엘륄Jacques Ellul은 말합니다.

> "부는 유혹이다. 부 자체는 악이 아니라 유혹이다. 부가 유혹이란 말은 부가 중립적이 아니라는 뜻이다. 부는 사람과 관계를 맺을 때, 인간의 정신과 가치를 드러내는 것이 아니라 오히려 인간의 악을 주로 드러낸다. 부는 타락의 기회다."

그래서 예수님은 우리에게 "네 보물 있는 그 곳에는 네 마음도 있다"(마 6:21)고 하셨습니다. "낙타가 바늘귀로 들어가는 것이 부자가 하나님 나라에 들어가는 것보다 쉽다"(마 19:24; 막 10:25; 눅 18:25)고도 하셨습니다. 그만큼 돈이 갖고 있는 힘은 강합니다. 그래서 더 많은 돈을 번다는 것은 더 강한 유혹을 받는다는 뜻입니다. 그런데 그들은 "네 마음이 있는 곳에 네 재물도 있다"는 말로 바꾸어 사용하고 싶어 합니다. 소유에 대한 적절한 태도만 갖고 있으면, 얼마를 쓰든지 혹은 얼마를 모으든지 중요한 문제가 아니라는 식으로 말합니다. 재물이 많든지 적든지 상관없고, 재물을 많이 벌든지 혹은 적게 벌든지 자신은 아무런 영향을 받지 않는다고 말하고 싶겠지만, 헛된 자랑이고 허튼 장담입니다.

재물은 하나님만큼이나 강력한 영적 세력입니다. 우리 시대에 사탄이 사용하는 가장 강력한 무기는 핵무기도, 화학무기도 아닙니다. 그것은 바로 '돈'입니다. 돈 때문에 전쟁마저 불사하는 것입니다. 우리 시대 사람들을 예수 못 믿게 하는 가장 좋은 방법은 돈을 주든지 돈을 빼앗든지 하는 것입니다. 어떻게 하면 우리 자식들을 타락시키고 하나님에 대해서 아무 관심이 없는 사람이 되게 할 수 있습니까? 그들이 돈에 대해서 아무 걱정 없이 살게 해주면 됩니다. 청년들을 어떻게 하면 교회에서 멀어지게 할까요? 어린 시절에 누렸던 안락한 삶을 못 누릴 것이라는 불안감을 심어주고, 부모들이 보여주었던 안정된 수입과 안정된 가정과 직장을 자신들은 가질 수 없을 것이라는 두려움을 심어주면 됩니다. 어떻게 하면 우리 시대 교회를 타락시킬 수 있습니까? 교회를 부자로 만들어주고, 목사를 교인 중에서 가장 잘살게 만들어주면 됩니다. 사탄은 이미 성공했습니다. 아주 훌륭하게 이 나라 교회를 망가뜨렸고 우리 자녀들을 신앙에서 멀어지게 하고 있습니다.

참된 믿음과 돈의 관계

진정한 믿음은 생명에 대한 주도권을 나에게서 하나님에게로, 예수님에게로 넘겨드리는 것을 의미합니다. 그것은 이제 이 생명을 가지고 무엇을 위해 살 것인지를 새롭게 결정한다는 뜻입니다. 나를 위해서, 내 가족을 위해서 살아온 삶에서 돌이켜 하나님 나라와 하나님의 영광을 위해서 살기로 마음을 바꾸는 것, 그것이 믿음이고 회심입니다. 그렇게 하는 것이 가장 나를 위한 일이고 나의 가족을 위한 일임을 아는 것입니다. 또 이 생명을 내가 가진 자원과 힘으로 유지하고 연장할 수 있다는 착각에서 벗어나 생명의 주인이신 하나님께 내 생명을 맡기는 삶으로 변하는 것을 '회심'이라고 합니다. "사람이 떡으로만 사는 것이 아니요 오직 하나님의 입에서 나오는 모든 말씀으로 산다"(신 8:3; 마 4:4; 눅 4:4)는 사실을 인정하는 것입니다. 그래서 내가 살고 죽는 것은 내가 먹을 것이 있는지 없는지에 달린 것이 아니라, 내가 하나님을 인정하는지 그렇지 않은지에 달려 있음을 아는 것이 참다운 신앙의 출발입니다. 초대교회를 보면 어렵지 않게 확인할 수 있습니다. 그들이 회개한 후에, 즉 그들이 예수를 자신의 인생의 구원자로, 왕으로, 메시아로 영접한 후에, 삶이 어떻게 변했는지를 보면 알 수 있습니다.

"사람마다 두려워하는데 사도들로 말미암아 기사와 표적이 많이 나타나니 믿는 사람이 다 함께 있어 모든 물건을 서로 통용하고 또 재산과 소유를 팔아 각 사람의 필요를 따라 나눠 주며 날마다 마음을 같이하여 성전에 모이기를 힘쓰고 집에서 떡을 떼며 기쁨과 순전한 마음으로 음식을 먹고 하나님을 찬미하며 또 온 백성에게 칭송을 받으니 주께서 구원 받는 사람을 날마다 더하게 하시니라"(사도행전 2:43-47)

자신들이 죽인 예수가 구원자였다는 것을 알았습니다. 그런데도 이제 그 예수님이 자신들을 용서하시고 구원해주신다는 말도 안 되는 소식을 들었습니다. 그 사실을 믿고 보니, 그렇게 인생의 주인이 바뀌고 보니 모든 것이 새롭게 보였습니다. 먼저 자신이 보였습니다. 살아가는 데 필요한 것 이상으로 너무 많이 갖고 있다는 것을 알게 되었습니다. 내일 일을 걱정하여 미리 쌓아둔 것일 뿐 당장에 내 생명을 유지하는 데 전혀 도움이 안 되는 것들임을 알게 되었습니다. 자신의 내일은 하나님께 달려 있는데, 마치 그 재물에 달려 있는 것처럼 살았다는 것을 깨달은 것입니다. 재물의 주인이 자신이 아니라 이 재물을 주신 하나님이라는 것도 알았습니다.

회심하자 그들의 눈에 이웃이 들어왔습니다. 그들의 모습이 보였고 그들의 소리가 들렸습니다. 나와 상관없는 사람처럼 보였던 이웃이 떼려야 뗄 수 없는 관계로 다가왔습니다. 그들의 어려움, 필요, 곤경에 대해서 눈 감으면서는 하나님을 찬양할 수도 없었고, 하나님을 사랑한다고 말할 수도 없었습니다. 이웃을 외면하는 동안 하나님의 말씀을 들을 수도 없었고, 하나님의 복음을 전할 수도 없었습니다. 그들은 돈을 하나님보다, 이웃보다 더 사랑할 수 없었습니다. 초대교회의 그리스도인들이 예수를 믿은 후로 그전보다 복을 많이 받아서 더 부자가 되었다는 말은 없습니다. 모르긴 해도 가난한 사람들이 교회에 더 많이 몰려들었기 때문에 재산이 좀 있는 자들은 이전보다 더 가난해졌을지 모릅니다. 성도들이 연보를 많이 해서 그 덕분에 교회가 부자가 되었다는 말도 안 나옵니다. 교회는 연보를 나눠주는 창구 역할만 했을 뿐 교회가 치부致富하지는 않았습니다. 그런데도, 아니 그랬더니 교회는 믿지 않는 사람들로부터 칭송을 받았습니다. 그들은 더 가난해졌지만, 그들은 더 존귀한 자들이 되었습니다.

이런 교회의 모습은 당시에 로마 권력과 결탁하여 권력과 부를 누렸던 유대교 성전 세력과 또렷하게 차별화되었을 것입니다. 로마에게 수탈을 당하던 식민지 백성들의 재물과 연보로 자기 배만 불렸던 종교권력자들의 모습과 예수의 제자들의 모습은 그들이 전하는 메시지만큼이나 달랐습니다. 권력자들의 눈에 하나님께서 보내신 메시아가 보일 리 없습니다. 그래서 권력에 위협이 되는 예수를 로마의 힘을 빌어 정치범으로 몰아 죽입니다. 그들이 예수를 죽인 것은 종교적인 확신 때문이 아니라 '돈' 때문이었습니다. 그래서 '돈'에 가장 관심을 보인 예수의 금고지기 가룟 유다를 포섭하여 배반하게 만든 것입니다. 그들에게는 하나님이 아니라 '돈'이 숭배의 대상이었습니다. 당시 유대교는 돈과 권력을 숭배하는 종교였습니다.

그것을 이길 수 있게 하는 것은 오직 하나, '성령'뿐입니다. 성령에 충만한 사람이 되는 것, 성령에 사로잡힌 사람이 되는 것, 이제 그 성령에 사로잡힌 사람들의 공동체에 속하는 사람, 그 사람만이 저 '돈'이 아니라 예수님만이 이 땅에서부터 영생을 누리게 하실 수 있는 유일한 분이라고 고백할 수 있고, 또 돈이 아니라 그분만을 의지하여 살 수 있습니다. 성령과 성령의 공동체, 그것이 오늘날에도 이 돈의 신인 맘몬을 이기고 예수님이 주인 되시는 거룩한 교회를 이루고, 이 땅에서 예수님이 주시는 영생을 누릴 수 있는 하나님의 방법입니다.

은과 금은 내게 없어도

이제 사도행전 3장에서 우리는 그 성령에 충만한 사람들이 만들어가는 교회와 세상이 어떤 것인지를 좀 더 자세히 볼 것입니다. 세상을 살리는 것, 죄인들을 구원하는 것은 돈이 아니라 우리 주 예수 그리스도라는 것을 증명하는 사람들을 보게 될 것입니다. 사도행전 2장 43-45절에서 우리는 예수를 믿는 초대교회에 나타난 변화를 살펴보았습니다. 하나는 기적과 표적이 사도들에게서 나온 것이고, 다른 하나는 신자들이 물질을 서로 공유하는 모습이었습니다. 이 둘은 사실 하나입니다. 사망의 권세를 이기고 예수님이 승리하셨다는 것을 보여주는 표징들입니다. 부활하신 예수께서 저 하나님의 보좌 우편에 살아계셔서 이 세상을 다스리고 계신다는 것을 보여주는 증거들입니다. 한 증거는 표적과 기적으로 나타났습니다. 이것은 병든 자들이 낫고 귀신이 쫓겨 가는 일을 말합니다. 다른 증거는 돈에 매여 있던 자들이 해방된 것입니다. 성도들이 더는 소유를 우상으로 숭배하지 않고, 그 소유로 하나님을 대신하여 형제를 사랑하는 데 사용하게 되었습니다.

미문 앞에 앉은 추한 병자

사도행전 3장에서는 이 두 가지 요소가 한 사건 속에서 구체적으로 드러나고 있습니다. 그러니까 앞에서 요약했던 내용을 이제 실례를 들어서 사도행전 3-5장까지 보여주고 있다고 보면 좋겠습니다. 특히 성전 문 곁에서 행한 베드로와 요한의 기적은 사도행전 3장 1절에서 4장 22절까지 이어지는 서사단락을 시작하는 사건이 될 것입니다. 사도 베드로와 요한이 제 구 시, 즉 오후 세 시에 성전에 올라갔습니다.

"제 구 시 기도 시간에 베드로와 요한이 성전에 올라갈새"(사도행전 3:1)

제사장들은 하루에 두 번 오전 아홉 시와 오후 세 시에 번제를 드렸습니다. 번제를 드리는 동안에 백성들은 성전에 올라가 성전 뜰에 모여 기도를 드렸습니다. 이때 가장 많은 유대인들이 성전을 찾습니다. 베드로와 요한은 이 날 우연히 성전에 올라간 것이 아닙니다. 여기 "올라갈새"의 시제가 미완료인 것을 볼 때, 성전 기도는 그들의 습관적인 행동이었습니다. 성령에 충만한 사도들은 이제 뭐든지 할 수 있는 사람이 된 것이 아니었습니다. 성령은 무슨 에너자이저 충전기 같은 것이 아닙니다. 성령의 사람은 말씀의 사람이 되고 기도의 사람이 됩니다. 말씀과 기도로 더욱 하나님과 친밀하게 교제하는 사람이 되며, 그리하여 더욱 민감하게 예수님의 통치에 따라 사는 사람이 됩니다. 그런데 2절에는 또 한 명의 등장인물이 소개됩니다.

"나면서 못 걷게 된 이를 사람들이 메고 오니 이는 성전에 들어가는 사람들

에게 구걸하기 위하여 날마다 미문이라는 성전 문에 두는 자라"(사도행전
3:2)

메고 올 정도로 걸을 수 없다면, 그는 앉은뱅이지체장애인요 구걸하기 위
해 있는 걸인이었습니다. 나면서부터 앉은뱅이였다는 정보도 주어집니다.
친구들이나 친척들이 그를 메고 와서 성전 입구에 두고 떠났습니다. '날마
다' 그렇게 했습니다. 이곳이 이 이름 모를 앉은뱅이의 직장이었습니다. 유
대인들은 날마다 하루에 2-3번씩 기도하러 성전에 올라갈 때마다 이 사
람과 마주했을 것입니다. 도와달라는 그의 말을 들었을 것입니다. 유대인
들에게 '구제'는 매우 중요한 경건의 척도였습니다. '구제', '금식', '기도', 이
세 가지를 경건의 잣대로 삼았습니다. 그래서 앉은뱅이는 그런 종교적인
양심에 호소하기에 성전 입구만큼 좋은 자리는 없다고 생각했을 것입니
다. 그가 '날마다' 왔다는 것은 거기서 구걸하여 근근이 삶을 이어가고 있
었다는 걸 보여줍니다. 그 성전 문은 '미문', 즉 '아름다운 문'이라는 이름을
갖고 있었습니다. 아름다운 문 곁에 아름답지 않고, 성전도 피하고 사람들
도 피하는 한 추한 사람이 앉아 있습니다. 날 때부터 겪은 장애였으니 얼
마나 오랫동안 고통을 겪었을까요? 그의 나이가 '40여 세가 되었다'고 하
니(행 4:22) 참으로 긴 세월입니다. 그가 장애를 갖고 태어났으니 태속에서
부터 죄인이었고 저주를 받은 자였다는 낙인이 찍힌 채 살았을 것입니다.
몸도 불편하지만 경제적으로도 빈곤했습니다. 성전에 들어갈 수도 없는 부
정한 자로 간주되어 종교적 차별도 받고 있었습니다. 공동체는 그를 배제
하고 소외시키는 것을 당연시했을 것입니다. 단 한 절 안에 그가 겪었을 영
적, 정신적, 육체적, 경제적, 종교적, 사회적 고통이 다 드러나고 있습니다. 이

렇게도 참담한 인생이 있을까요? 그는 살았으나 죽은 것이나 다름없었습니다. 그에게 필요한 것은 '부활'이었습니다.

이런 불쌍한 사람에게 성전이 해줄 수 있는 것은 없었습니다. 미문 앞 공간에 그의 구걸을 위한 자리를 내주었을 뿐입니다. 유대교는 그가 장애인인 채로 하루하루 삶을 연명하게 하는 정도만 유익했습니다. 그가 자립하여 제 힘으로 거기를 떠날 수 있게 해주지도 못했고, 날 때부터 죽어 있는 저 다리를 살려주지도 못했습니다. 더 나아가서 유대인들은 자기 자신과 가족을 위해서는 율법적으로 시간을 지켜가며 기도하면서도 이 앉은뱅이의 영혼을 위해서는 아무런 도움도 주지 못했습니다. 레위인들도, 제사장들도 그를 돌봐주지 않았습니다. 이 앉은뱅이는 이 성전 안으로 들어가 유대인들과 똑같이 하나님께 예배할 수 없었습니다. 그곳은 이 사람이 들어가기에는 '지나치게' 거룩했습니다. 하지만 그들은 자신들의 이익을 지키기 위해서는 하나님의 아들, 하나님 나라의 왕을 죽일 정도로 끔찍한 악인들이었습니다. 그러면서도 이 앉은뱅이와 자신들을 차별하여 자신들만의 종교적인 위선과 가식의 성을 쌓고 살았습니다.

이 앉은뱅이가 앉아 있는 '미문'이 정확히 어떤 문인지 알 길이 없습니다. 단 한 차례도 성경이나 당대의 문서에 나오지 않기 때문입니다. 학자들은 이 미문은 성소로 들어가는 열 개의 문 가운데 '니카노 문'Nicanor Gate일 것이라고 추측합니다. 이방인의 뜰에서 여성의 뜰로 들어가는 성전 동쪽에 있는 출입문입니다. 이 문은 청동의 문, 고린도 문으로 불렸는데, 요세푸스Flavius Josephus는 이 문이 청동으로 만들어졌기 때문에, 은금으로 장식된 문보다 더 귀하게 여겨졌다고 합니다(《The Jewish War》, 요세푸스). 청동

장식물 때문에 아름다운 문이라 불렸을지 모릅니다. 아름답게 장식된 문과 그 앞에서 구걸하는 앉은뱅이 걸인, 이것은 당시 돈과 권력에 취하여 겉은 화려하지만 아무런 역할을 하지 못해서 영적으로 죽어가고 있는 유대교와 유대인들의 모습을 상징적으로 보여주고 있는 것 같지 않습니까? 이것이 단순한 추측만은 아닙니다. 4장 22절에 보면 이 앉은뱅이 걸인의 나이가 나옵니다.

"이 표적으로 병 나은 사람은 사십여 세나 되었더라"(사도행전 4:22)

사도행전의 저자가 이 앉은뱅이의 이름을 기록하지 않으면서 굳이 나이를 기록한 것은 우연이 아닙니다. 그것이 중요하기 때문이고, 그것을 통해서 무언가 말하고 싶은 것이 있어서 그런 것입니다. '40'이라는 숫자는 이스라엘에게 잊을 수 없는 숫자입니다. 그것은 불순종과 방황의 시간인 광야 '40'년을 상징하는 숫자이기 때문입니다. 그렇다면 이 앉은뱅이 걸인은 현재 하나님 없는 이스라엘, 하나님이 보내신 아들 예수를 거절하고 죽인 이스라엘, 잎만 무성하고 열매가 없어서 예수의 저주를 받은 성전 자체를 상징하는 인물일 수 있습니다. 그는 육신적인 앉은뱅이일 뿐 아니라 영적인 앉은뱅이도 되는 것입니다. 지금 그에게 성전은 예배하는 곳이 아니라 하루하루 연명할 동전을 얻는 곳이었습니다. 그가 필요하다고 생각하는 것은 하나님이 아니라 돈이었습니다. 날마다 성전 앞으로 출근하면서도 하나님을 만나기를 기대하기보다는 돈을 많이 벌기를 기대했습니다.

앉은뱅이의 시선과 두 사도의 시선

그런 앉은뱅이 앞에 베드로와 요한 두 사람이 다가옵니다. 돈에 사로잡힌 사람에게 성령에 사로잡힌 사람이 다가옵니다. 사탄에게, 사망에게 사로잡힌 사람에게, 광야 같이 황폐한 사람에게, 성령의 사람이, 하나님 나라의 사람이, 낙원의 사람이 다가옵니다. 앉은뱅이가 이 두 사람을 놓칠 리가 없습니다. 관상을 보니 잘만 하면 동전 몇 푼은 던져 줄 것처럼 보입니다.

"그가 베드로와 요한이 성전으로 들어 가려는 것을 보고 구걸하니, 베드로가 요한과 더불어 주목하여 이르되 우리를 보라"(사도행전 3:3-4)

여기 '보다'라는 뜻을 가진 각각 다른 단어가 세 번이나 나옵니다.호라오, ὁράω, 아테니조, ἀτενίζω, 블레포, βλέπω. 둘 사이에 시선이 교차했습니다. 먼저 앉은뱅이가 베드로와 요한을 보고는 구걸했습니다. "한 푼만 도와주시면 하나님께서 백 배로 복 주실 겁니다"라고 했을까요? 그리고도 그냥 지나치는 사람이 부지기수였는데 이번에는 제대로 맞췄습니다. 글쎄 두 사람 베드로와 요한이 동시에 자기 앞에서 발을 멈추는 게 아니겠습니까? 그리고는 아주 희망 섞인 말을 하는 것이었습니다.

"베드로가 요한과 더불어 주목하여 이르되 우리를 보라"(사도행전 3:4)

여기 '주목하다'아테니조, ἀτενίζω는 사도행전에만 열 번 나오는데, 누가의 글과 주변 문헌들까지 다 살펴볼 때, 신적 능력이 과시되는 상황에서 찌를 듯한 통찰력이나 직관으로 사람들을 뚫어보는 것을 의미했습니다. 단순히 보는 것이 아니라 카리스마적인 눈길로 이 장애인을 쏘아 보았던 것입니다. 그러면서 두 사도는 자신들을 바라보라고 말합니다. 이 앉은뱅이에게 그냥 동전을 던져 주고 지나가는 정도가 아니라 "우리를 보라" 라며 말을 걸어주는 사람이 이전에 한 사람이라도 있었을까요? 그렇습니다. 성령에 충만한 사람은 누구를 대하든지 하나님의 형상대로 지음 받은 존재로 봅니다. 어떻게 원수까지 사랑할 수 있습니까? 그를 '사람으로' 볼 때 가능합니다. 일본군이 남경南京의 중국인들을 학살할 때, 르완다에서 부족 간 대량 학살이 자행될 때, 세르비아가 알바니아계 주민들을 인종 청소할 때, 그들이 맨 처음 학습 받은 것은 상대를 사람이 아니라 짐승으로 보게 하는 것이었습니다. 그래야 맘 편하게 그리고 양심의 가책 없이 당당하게 죽일 수 있기 때문입니다.

세상은 자기중심적으로 상대방을 규정합니다. 강한 자가 자기에게 유리하도록 규칙을 만듭니다. 내가 사랑하고 존중해야 할 하나님의 형상이 아니라 내가 이용하고 부릴 대상으로 간주합니다. 어떤 기업인들은 우리의 자식들과 가장들과 어머니들을 돈을 벌어주는 기계나 부속품 따위로 여깁니다. 신자유주의는 더욱 그런 경향을 심화시켰습니다. 자신들의 경영상의 잘못을 노동자들에게 떠넘겨 맘대로 정리해고 할 수 있게 했습니다. 대학은 이미 기업에 필요한 부속품을 대는 하청 공장으로 전락했고, 교수들도 학자로서만 사는 것이 아니라 성과를 찍어내야 하고, 세일즈맨처럼 학생들을 유치하고 직장을 알선해주어야 자리를 보전할 수 있는 신세가 되었습니다. 교회도 성도들을 교세 확장을 위한 자원으로 간주해왔고, 목사를 복음을 세일즈 하는 기관의 CEO가 되게 했습니다. 이것이 우리 시대의 비극입니다. 서로가 서로를 하나님의 존귀한 형상, 하나님이 자기 아들을 대신 십자가에 죽게 하면서까지 살리고 싶어 하신, 세상에서 가장 가치 있는 존재로 대우해주지 않기 때문에, 학교도 교회도 기업도 그 생명력을 잃어가고 있는 것입니다.

유대인 신학자 마틴 부버Martin Buber는 우리 마음속에는 사람을 주체와 객체로 취급하도록 나누는 선이 있다고 말합니다. 여기서 '객체'로 본다는 말은 사람들이 자기에게 얼마나 쓸모 있는 존재인지에 따라 평가하는 경향을 가리킵니다. 마치 생명 없는 물건을 다루듯이 사람을 대한다는 것입니다. 반대로 타인을 주체로 본다는 것은 그들도 나 자신만큼이나 복합적인 존재임을 인정하면서 본다는 뜻입니다. 하나의 프레임으로 판단해버리기보다는, 그에게도 내가 모르는 역사가 있음을 인정한다는 뜻입니다. 하나님이 놀랍도록 공들여 형성해온 그들만의 이야기, 아직 끝나지 않은 이야기가 있다는 것을 인정하는 것입니다.

인도가 영국 식민지로 있을 때 일입니다. 영국 고위 장교 집에 한 힌두교 남자가 일하고 있었습니다. 호화 저택에 사는 장교의 부인이 근사하게 차려놓고 연회를 베풀려고 하였습니다. 그런데 파티가 시작될 시간이 다 되어 가는데도 집을 청소해야 할 그 힌두교도가 도착하지 않는 것이었습니다. 차도에는 나뭇잎이 쌓였고 계단도 지저분했습니다. 손님들이 올 시간이 되자 부인은 거의 미칠 지경이 되었습니다. 그때 저쪽에서 청소부가 빗자루를 들고 뛰어왔습니다. 부인은 당장 일을 끝내라고 소리를 질렀습니다. 그러고는 다시는 일하러 오지 말라고 했습니다. 파면당한 것입니다. 그 힌두교도는 허리를 굽혀 깊이 사과했습니다. 어젯밤에 아들이 죽었고, 힌두교 의식대로 장례를 치르느라 늦었다고 말해주었습니다. 부인은 그 말을 듣고 난생 처음으로 이 남자에게도 가족이 있고, 자기처럼 고통과 기쁨, 승리와 비극을 느낄 줄 아는 인간임을 깨닫습니다. 그때까지만 해도 그는 한낱 청소부에 지나지 않았습니다. 그저 유용한 물건에 불과했습니다.

다른 사람을 주체로 생각하고 자신을 많이 개방할수록 나는 하나님께 나를 더욱 개방하는 것이 됩니다. 만일 내 필요에 의해서만 인간관계를 맺고 타인을 독특한 존재로 보지 않는다면, 우리는 그들을 이용하고 있는 것이 됩니다. 현금 인출기와 자동판매기에 익숙한 우리들은 사람들도 그렇게 대하고 있는 것입니다. 우리는 우리가 이웃을 사랑하는 만큼만 하나님을 사랑할 수 있습니다. 그 이상 사랑하는 것은 불가능합니다. 이웃을 객체로 보는 이들에게는 하나님도 객체로 전락할 것입니다. 그들은 나를 만드신 하나님이 아니라 내가 만든 하나님을 믿습니다. 나를 위해 수종드는 종이요, 내 만족의 연회에 들러리로 전락합니다. 성부, 성자, 성령 하나님을 믿는 것이 아니라, 내 느낌, 내 필요, 내 만족이라는 나의 삼위일체를 위해 존재하는 황금송아지 하나님을 믿는 자들이 될 것입니다.

"우리를 보라"(사도행전 3:4)

제가 이 한 마디에 길게 주목하는 이유가 이것입니다. 이것은 이제 성령의 사람들이 이 앉은뱅이를 단지 걸인이 아니라 자신들과 똑같이 하나님의 사랑을 받아 마땅한 존재로 인정하기 시작하는 말이기 때문입니다. '우리를 보라'는 말은 단지 베드로와 요한 자신을 보라는 뜻만이 아닙니다. 나중에 나오겠지만, 이제 세상을 예수의 시선으로 '새롭게 보라'는 뜻이고, 이전에 보지 못했던 '다른 것'을 보라는 뜻도 됩니다.

베드로와 요한이 그를 주목하여 바라본 이 시선은 어쩌면 베드로가 주님을 세 번 배반하였을 때, 닭 울음소리와 함께 주께서 돌아서서 베드로를 바라보셨던(눅 22:61) 그 시선과 다름이 없을 것입니다. 예수께서 '바라보신' 그 눈길이 베드로로 하여금 심한 눈물(눅 22:62)로 뉘우치고 회개하게 만들었습니다. 여기서도 주목하여 바라본 베드로의 시선이 마침내 유대교도, 성전도 못했던 한 장애인의 치유와 회복을 가져오게 될 것입니다.

이 예수님의 시선을 닮은 우리의 시선으로부터 모든 기적이 일어납니다. 성도들이 목회자의 종교적 성공을 위해 이용되지 않고 목회자가 성도의 종교적 욕망을 실현시켜주는 도구로 전락하지 않을 때, 교회는 진정한 성전과 가족이 될 수 있습니다. 누구도 교회 공동체 안에서 특별한 대우를 받지 않고, 그 대신 모두가 서로에게 특별한 존재로, 특별한 주체로 대접받을 때 교회 공동체에서는 영적인 앉은뱅이가 일어나고, 경제적인 앉은뱅이가 일어나고, 정서적인 앉은뱅이가 일어나는, 참다운 기적이 일어날 것입니다.

사도들이 '우리를 보라' 하니 이 앉은뱅이는 흥분했을 것입니다. 그 사람의 속마음이 5절에 나옵니다.

"그가 그들에게서 무엇을 얻을까 하여 바라보거늘"(사도행전 3:5)

잔뜩 기대하는 마음으로 두 사람을 말똥말똥 뚫어져라 쳐다보았을 이 앉은뱅이 걸인의 눈망울이 그려집니까? 그때 베드로의 호주머니가 열리는 것이 아니라 베드로의 입이 열립니다(6절).

"베드로가 이르되 은과 금은 내게 없거니와 내게 있는 이것을 네게 주노니 나사렛 예수 그리스도의 이름으로 일어나 걸으라 하고"

"은과 금은 내게 없습니다." 사도들은 재산 신고를 하고 있습니다. 문자 그대로 사실일 것입니다. 그들은 예수를 따를 때 모든 것을 버리고 좇았고, 더군다나 직전 장면에서 가진 것을 다 내놓아 가난한 자들이 필요에 따라 쓸 수 있게 하는 일에 당연히 사도들은 솔선수범했을 가능성이 큽니다. 조금 가진 것마저 다 내놓았으니 수중에 재산이 없었을 것입니다. 이 사도들은 걸인이 가장 바라던 것을 하나도 갖고 있지 않았습니다. 하지만 걸인에게 가장 필요하지만, 걸인 자신도 모르고 있는 것을 갖고 있었습니다.

나사렛 예수 그리스도의 이름의 권능

나사렛 예수 그리스도의 이름으로

"은과 금은 내게 없거니와"(사도행전 3:6)

이 말을 듣고 이 앉은뱅이는 크게 실망했을 것입니다. 하지만 그 절망은 예수를 바르게 믿을 수 있게 해주는 중요한 출발이 되었습니다. 사도들이 줄 수 있는 가장 가치 있는 것은 금과 은이 아닙니다. 예수님은 우리가 원하고 바라는 것을 이루시기 위해 하나님께서 보내주신 알라딘의 램프 같은 존재가 아닙니다. 우리가 필요하면 언제든 호출하여 수종 들게 하는 지니Genie가 아닙니다. 자판기처럼 원하는 것을 달라고 하면 지체 없이 주시는 분이 아닙니다. 예수님은 우리가 원하는 것이 아니라 우리에게 필요한 것을 아시고 그것을 주실 수 있는 분입니다. 그것이 무엇입니까? 바로 영원한 생명입니다. 구원입니다. 죄 사함입니다. 하나님과의 끊어진 관계를 회복하는 일입니다. 세상의 자식으로 살지 않고 하나님의 자식으로 사는 것입니다. 썩어 사라질 이 세상에 매여 살지 말고 영원한 하나님 나라를 소망하며 살게 하는 것입니다. 베드로와 요한은 이 앉은뱅이에게 오직 하나님의 아들 예수 그리스도를 통해서만 그것을 얻을 수 있음을 알려주고 싶었습니다. 그래서 이렇게 말합니다.

> "내게 있는 이것을 네게 주노니 나사렛 예수 그리스도의 이름으로 일어나 걸
> 으라"(사도행전 3:6)

"내게 있는" 이것, 그에게 "줄 수 있는" 이것은 예수 그리스도의 이름으로 걸으라고 하면 걷게 할 수 있는 권한이었습니다. 베드로와 요한이 이 앉은뱅이에게 주고 싶었던 것은 건강한 두 발이었습니다. 더 나아가 그것을 가능하게 해주시는 예수 그리스도를 알게 해주고 싶었습니다. 이 기적은 단지 그가 예수를 알고 만나게 하는 수단일 뿐이었습니다. 다시는 여기 나올 필요 없을 만큼의 일확천금이 아니라, 진정한 인간다움과 행복의 길인 예수 그리스도를 주고 싶었습니다. 베드로와 요한은 그 중개인, 심부름꾼일 뿐입니다. 그리스도인은 누구입니까? 세상에 은과 금이 있어도 할 수 없는 것이 있다는 것을 아는 사람들입니다. 세상에 은과 금보다 더 값지고 가치 있는 것이 있음을 아는 자들입니다. 은과 금이 없어도 은과 금이 있는 사람보다 훨씬 더 아름답게 살 수 있는 사람들입니다. 은과 금이 우리를 살릴 수도

있지만 우리를 죽일 수 있음을 아는 자들입니다.

앉은뱅이의 치유와 반응

그런데 지금 베드로는 이 앉은뱅이를 나사렛 예수 그리스도의 이름으로 일어나게 만든 것이 아니라, 일어나라고 '명령하고' 있습니다. 앉은뱅이에게 믿음을 촉구하고 있는 것입니다. 그렇다고 난데없이 믿으라고 요구만 한 것이 아니었습니다. 이 두 사람을 모르고 예수도 모르는데 어떻게 믿으라는 말을 따를 수 있겠습니까? 7-8절을 보십시오. 그래서 베드로가 어떻게 해 줍니까?

"오른손을 잡아 일으키니 발과 발목이 곧 힘을 얻고 뛰어 서서 걸으며 그들 과 함께 성전으로 들어가면서 걷기도 하고 뛰기도 하며 하나님을 찬송하 니"(사도행전 3:7-8)

베드로가 부정한 앉은뱅이의 손을 잡아 일으켰다는 것은 유대교의 정 결관을 뛰어넘었다는 뜻입니다. 그 순간 이 앉은뱅이의 마음에 어떤 변화 가 일어났는지는 모릅니다. 다만 일어나고 싶은 마음이 솟았을 것입니다. 그 때였습니다. 태어나서 한 번도 제 기능을 못했던 이 앉은뱅이의 발과 발목 이 곧 힘을 얻었습니다. 그러고는 뛰어 서서 걸었습니다. '벌떡 일어나 걸었 다'고 번역하는 게 더 좋습니다. 7절과 8절에 등장하는 동사가 무려 아홉 개나 됩니다. 베드로의 동작을 제외하면 일곱 개나 이 장애인이 치유된 뒤 에 보인 행동들을 나타내는 동사들입니다.

224

생전 처음으로 서 보았습니다히스테미, ἴστημι. 생전 처음으로 걸어보았고 뛰어보았습니다. 이렇게 눈을 높은 데로 하고 세상을 바라본 것은 처음이 었습니다. 늘 눈을 올려다보면서 사람들과 상대했는데, 이제 눈과 눈을 마주하면서 말할 수 있게 되었습니다. 이제 누군가에게 들려서 이동하지 않아도 되었습니다. 가고 싶으면 어디든 갈 수 있었습니다. 자신의 세상은 집과 성전 미문 앞 두 곳이었는데, 이제 다른 세상이 자기 속으로 들어왔습니다. 기립불능의 상태로 사람들이 떠메고 왔던 이 사람이 이제 기립하여 자력으로 걷게 된 이 사건은 죽음에서 부활한 것과 다름없는 사건입니다. 실제로 사도행전에서 이 '서다'히스테미, ἴστημι는 동사는 예수의 부활을 가리키는 단어로 자주 등장하고 있습니다(행 2:24, 32; 4:10; 17:31). 예수께서 죽음 가운데서 일어나셨듯이, 이 장애인도 일어난 것입니다.

광야 같은 인생에 꽃이 피었습니다. 죽은 거나 다름없는 인생이 살아났습니다. 그야말로 새 창조가 일어났습니다. 다른 어떤 의술도 아니고, 은과 금의 힘도 아니고, 오직 나사렛 예수 그리스도의 이름의 권능으로 이루어진 창조입니다. 이 기적은 베드로와 요한이 의지하는 그분 예수님이 유대인들이 십자가에 죽인 후 영원히 끝난 것이 아니라, 죽은 자 가운데서 부활하여 하나님 보좌 우편에 앉아서 이 세상을 다스리신다는 것을 보여주는 산 증거였습니다. 이 앉은뱅이가 베드로의 오른손에 이끌려 자리에서 벌떡 일어난 것은 하나님이 자기 아들 예수를 죽은 자 가운데서 일으켜 자기 오른편에 앉히셨기 때문에 가능했음을 보여주는 것입니다. 이것은 《구약성경》에서 이미 수백 년 전에 메시아가 오면 이루어지리라고 예언했던 바로 그 사건이기도 합니다.

"그때에 맹인의 눈이 밝을 것이며 못 듣는 사람의 귀가 열릴 것이며 그때에 저는 자는 사슴 같이 뛸 것이며 말 못하는 자의 혀는 노래하리니 이는 광야에서 물이 솟겠고 사막에서 시내가 흐를 것임이라"(이사야 35:5-6)

실제 여기 2절에 나온 '못 걷는 이'란 표현과 '뛰다'라는 단어가 이사야의 글에서 '저는 자'와 사슴 같이 '뛴다'라는 단어로 등장하고 있습니다. 이사야의 예언이 성취되었다고 말하고 싶은 것입니다. 이 치유를 통해서 앉은 뱅이는 예수를 단지 병을 고쳐주는 의사가 아니고, 부자로 만들어주는 사업가도 아니고, 광야처럼 죽은 자신을 살려주는 생명의 주로 알아야 했습니다. 그것이 진정한 치유입니다. 이것이 지금 그 어느 때보다도 우리 시대에 회복되어야 할 메시지이기도 합니다. 은과 금이 아니라 오직 나사렛 예수, 저 사람들의 멸시와 천대와 무시를 받던 저 나사렛 시골 목수 출신의 예수가 하나님의 아들이며, 오직 그를 믿음으로만 이 땅에서 그리고 영원한 나라에서 생명을 누릴 수 있다는 메시지, 이 복음이 있는 그대로 전해져야 할 때입니다. 왜 교회가 어려움을 겪고 있습니까? 은과 금만 믿고 나사렛 예수 그리스도의 이름의 권세는 믿지 않기 때문이 아닐까요? 그래서 저 자신에게도 묻습니다.

"너는 정말 은과 금은 없고 나사렛 예수 그리스도만 있다고 할 수 있느냐?"

"은과 금을 모으기 위해 말씀을 전하는 삯꾼 목자냐 아니면 나사렛 예수 그리스도로 충분하다는 것을 네 자신의 삶이 먼저 증거하고 있느냐?"

돈인가 예수인가?

중세의 한 교황이 돈을 세면서 토마스 아퀴나스Thomas Aquinas에게 이렇게 말했답니다.

"토마스, 이제 우리는 '은과 금은 내게 없거니와'라는 말은 할 수 없겠네."

이 말을 듣고 있던 토마스 아퀴나스가 대답합니다.

"네 그러하옵니다. 은과 금은 없다는 말뿐 아니라 내게 있는 이것을 네게 주노니 나사렛 예수 그리스도의 이름으로 일어나 걸으라는 말도 할 수 없게 되었습니다."

영어 숙어에 'as poor as church mouse'교회 쥐처럼 가난한라는 표현이 있습니다. 이처럼 교회가 '가난'의 상징일 때가 있었습니다. 그때 교회는 역설적으로 영적인 수원지 역할을 했습니다. 그런데 교회에 은과 금이 가득할 때는 영적으로 무기력한 공동체가 되어버렸습니다. 지금 이 땅의 교회가 겪고 있는 어려움이 그것입니다. 자본주의에, 맘몬신에 포획된 상태입니다. 그것은 재벌 같은 큰 교회만의 상황은 아닙니다. 작은 교회들도 교회의 본질에 착념하기보다는 오로지 큰 교회를 일궈보겠다는 야망으로 가득 차 있으니 사실상 똑같은 길을 가고 있는 것입니다.

돈을 얼마나 많이 가져야 '부자'라고 부를 수 있는지 모르겠습니다. 돈이 내 의식을 장악하고 있고, 그래서 기도할 시간이 없고, 말씀 볼 시간도 없고, 예배할 마음의 준비를 하지 못하게 하는데도 가만 놔두고 있다면, 나는 바늘귀를 통과하지 못할 부자입니다. 지체의 연약함을 보고도 무감하고 가슴 아프지 않다면, 나는 영적 앉은뱅이일 뿐입니다. 장래를 도모하지 말자는 뜻이 아닙니다. 있는 대로 다 써버리고 보이는 대로 다 팔아서 어려운 지체에게 나눠주자는 뜻도 아닙니다. 세상이 우리에게 적당히 벌고 적당히 쓰도록 허락해주지도 않습니다. 죽어라고 일해야 겨우 살도록 만들고 있지 않습니까? 그런 세상이니 우리 그리스도인들은 더욱 은과 금이 아니라 나사렛 예수 그리스도, 그분의 이름의 권세를 의지하여 살아야 합니다. 그런 시대이니 더욱 예수 그리스도가 내게 가장 소중한 보화가 되게 해야 합니다. 적당히 절뚝거리면서 신앙생활 해서는 절대 이길 수 없는 세상입니다. 앉은뱅이 신앙으로는 당할 수 없는 세상입니다. 이제 걸을 수 있게 된 앉은뱅이는 걷는 데 만족하지 않았습니다.

그들과 함께 성전에 들어가다

"그들과 함께 성전으로 들어가면서 걷기도 하고 뛰기도 하며 하나님을 찬송하니"(사도행전 3:8)

여기서 저는 두 가지 표현에 주목합니다. 하나는 '그들과 함께'입니다. 다른 하나는 '성전에 들어가면서'입니다. 이 앉은뱅이에게 이전에는 누군가와 함께 걷는 일은 아예 없었습니다. 늘 혼자였습니다. 그를 동정하여 떠메어주는 사람은 있었어도 동행한 사람은 없었습니다. 그런데 이 함께함, 동행은 차별의 경계를 극복하는 것이요 진정으로 하나가 된 사건입니다. 단지 한 사람의 변화에 머물지 않고 타인과의 관계에서의 변화로 이어졌습니다. 예수 그리스도의 이름으로 이루어진 치유가 이 차별의 경계를 무너뜨렸습니다.

그가 그동안은 금단의 영역이었던 '성전'으로 들어갔다는 사실도 놀라운 일입니다. 그곳을 정말 가보고 싶었을 것입니다. 두 발로 걷는 유대인들에게는 너무나 당연한 일상이었던 그 성전 기도가 그에게는 꿈만 같은 일이었습니다. 레위기 21장 17-20절에 근거하여 흠 있는 제사장도 못 들어가는 그 성전에 흠 있는 일반 평민이 들어가는 것은 상상도 못할 일이었습니다. 그런데 이제 예수의 이름으로 그간 장애의 낙인 때문에 들어가지 못했던 성전에 들어갈 수 있게 되었습니다. 유대인들에게는 너무나 당연해서 아무런 감흥도 없고 다만 형식적이고 습관적인 의식으로만 남아 있던 성전 예배가 이 앉은뱅이에게는 인생에서 가장 간절히 바라고 원하던 바였습니다.

무리의 반응·찬송과 놀람

앉은뱅이는 성전의 유대인들이 모르는 바로 그 분, 참 구원자 예수를 만났습니다. 건강한 몸으로 성전에 들어갈 수 있게 되었을 뿐만 아니라 그 성전을 완성하신 참 성전 예수도 만난 것입니다. 그는 가만히 있을 수가 없었습니다. 기쁨을 주체할 수 없었습니다. 여전히 자신이 걷고 있는 것이 믿어지지 않았습니다. 그래서 걷고 또 걷고 여기 저기 뛰어다녔습니다. 다윗이 언약궤가 예루살렘에 들어오는 것을 보고 어떻게 했는지 기억하십니까? 자기가 왕인 것도 잊고 자기 옷이 내려가서 벗겨진 줄도 모른 채 흥겨워 춤을 추었습니다. 아마 이 앉은뱅이의 기쁨이 그것에 못지 않았을 것입니다. 그의 찬양은 메시아를 죽인 자들이 날마다 형식적으로 드리는 수천 마리의 희생제물보다 더 하나님을 기쁘시게 했을 것입니다. 그의 찬양은 메시아를 죽인 것을 회개하지 않는 유대인들의 잘 정돈된 기도보다 훨씬 더 하나님을 흡족하게 해드렸을 것입니다. 치유 받은 앉은뱅이의 찬양, 그것은 하나님과의 관계 회복을 보여주는 증거요, 치유의 최종 완성이었습니다. 앉은뱅이의 치유와 성전에서의 찬양은 새 이스라엘의 앞날을 내다보게 합니다. 참 성전인 예수의 이름으로 구원을 받고 참 성전인 예수 안에서 하나님을 찬양하는 공동체가 될 것입니다.

그가 기뻐 찬양하며 걸어 다니고 뛰어다니는 모습 자체가 복음 선포였습니다. 진리를 증명하는 일이었습니다.

"모든 백성이 그 걷는 것과 하나님을 찬송함을 보고 그가 본래 성전 미문에 앉아 구걸하던 사람인 줄을 알고 그에게 일어난 일로 인하여 심히 놀랍게 여기며 놀라니라"(사도행전 3:9-10)

앉은뱅이의 추함이 아름다움으로 변하는 것을 본 '모든 백성'이 하나님을 찬송하였습니다. 앉은뱅이의 찬송이 온 백성의 찬송으로 이어졌습니다. 특히 저자는 그가 성전 미문에 앉아서 구걸하던 사람이었다는 정보를 다시 한 번 소개합니다. 특히 '미문'이라고 번역했지만, 원문에는 '문'門이라는 단어는 없고 '아름다움'으로만 되어 있습니다. 걸인의 추함이 아름다움으로 변했음을 강조하려고 그의 첫 상태를 다시 거론한 것입니다. 날 때부터 혼자서는 도저히 빠져 나올 수 없는 억압과 배제, 소외와 빈곤, 육체의 감옥에 갇혀 있던 한 사람이 근본적으로 변화되고 그 인생이 역전된 것을 본 사람들은 놀라움에 입을 다물 수 없었습니다. 앞서 보았던 교회 공동체의 유무상통의 사회적 변혁만큼이나 한 인간 안에서 일어난 존재의 뒤바뀜은 충격 그 자체였을 것입니다. 우리가 제대로 변하면 세상에 난리가 납니다. 교회가 제대로 교회다워지면 세상은 요동합니다.

나가는 말

만약 우리가 앉은뱅이 신앙에서 벗어나서 성령님과 날마다 동행하면서 기쁨의 찬양을 드릴 수 있다면, 그것이 우리가 믿는 복음의 가장 확실한 증거가 될 것입니다. 만약 우리가 은과 금이 넘쳐서 기뻐하는 교회가 아니라, 나사렛 예수 그리스도로 인하여 기뻐하는 교회가 된다면, 세상은 이제 우리가 전하는 말을 믿어주기 시작할 것입니다. 더는 세상이 우리 교회의 크기로 우리를 평가하지 않을 것입니다. 그것은 세상에게 볼모로 사로잡혀 있던 우리가 바라던 것이었을 뿐 하나님은 원치 않으시고 세상도 기대하지 않는 일입니다. 하나님은, 그리고 세상은 우리가 눈에 보이지 않는 하나님, 눈에 보이지 않는 예수님이 정말 지금도 여기에 살아 계셔서 다스리신다는 것을 증명해주길 기대하고 있습니다. 은과 금의 능력이 아니라, 나사렛 예수 그리스도의 능력으로 사는 모습을 보고 싶어 합니다. 세상이 은과 금이 없다고 외면하는 자들을 교회가 "우리를 보라" 하면서 예수의 시각과 마음으로 다가가 참된 하나님의 피조물로 인정하고 사랑한다면, 그때 우리가 하나님이 임재하시는 성전이 될 것입니다. 우리가 은과 금 때문이 아니라 하나님의 사랑 때문에 찬양하고 기뻐하는 것을 볼 때, 세상이 비로소 주 예수 앞으로 돌아오게 될 것입니다.

복음은 이 한 사람의 앉은뱅이를 수동적인 사람에서 능동적인 사람으로, 배제된 사람에서 포용된 사람으로, 거부된 사람에서 수용된 사람으로, 혼자였던 사람에서 동행하는 사람으로 변화시켰습니다. 종교적, 사회적, 경제적, 문화적 차별과 단절의 장벽과 경계와 절벽을 넘어서게 하였습니다. 그것이 그가 얻은 치유입니다. 모든 관계의 회복, 이것이 진정한 치유요 구원입니다. 그간 이 사람을 향하여 닫히고 막혔던 성전의 문이 예수 그리스도의 이름이라는 열쇠를 통하여 열렸습니다. 그 예수 때문에 철저히 타자에게 의존만 하던 사람이 스스로 걷는 사람이 되었습니다. 몸의 자유만이 아니라 영혼의 자유도 얻었습니다. 사랑하는 여러분, 우리가 일어나야 할 사람들 아닙니까? 우리가 바로 예수 그리스도의 이름으로 주목하여 바라보고 초대하고 손을 잡아 일으켜 주는 교회가 되어야 하지 않을까요? 우리 그런 교회 되게 해달라고 기도합시다.

함께 기도하겠습니다

하나님 아버지,

오늘도 은과 금을 위해 애쓰고 수고하는 저희들을

주목하여 바라봐 주신 것을 감사합니다.

주님께서도 혹시 금과 은을 주실까 하여

쳐다보는 저희들을 불쌍히 여기시고는

저희더러 주님 당신을 보라고 불러주셔서 감사합니다.

주님, 이제 저희도 주님에게서 은과 금을 구하기보다는

나사렛 예수 그리스도를 향한 믿음을 구하게 하여 주옵소서.

주님을 사랑하고 주님과 동행할 수 있는 믿음을 구하게 하여 주옵소서.

주님, 영적 앉은뱅이요 걸인인 저희들을 일으켜 주옵소서.

주님, 믿는 믿음으로 살아나고 일어나고 뛰어다니고

주님 보여주신 새 길을 따라 걷는 인생이 되고 싶습니다.

그렇게 은과 금을 구하는 동안 주님 저희는 참으로 외롭고 서러웠습니다.

늘 만족하지 못했고 목이 말랐습니다.

이제 더는 그렇게 살고 싶지 않습니다.

주님의 전에 나아가 함께 예배하는 기쁨을 누리고 싶습니다.

주님, 저희를 고쳐 주옵소서.

주님, 이 땅의 교회를 바로 세워 주옵소서.

주께서 낮고 천한 저희에게 다가오셔서

아들 내어주시는 큰 사랑으로 상대해 주셨듯이

저희도 누구든 주께서 사랑하라고 보내주신 사람들을

있는 그대로 받아주고 인정하고 세워주게 하여 주옵소서.

그리하여 우리가 모두 주님만을 인정하고 찬미하게 하여 주옵소서.

아멘.

왜 우리를
주목하느냐?

사도행전 3:11-26

얼생명

'사람은 무엇으로 사는가?'

톨스토이Leo Tolstoy의 단편 제목이기도 합니다. 그는 사람은 '사랑'으로 살아간다고 대답합니다. 그것이 《성경》의 대답이기도 합니다. 사람은 사랑을 받고 있기에 살아 있고, 사랑할 때 사람답게 살 수 있습니다. 죄는 사랑이 아니라-유형이든 무형이든-소유로 산다고 믿는 것입니다. 사랑으로 산다는 것은 하나님으로 산다는 말과 다르지 않습니다. 사랑으로 모든 생명은 태어나고 존재하며, 세상의 창조와 유지는 그 하나님의 사랑으로만 됩니다. 하나님을 떠난 세상은 사람답게 살기 위해서 우리가 매진해야 하는 일은 소유를 쌓는 일이라고 속입니다. 그러나 사랑을 받아서 내가 이 세상에 존재하기 시작했고 사랑을 받아서 여태 살아온 것을 겸허하게 인

235

정할 때, 사랑하는 사람이 될 수 있습니다. 그 사랑으로 누군가를 사람답게 살아가게 해줄 수 있습니다. 사랑의 사람은 육신의 목숨으로만 살지 않고 영혼의 목숨으로 삽니다. '사랑'이신 하나님의 목숨이 '영혼의 목숨', 즉 '영생'입니다. 사랑할 때 우리는 그 사랑의 하나님의 목숨에 참여하는 것입니다.

성전 미문에 앉아 있는 앉은뱅이 걸인에게 베드로와 요한이 주고 싶었던 것은 '소유'가 아니라 '사랑'이었습니다. 우선 그것은 하나님의 사랑이었고, 나사렛 예수 그리스도의 사랑이었습니다. 그는 예수 그리스도를 향한 베드로와 요한의 믿음으로 일어나 걸었습니다. 치유 받은 후 앉은뱅이 걸인은 자신을 일어나게 해주신 하나님을 기쁘게 찬양했습니다. 자신에게 건강을 주신 하나님은 자신을 사랑하시는 하나님이라고 고백한 것입니다. 앉은뱅이일 때는 감히 성전 예배에 참여할 수 없었습니다. 하나님의 사랑을 받기에는 너무 추하고 더럽고 죄가 많다고 자신은 물론이고 누구든 생각했습니다. 사랑 받을 자격을 혼자 힘으로는 얻을 수 없다고 생각했습니다. 그 사람 앞을 지나쳤던 수많은 유대인들도 그렇게 생각했습니다. 동전 몇 개의 사랑에 만족할 뿐, 그 이상의 사랑을 기대해서는 안 된다고 여겼습니다. 반면에 건강한 유대인들은 성전에서 하나님의 사랑을 받는 일을 너무도 당연하게 여겼습니다. 아무도 앉은뱅이에게 "당신도 나처럼 하나님의 사랑을 받을 수 있고, 나처럼 하나님께 찬양하고 기도할 수 있습니다." 라고 말해주지 않았습니다. 앉은뱅이 걸인은 살았으나 산 자가 아니었습니다. 육신은 살았으나 영혼, 즉 '얼'은 죽은 자였습니다. 사랑을 받지 못했고, 사랑을 하지 못했기 때문입니다. 다석多夕 유영모 선생은 이렇게 말합니다.

"사는 것이 사는 것이 아니요, 죽는 것이 죽는 것이 아니에요. 산다는 것은 육체를 먹고 정신이 사는 것입니다. 몸으로 죽는 연습은 '얼생명'으로 사는 연습입니다. 죽음의 연습은 영원한 '얼생명'을 기르기 위해서입니다."

'얼생명'을 기르기 위해서 우리는 날마다 죽는 연습을 해야 한다고 하는 선생의 말은, 사도 바울의 고백을 생각나게 합니다.

"형제들아 내가 그리스도 예수 우리 주 안에서 가진 바 너희에 대한 나의 자랑을 두고 단언하노니 나는 날마다 죽노라 내가 사람의 방법으로 에베소에서 맹수와 더불어 싸웠다면 내게 무슨 유익이 있으리요 죽은 자가 다시 살아나지 못한다면 내일 죽을 터이니 먹고 마시자 하리라"(고린도전서 15:31)

영원한 '얼생명'을 위해서 바울은 날마다 육신으로는 죽는 연습을 한다고 합니다. 어떻게요? 몸의 쾌락을 위해서 먹고 마시면서 인생을 허비하지 않고, 남을 사랑하기 위해서 목숨을 걸고 복음을 전했습니다. 베드로와 요한이 앉은뱅이 걸인에게 주고 싶었던 것이 바로 이 '사랑'입니다. 몸의 질병을 낫게 하는 것이 궁극적인 목적이 아니었습니다. 하나님의 사랑을 알아야 했습니다. 특별히 예수의 십자가의 고난과 죽음을 통해서 베푸신 하나님의 사랑을 알아야 했습니다. 그래야 '영혼의 생명', '얼생명'이 살아날 것이기 때문입니다. '예수의 이름'을 자기 원하는 것을 얻어내는 무슨 마법의 주문처럼 여긴다면, 그는 사랑을 받은 것이 아닙니다. 그것은 한 새로운 관계 속으로 진입하려는 자의 태도가 아니고, '소유'를 얻는 다른 방편 하나를 취하는 것에 그칠 것입니다. 그럼 평생 그 예수 이름의 마술적인 힘만을 의존하는 사람이 될 것입니다. 사랑을 받을 줄도 모르고, 그래서 사랑할 줄 모르는 사람으로 남을 것입니다. '예수 이름'이라는 가성비 좋은 연장 하나 얻었다고 좋아하고, 그것 가지고 연장이 전혀 없는 사람들과 자신을 차별화하면서 말입니다. 이 역시 죽은 영혼, 소유 지향적 인생, 영혼의 앉은뱅이입니다. 그렇게 살면 살아도 산 것이 아닙니다.

여러분이 육신을 가지고, 소유를 가지고, 시간을 가지고 누군가를 사랑하는 데 사용했다면, 더 풍성한 '얼생명'을 누리고 있는 것입니다. 이 앉은뱅이 걸인은 아직까지 이 예수를 통해서 주신 하나님의 사랑에 대해서 잘 알고 있지 못합니다. 기적적으로 일어났으니, 그냥 경험적으로 알고 있을 뿐입니다. 그래서 오늘 베드로와 요한은, 특히 베드로는 이 앉은뱅이 걸인을 포함하여 이 사건을 보고 관심을 보인 예루살렘의 유대인들, 성전에 모인 유대인들에게 사랑으로 죽음을 이기신 예수님에 대해서 전하기 시작합니다. 그래서 비록 그들의 몸에는 이런 기적적인 치유 같은 일이 일어나지 않더라도, 그들이 이제는 영적 앉은뱅이의 삶, 즉 이기적인 삶, 자기 욕망만을 실현하기 위해서 타인의 아픔을 무시했던 삶, 누군가를 희생하면서까지 내 배를 채우려고 했던 파괴적인 삶을 중단하고, 사랑의 삶을 사는 사람들로 변화되기를 기대했습니다. 사도의 설교가 끝나자 어떤 결과가 나왔습니까?

"말씀을 들은 사람 중에 믿는 자가 많으니 남자의 수가 약 오천이나 되었더라"(사도행전 4:4)

방언의 기적 후에 베드로가 설교했을 때는 삼천 명이 회심했는데, 앉은뱅이가 일어나는 기적 후에 설교했을 때는 그보다 더 많이 회심했습니다. 남자의 수만 약 오천이었다니 여자와 그 가족을 다 합치면 얼마나 되었을까요? 이들이 예수를 믿는 자가 되었다는 것은 무슨 뜻입니까? 그들이 이제는 '소유'가 아니라 '사랑'으로 살기로 했다는 뜻입니다. 육신의 목숨만 연명하는 사람이 아니라 '얼생명'을 누리는 사람들이 되기로 했다는 뜻입니다.

왜 우리를 주목하느냐?

기적적으로 일어나게 된 앉은뱅이 걸인은 너무나 좋아서 성전 이곳저곳을 뛰어다니면서 하나님을 찬송했습니다. 사람들이 그 광경을 보고 심히 놀랐습니다. 기이하게 여겼습니다. 분명 그가 조금 전까지 미문 앞에서 걷지 못해 앉아 있던 그 거지가 분명했기 때문입니다. 정신이 좀 들자 이 앉은뱅이였던 자가 자기를 고쳐준 베드로와 요한에게 돌아옵니다. 《성경》은 그가 베드로와 요한을 "붙잡았다"고 표현합니다. 당연히 이 표현은 그를 '따랐다', '추종했다' 혹은 '그의 제자가 되었다'라는 뜻일 것입니다. 예수의 권세로 나음을 입자, 이제 그 예수에 대해서 더 알고 싶어진 것입니다. 그래서 그 예수의 제자들인 사도들에게 매달립니다. 육신의 굶주림이 해결되자 영적인 굶주림을 해결 받고 싶었습니다. 육신의 생명이 온전해지자 '얼생명'을 누리고 싶어졌습니다. 날마다 죽고 날마다 자기를 비우는 연습을 하며 날마다 내 안에 더 넓은 공간을 만들어, 거기에 내 이웃이 들어와 웃고 울고, 이 땅의 고통 받고 소외된 이들이 찾아와 부르짖고 탄식하도록 해주는 것, 그리하여 나의 영혼이 더욱 부유해지는 것, 그것이 사람이 사는 목적입니다. 그것이 영생을 누리는 삶입니다.

앉은뱅이였다가 나은 자를 본 사람들이 크게 놀라며 달려 나아가 솔로몬의 행각이라고 불리는 곳에 모입니다. 이곳은 사람들의 출입이 가장 잦은 곳입니다. 할례를 받지 않은 이방인들도 들어올 수 있는 곳이고, 전에 예수께서 장사하는 자들을 쫓아냈던 곳입니다. 사람들의 시선은 이제 이 고침 받은 사람에게서 고쳐준 사람들, 베드로와 요한에게 모아졌습니다. 순식간에 베드로와 요한은 성전의 스타가 되었습니다. 나사렛 예수께서 갈릴리에서 많은 치유와 기적으로 스타가 되신 것과 비슷한 일이 일어났습니다. 예수님은 충분히 영광을 받으실 만한 분이었는데도 한사코 그때마다 숨고 피하셨습니다. 그가 받고 싶어 한 사랑은 기적을 보고 매료된 자의 사랑이 아니었기 때문입니다. 빵을 먹고 배불러서 하는 사랑이 아니었기 때문입니다. 자기의 '육신의 생명'과 '얼생명'을 모두 죽여서 자신을 믿는 자들의 '육신의 생명'과 '얼생명'을 살리는 분으로 알고 사랑해주기를 바라셨습니다. 그래서 그들도 자기 육신의 생명만을 사랑하다가 영원히 멸망하는 인생이 되지 않기를 바라셨습니다. 이 두 제자들도 마찬가지였습니다. 그런 식으로 사람들에게서 환호와 칭송을 받고 싶지 않았습니다. 그것은 자신들에게는 과분하고, 당연히 하나님과 예수께만 돌아가야 할 칭송이었기 때문입니다. 그것을 가로채면 자기 '영혼의 생명'은 죽은 것이나 다름없게 된다는 것을 알고 있었습니다. 그래서 정색하면서 말합니다.

"베드로가 이것을 보고 백성에게 말하되 이스라엘 사람들아 이 일을 왜 놀랍게 여기느냐 우리 개인의 권능과 경건으로 이 사람을 걷게 한 것처럼 왜 우리를 주목하느냐"(사도행전 3:12)

그런 사랑 받고 싶지 않다는 것입니다. "왜 우리를 주목하느냐?"고 호통을 칩니다. 우리와 많이 다르지요? 우리는 이와 같은 인정과 좋은 평판을 갈구하면서 사는 데 익숙하지 않습니까? 헛된 사랑이고 입에 발린 사랑이고 허망한 사랑인 줄 알면서 말입니다. 솜사탕에 실망하지 않는 사람이 있습니까? 풍성한 겉모습과 달리 혀만 대도 녹아버리는 그 솜사탕 같은 것이 바로 '세상의 사랑', '세상의 주목'입니다. 얼마나 매혹적이고 중독적인지 모릅니다. 특히 말씀을 전하는 지도자들에게 그 유혹은 치명적입니다. 부단한 각오와 성찰, 성령의 돌보심이 없고서는 아무도 빠져나올 재간이 없는 늪이 '주목의 욕망'입니다. 그런데 베드로와 요한은 '영혼의 생명'이 살 길을 선택합니다.

진심으로 부탁드립니다. 교회 안팎에서 헛된 자랑을 삼가십시오. 교회 안에 들어와서는 특히 세상 자랑을 삼가십시오. 세상 관점으로 보아 축하받아 마땅한 일이 영생의 관점으로는 아무것도 아닐 수 있기 때문입니다. 자칫 좋은 일도 자랑이 되면 얼을 죽이는 일이 되고, 지체를 사랑하는 것이 아니라 낙담케 하는 일이 될 수 있습니다. 다들 서로의 일을 자기 일처럼 여기면서 축하해 줄 수 있으면 좋겠습니다만 그게 어렵습니다. 또 그렇게 소유가 늘어나고 바라던 대로 일이 진행되는 것이 자동으로 영적으로도 좋은 일이 되는 것은 아닙니다. 무엇보다 '하나님께 영광 돌린다'고 말하는 그 순간조차 우리는 우리 몫의 영광을 챙기는 사람들입니다. 그러니 우리는 사도들을 본받아야 합니다. 그들은 사람들의 시선을 자신들에게서 예수께로 돌리게 합니다. 사람들이 주목해야 할 대상은 추호도 자신들이 아니며 오직 예수라고 아주 길게 설명해줍니다. 그들이 이제 의지해야 하는 것은 나사렛 예수 그리스도의 이름의 마력이 아니라, 나사렛 예수 그리스도 그분 자신이었습니다. 우리에게 자랑할 일이 있거든 그것으로 온전히 예수 그리스도만 자랑하십시오. 그리스도를 자랑할 수 없는 일은 다 내 얼을 죽이는 자랑일 뿐입니다. 세상이 나를 주목하게 하고, 내 자식을 주목하도록 해서는 안 됩니다. 내 지식을 주목하게 해서도 안 되고, 내 소유를 주목하게 해서도 안 됩니다. 그것은 세상이 예수를 사랑하지 않은 것은 말할 것도 없고, 나를 사랑하는 것도 아니요, 오로지 내 소유와 배경을 사랑하는 것이기 때문입니다. 결국 세상이 진정으로 사랑해야 할 것을 사랑하지 못하게 가로막고 말 것입니다. 그리스도인은 누구입니까? 세상이 나를 통해서 예수 그리스도를 사랑하게 만드는 사람입니다. 그래서 그리스도의 사랑으로 영혼이 살아나게 만드는 사람입니다. 그들도 그리스도처럼 사랑하며 살게 해주는 사람입니다.

예수, 그는 누구인가?

3장 13절부터 26절까지 베드로는 두 번째 설교를 합니다. 그 설교의 주제는 "예수, 그는 누구인가?"입니다. 그는 예수를 세 가지로 묘사합니다. 첫째, 예수, 그분은 하나님의 고난 받는 종이요 생명의 주이십니다(13-16절). 둘째, 예수, 그는 용서하시고 회복하시는 그리스도이십니다(17-21절). 셋째, 예수, 그는 첫 언약을 성취하시고 새 언약을 여신 분입니다(22-26절).

예수, 하나님의 종이요 생명의 주(13-16절)

13-16절에서 베드로는 예수의 고난과 죽음, 그리고 부활에 대해서 설교합니다. 이 앉은뱅이 걸인을 걷게 하신 분이 누구신가? "바로 너희들이

죽인 예수다!"라고 베드로는 아주 당돌하게 그러나 담대하게 말합니다.

"너희가 그를 넘겨 주고 빌라도가 놓아 주기로 결의한 것을 너희가 그 앞에
서 거부하였으니 너희가 거룩하고 의로운 이를 거부하고 도리어 살인한 사
람을 놓아 주기를 구하여 생명의 주를 죽였도다"(사도행전 3:13-15)

베드로는 예수는 로마 총독 빌라도가 아니라 바로 유대인 너희들이 죽
인 것이라고 분명히 말합니다. 장로들과 제사장들은 로마가 죽인 것처럼 속
여서 순례자들의 반발을 무마하려고 시도했는데, 사도들은 속지 않은 것입
니다. 그들은 거룩하고 의로운 예수 대신에 살인자 바라바를 살렸습니다.
그런데 하나님께서는 이 죄 없는 예수, 거룩하고 의로운 예수를 죽음 가운
데 두지 않고 살리셨습니다. 베드로는 그것을 이렇게 표현합니다.

"아브라함과 이삭과 야곱의 하나님 곧 우리 조상의 하나님이 그의 종 예수
를 영화롭게 하셨느니라 너희가 그를 넘겨 주고 빌라도가 놓아 주기로 결의
한 것을 너희가 그 앞에서 거부하였으니"(사도행전 3:13)

"너희가 거룩하고 의로운 이를 거부하고 도리어 살인한 사람을 놓아 주기를
구하여"(사도행전 3:14)

"생명의 주를 죽였도다 그러나 하나님이 죽은 자 가운데서 그를 살리셨으니
우리가 이 일에 증인이라"(사도행전 3:15)

예수를 살리신 하나님은 누구입니까? 아브라함과 이삭과 야곱의 하나님, 우리 조상의 하나님이라고 합니다. 베드로가 말하고 싶은 것은 분명합니다. 유대인들이 죽인 예수를 살리신 분은 지금 유대인들이 믿고 고백하는 바로 그 하나님이시라는 것입니다. 그럼 유대인들이 무슨 짓을 한 겁니까? 하나님이 다시 살리셔야 할 정도로 의로운 분을 죽였습니다. 베드로는 여기서 그 예수를 두 가지로 표현합니다. "그의 종 예수", "생명의 주". 예수는 하나님께서 자신의 사명을 감당하게 하려고 보내신 '종'이라고 합니다. 《구약성경》에서 예언자나 왕, 제사장들을 '종'이라고 불렀습니다. 모세와 족장들과 다윗을 향해 종이라고 부르고 있는 것을 볼 때 이는 매우 비범한 영예를 뜻하는 호칭입니다. 분명 종이신 예수라는 개념 저변에는 이사야서에 등장하는 고난 받는 종에 대한 이해가 있을 것입니다. 하나님이 그 종 예수를 '영화롭게 하셨다'는 것은 그를 죽은 자 가운데서 부활시키셨다는 뜻입니다. 그 종을 죽이고 거역하는 것은 하나님을 반역하는 것과 같았습니다.

더군다나 그들이 죽인 이 예수는 누구입니까? '생명의 주'입니다. 여기 '주'아르케고스, ἀρχηγός라는 표현은 창시자, 기원, 선구자라는 뜻입니다(행 5:31; 히 2:10; 12:2). 하나님은 사탄에게 매여 생명력을 잃어버린 사람들을 구원하여 하나님의 생명을 주시려고 예수를 보내셨습니다. 그런데 유대인들은 그 생명을 주시는 분의 생명을 앗아가 버린 것입니다. 그들의 죄를 동사 세 개를 연달아 사용함으로써 강조합니다. '넘겨 주다', '거부하다', '죽이다'. 점층법이 쓰이고 있습니다. 저자는 "너희가"를 두 번이나 반복하여 그들의 배척과 살인에 대해 아무도 핑계할 수 없게 해두었습니다. 그들은 "거룩하고 의로운" 예수는 놔두고 "살인자"를 풀어달라고 요구했습니다. 그런데

244

그들은 몰랐습니다.

하나님께서는 그런 인간의 죄악이 가져온 참사에 굴복하지 않고, 도리어 그 악행을 인류를 구원하는 수단으로 사용하셨습니다. 이 '종'이라는 단어는 이사야 52장의 '고난 받는 종'을 연상시킵니다. 온 인류의 죄를 대속하기 위하여 온갖 고통을 당한 후에 죽을 바로 그 '종'으로 하나님은 보내신 것입니다. 왜요? 그의 죽음을 통하여 인간의 모든 죄를 용서하시고 참 생명, 영혼의 생명, 영생을 얻게 하시기 위해서입니다. 베드로는 결론적으로 예수 이름으로 낫게 하였다는 것은 바로 그 예수님이 살아 계시다는 흔적이요 증거라고 말합니다.

"그 이름을 믿으므로 그 이름이 너희가 보고 아는 이 사람을 성하게 하였나니 예수로 말미암아 난 믿음이 너희 모든 사람 앞에서 이같이 완전히 낫게 하였느니라"(사도행전 3:16)

여기서 앉은뱅이를 고친 것을 두 가지로 말합니다. 하나는 예수의 이름입니다. 다른 하나는 예수로 말미암아 난 믿음입니다. 하나는 예수의 이름이고, 다른 하나는 우리의 믿음입니다. 믿음의 내용과 대상은 예수입니다. 예수의 이름은 그 예수의 인격을 반영합니다. 따라서 믿음과 그 이름은 다른 표현의 동일한 내용입니다. 결국 죽은 예수님이 살아나셔서 이 앉은뱅이를 치유하신 것입니다. 그렇다면 여기 '그 이름을 믿은' 사람은 누구입니까? 앉은뱅이입니까, 아니면 베드로와 요한입니까? 앉은뱅이가 바란 것은 은과 금이었기 때문에 그가 믿었다고 보기는 어렵습니다.

가난은 무엇입니까? 질병은 무엇입니까? 다 사망의 증상들입니다. 사람들이 하나님을 떠나지 않았으면 겪을 필요도 없는 것들입니다. 인간의 몸이 죽어가고 있다는 표시들입니다. 그럼 예수 그리스도의 믿음으로 이 사망의 증상들이 떠나가기 시작했다는 것은 무엇을 보여줍니까? 바로 생명의 주가 생명을 공급하기 시작했다는 것입니다. 우리 안에 자기 몸을 버리신 하나님의 종 예수께서 계십니다. 우리 안에 생명의 주이신 예수께서 계십니다. 우리도 하나님의 종이 보여주신 십자가의 사랑으로 예수의 생명을 나눠주는 교회가 되어야 합니다. 그리하여 우리의 희생적인 사랑으로, 경제적인 앉은뱅이, 정서적인 앉은뱅이, 지적인 앉은뱅이, 신앙적인 앉은뱅이들이 다 일어날 수 있어야 합니다.

예수, 용서와 회복의 그리스도(17-21절)

이어서 3장 17-21절에서 베드로는 또 다른 예수를 소개합니다. 여기서는 예수를 지금 청중들인 유대인들에게는 너무도 친숙한 표현인 '그리스도'라고 부르고 있습니다. 이 표현이 두 번 나옵니다. '그리스도', '메시아'는 하나님의 대리 통치자를 가리킵니다. 그분을 왕이나 구원자로 묘사할 때 '그리스도'라고 부릅니다. 그런데 유대인들은 '왕'으로, '구원자'로 오실 그리스도가 백마 탄 용사로 오실 줄 알았지, 고난 받는 메시아, 나귀 타고 겸손하게 입성하시는 메시아가 되리라고는 꿈에도 몰랐습니다. 제자들이 아무리 예수가 부활했다고, 자신들이 그 증인이라고 말해도 예루살렘의 유대인들은 좀처럼 믿을 수가 없었습니다. 당연합니다. '하나님의 저주를 받아 나무에 달려 죽은 예수가 어떻게 메시아가 될 수 있단 말인가?' 아무리 제자들이 부활을 전해도 그들이 허튼소리로 치부하면 그만이었습니다. 그래서 베드로는 그들이 잘 몰라서 예수를 죽였다고 말합니다.

"형제들아 너희가 알지 못하여서 그리하였으며 너희 관리들도 그리한 줄 아
노라"(사도행전 3:17)

하지만 무지가 전적인 면책의 사유는 될 수 없습니다. 다만 형량 경감의
사유는 될 것입니다. 그래서 아무리 모르고 한 일이라고 해도 19절에서 회
개는 여전히 필요하다고 말하고 있습니다.

하나님은 그들이 이 부활 소식을 믿게 하시려고 사도들로 하여금 방언
을 하고 병 고치는 기적도 행하게 하신 것입니다. 부활하신 후에는 예수님
이 손수 사십 일 동안《구약성경》에서 이미 예언자들이 '메시아의 고난'을
예언한 것을 가르치셨습니다. 그리고 이제 사도들에게《구약성경》해석을
통해서 그 사실을 가르치게 하셨습니다. 기적과 가르침, 이것을 통해 제자
들은 부활을 증거한 것입니다.

"그러나 하나님이 모든 선지자의 입을 통하여 자기의 그리스도께서 고난 받
으실 일을 미리 알게 하신 것을 이와 같이 이루셨느니라"(사도행전 3:18)

그러니 그리스도는 아직 안 온 것이 아닙니다. 그리스도는 이미 오셨습
니다. 부활하여 성부 하나님의 보좌 우편에서 이 세상을 다스리고 계십니
다. 이제 사탄의 나라는 그 예수의 발아래 있습니다. 그러니 더는 이 세상
의 명령을 따라서, 가치관을 따라서 살아서는 안 됩니다. 어서 예수의 통치
아래로 들어와야 합니다. 하나님 나라로 들어와야 합니다. 그분이 주신 말
씀을 따라서 새로운 삶을 시작해야 합니다. 어서 새로운 나라로 들어와서
새 언약을 맺고 새로운 관계 방식을 추구해야 합니다. 소유와의 관계를 재

설정해야 합니다. 썩어져 가는 이 세상과의 관계도 바로 잡아야 합니다. 살던 대로 살아서는 안 됩니다. 왜곡되고 뒤틀린 이 시대에 순응하면 안 됩니다. 사망의 통치, 욕망의 통치에서 벗어나 생명의 통치, 사랑의 통치 안으로 들어와야 합니다. 그것을 '회심'이라고 부릅니다. 베드로는 그것을 이렇게 호소합니다.

"그러므로 너희가 회개하고 돌이켜"(사도행전 3:19)

회개하고 돌이키라. 회심하라는 것입니다. 과거와 단절하고 하나님 나라의 미래에 자신의 인생을 걸라는 것입니다. 세속적인 야망에는 손을 놓고, 예수님이 원하시는 삶을 살아내라는 것입니다. 육신의 생명만을 위해 허비하며 살지 말고 영혼의 생명을 위해서 사랑하며 살라고 요구하는 것입니다. 그렇게 회심하면 그리스도께서는 우리를 어떻게 받아주십니까?

"너희 죄 없이 함을 받으라 이같이 하면 새롭게 되는 날이 주 앞으로부터 이를 것이요"(사도행전 3:19)

우리의 모든 죄가 다 깨끗하게 될 것입니다. 다 용서될 것입니다. 그것을 이렇게 다시 표현합니다. "새롭게 되는 날이 주 앞으로부터 이를 것이요." 본문을 직역하면 "그렇게 하여 새롭게 되는 날이 주님 앞으로부터 오게 되도록 해야 할 것입니다"입니다. 물론 우리의 회개가 종말의 '그 날'을 가져온다는 의미는 아닙니다. 죄를 용서 받는다는 것은 사랑이 아니라 소유를 의미하며 살았던 삶을 용서받는다는 뜻입니다. 그러면 우리는 새롭게 될 것입니다. 여기 "새롭게"라는 말아낲수크시, ἀνάψυξις은 '숨 쉬는 공간' 출 8:15,《칠십인역성경》, 이완, 회복, '바람 불어 시원함' 등의 의미가 있습니다. 따라서 '숨통이 트이는 날이 올 것이다'라고 번역할 수 있고, '생기를 찾을 때'《천주교주교회의성경》, '편히 쉴 때'《새번역성경》, "상쾌하게 되는 날"《개역한글성경》이라고도 번역하고 있습니다. 시원함과 새로움을 둘 다 담고 있는 단어입니다. 고통으로 인해 숨을 제대로 쉬지 못하던 사람이 서늘하게 불어오는 바람을 들이마시면서 숨을 쉴 수 있는 날, 잠시 숨 돌릴 수 있는 휴지기, 안식의 날이 온다는 의미입니다. 유진 피터슨은 그것을 이렇게 의역합니다.

"He can pour out showers of blessing to refresh you."
"여러분의 원기를 회복시켜주는 축복의 소나기를 퍼부어주실 것입니다."《메시지성경》

이는 21절에 나오는 "만물을 회복하실 때", 그리고 24절에서 말하는 "사무엘 때부터 이어 말한 모든 선지자도 이 때를 가리켜 말하였느니라" 했던 시기, 즉 예수님이 재림하실 때를 가리킬 것입니다. 죄의 상태는 하나님과 불목不睦하는 상태요 하나님의 원수가 된 상태입니다. 자기주장, 자기의지, 자율만을 주장하는 상태입니다. 따라서 병든 상태이고 하나님의 생명력이 고갈된 상태입니다. 새롭게 된다는 것은 이제 하나님이 주신 생명의 선물, 살아 있는 자의 감격과 기쁨을 회복해주신다는 뜻입니다. 더는 돈이 있어서 힘이 나는 삶이 아니고, 칭찬을 받아야 우쭐해지는 삶이 아니고, 자식이 공부 잘 해야 살맛 나는 인생이 아니고, 성령께서 우리 안에서 역사하여 하나님의 생명으로 이 세상을 사는 기쁨을 주신다는 뜻입니다.

도대체 그게 어떤 상태일까요? '사랑'하고 싶은 상태입니다. 받은 사랑에 감격하는 상태입니다. 나는 사랑을 받기에 충분히 값어치 있는 사람이라는 주님의 새로운 정의를 수용하는 일입니다. 나눠줄 것이 변변치 않으면 기도라도 해주고 싶고, 아픈 사람 곁에 있어주고 싶고, 그 사람보다 더 많이 더 오래도록 걱정해주게 되고, 눈물 흘리는 사람 옆에서 눈물 흘려주고, 분노하는 사람 옆에서 같이 분노하는 사람이 되는 것, 이제 내가 가진 것이 내 것으로 여겨지지 않는 것, 너무 많이 벌어서 미안하고, 너무 편하게 살아서 미안하고, 나만 너무 무탈해서 미안하고, 나만 너무 복을 많이 받은 것 같아서 부끄러워지는 삶, 그게 사랑의 삶이요, 그게 성령께서 그 안에서 역사하는 사람의 삶입니다. 베드로는 말합니다. "그런 날이 주 앞으로부터 이를 것입니다." 어떤 사람도, 어떤 이데올로기도, 어떤 정당도 우리를 그런 사랑의 사람으로 만들어줄 수 없습니다. 아무도 우리 죄를 용서해줄 수 없습니다. 오직 주 예수 그리스도만이 할 수 있습니다. 그분으로부터만 올 수 있는 축복입니다. 하지만 지금 우리가 누리고 있는 것은 맛보기일 뿐입니다. 아직 멀었습니다. 언제 우리의 사랑이 완성됩니까? 언제 우리가 온전하게 사랑할 날이 오는 것입니까? 베드로는 그렇게 죽음 가운데 부활하여 하나님의 보좌 우편에 앉아 통치하시는 예수님이 다시 재림하실 것이라고 말합니다. 바로 그날이 모든 것이 회복되는 날입니다.

"또 주께서 너희를 위하여 예정하신 그리스도 곧 예수를 보내시리니 하나님이 영원 전부터 거룩한 선지자들의 입을 통하여 말씀하신 바 만물을 회복하실 때까지는 하늘이 마땅히 그를 받아 두리라"(사도행전 3:20-21)

250

예수님이 재림하시면, 사람은 물론이고 만물이 다 회복될 것입니다. 그 날까지 예수님은 하늘에서 통치하실 것입니다. 우리 눈으로 볼 수 없을 것입니다. 왜 예수님은 능히 그렇게 하실 수 있습니까? 도대체 어떤 분이기에 성전 미문에서 구걸하던 앉은뱅이를 회복하셨듯이, 지금 이 설교를 듣고 있는 유대인들도, 그리고 그들을 포함하여 천하 만민 가운데서 당신의 백성들을 불러 새 이스라엘을 회복하실 수 있습니까? 그분은 "주께서 너희를 위하여 예정하신 그리스도 곧 예수"입니다. 예수, 그분은 자신이 충동적으로 메시아를 자처한 사람이 아닙니다. 그는 "미리 정해진" 메시아로서 하나님이 보내신 분입니다. 그리고 그분은 메시아를 죽이기까지 한 "너희를 위하여" 보내신 분이라고 합니다. 그러니 회개하고 돌아와서 그를 주와 그리스도로 받으라는 뜻입니다. 이제 그 예수님은 부활하시고 승천하셔서 저 하늘이 받아 두고 있습니다. "새롭게 하는 날을 주 앞에 이르게 하실"(19절) 하나님께서 그 "만물을 회복하실 때"도 정하실 것입니다. 그때까지 당신의 아들 예수가 하늘에서 주와 그리스도로 통치하게 하실 것입니다(고전 15:20-25). 이 앉은뱅이 걸인 치유 사건은 바로 이 예수께서 저 하늘에서 일으키신 사건입니다. 그 예수의 이름을 믿는 사도들을 통해서 하신 일입니다.

"회복하실 때까지 하늘이 마땅히 그를 받아 두리라"(사도행전 3:21)

바울은 로마서에서 피조물이 탄식하면서 바로 이 날을 기다리고 있다고 말합니다. 이 날이 바로 새 하늘과 새 땅이 임하는 날입니다. 이제 베드로 앞에 있는 이 유대인들은 비록 예언자들이 예언한 예수님은 알아보지 못하고 죽었지만, 다시 오실 예수를 몰라보고 부인해서는 안 될 것입니다. 모르고 한 일이니 이제라도 회개하고 돌이키면 용서해주실 것입니다. 주 오실 그날까지 '영생'으로 안식을 누리며, 영적 원기를 회복하여 살 수 있습니다. 바로 그런 자만이 주님의 재림을 기쁘게 기다릴 수 있습니다. 바로 영혼의 생명, 영생을 품은 자만이 주님의 정결한 신부가 될 수 있습니다.

무엇이 사랑입니까? 무엇이 성령의 열매를 맺는 삶입니까? 무엇이 회개에 합당한 삶입니까? 어떻게 사는 것이 그리스도인으로 사는 것입니까? 나의 죽음을 통해서, 나의 자기 부인을 통해서, 누군가에게 '새로운 날', '상쾌한 날', '숨 돌릴 수 있는 날'이 오게 해주는 일입니다. '안식의 날', '영적 회복의 날', '사죄의 날'이 오게 해주는 일입니다. 부디 우리의 교회가 그런 생명을 나눠주는 공동체가 되기를 바랍니다. 영적으로 죽은 사람들로만 득실거리는 곳, 세상적인 탐욕을 버리지 못하고, 세상적인 자랑을 버리지 못하고, 영적으로 죽은 시체들만 잔뜩 모이는 영적 시체 안치실이 아니라, 몸과 얼이 모두 살아 있는 사람들로 가득하여 생명력이 넘실거리는 공동체가 되기를 바랍니다.

예수, 언약의 성취자(22-26절)

마지막으로 베드로는 예수를 '언약의 성취자'로 소개하고 있습니다. 예수는 난데없이 하늘에서 뚝 떨어진 존재도 아니고 땅에서 솟아난 존재도 아닙니다. 그는 역사가 준비하고 기다려온 사람입니다. 모든 역사가 바로 이 순간을 향해서 달려왔습니다. 결코 역사는 윤회하거나 순환하지 않습니다. 처음이 있고 끝이 있는 직선의 역사입니다. 한 목표를 향해서 흘러가는 역사입니다. 그 목표가 하나님 나라이고, 그 하나님 나라를 이루시는 하나님의 방법이 '예수 그리스도'입니다. 모든 《구약성경》의 말씀, 모든 구약의 예언자들이, 모든 구약의 사건들이 바로 이 예수 그리스도를 직간접적으로 예표하는 그림자입니다. 이제 실체가 왔습니다. 이것이 《성경》의 위대함입니다. 수천 년에 걸쳐서 수십 명의 저자가 각각 다른 곳에서 썼는데도 하나같이 '예수 그리스도'라는 단 한 인물을 향하고 있는 것이 놀랍기만 합니다. 그들이 한자리에 모여서 의논하여 쓴다고 해도 이렇게 정교하게 일관성과 통일성을 갖추어 쓰기 어려웠을 것입니다. 한 성령께서 저자가 되어 쓰셨기에 가능한 일입니다. 모세가 먼저 예수 그리스도를 이렇게 예언합니다.

"모세가 말하되 주 하나님이 너희를 위하여 너희 형제 가운데서 나 같은 선지자 하나를 세울 것이니 너희가 무엇이든지 그의 모든 말을 들을 것이라 누구든지 그 예언자의 말을 듣지 아니하는 자는 백성 중에서 멸망 받으리라 하였고"(사도행전 3:22-23)

22절은 신명기 18장 15절을, 23절은 신명기 18장 15-19절《칠십인역성경》을 선택적으로 인용하고 있습니다. 하나님께서 변화산에 나타나 베드로와 요한과 야고보에게 말씀하실 때도, 바로 이 말씀을 인용하여 "너는 그의 말을 들으라"고 하신 적이 있습니다. 여기 모세가 "너희 형제 가운데서 나 같은 예언자 하나를 세울 것"이라고 했는데, 그가 바로 예수 그리스도라고 베드로는 해석하고 있습니다. 모세가 첫 출애굽을 통해 첫 번째 하나님 나라를 세운 사람이라면, 예수님은 새 출애굽을 통해 새로운 하나님 나라를 세우신 분입니다. 모세가 첫 언약을 맺었다면, 예수님은 새 언약을 맺으신 분입니다. 모세가 유대인의 나라를 세웠다면, 예수님은 모든 민족과 열방으로 자기 나라를 세우신 분입니다. 모세가 율법을 주었다면, 예수는 그 율법을 완성하신 분입니다. 따라서 예수'그 선지자'의 말씀을 거역하는 자의 미래는 말하지 않아도 분명합니다. 모세를 거역한 자들에게 '멸망'이 임했듯이, 새로운 선지자요 그 이상인 하나님의 아들을 거역한 자들의 멸망은 더욱 자명할 것입니다(히 2:1-3 참조). 새 이스라엘 공동체에 속할 수 있는 길은 오직 그 선지자예수의 '말씀'에 대한 순종뿐입니다. 그것을 '믿음'이라고 부릅니다.

또 있습니다. 사사이자 예언자인 사무엘 이후에 나온 모든 예언자들도 예수님이 오셔서 세우실 나라를 예언했습니다. 다윗 왕국이 참된 하나님 나라가 아니라 다윗의 후손으로 오실 예수 그리스도가 세운 나라가 진정으로 하나님의 나라가 될 것이라고 예언했습니다. 베드로는 바로 그 나라가 왔다고 말하고 있는 것입니다. 그 나라의 왕이 오신 것입니다.

"또한 사무엘 때부터 이어 말한 모든 선지자도 이 때를 가리켜 말하였느니라"(사도행전 3:24)

이제 한 사람 더 남았습니다. 그를 맨 나중에 말하는 이유가 있습니다. 유대인들에게는 이 사람이 출발이기 때문입니다. 자신들의 뿌리가 되는 조상입니다. 이후에 모든 유대인의 역사는 바로 이 사람에게 주신 하나님의 약속을 성취하는 역사라고 모든 유대인이 생각했습니다. 그가 바로 아브라함입니다. 그런데 베드로는 유대인들 앞에서 아주 충격적인 말을 합니다.

너희 유대인들이 죽인 이 예수님이 바로 아브라함에게 주신 언약을 성취하기 위해서 하나님께서 보내신 종이라는 것입니다.

"너희는 예언자들의 자손이요 또 하나님이 너희 조상과 더불어 세우신 언약의 자손이라 아브라함에게 이르시기를 땅 위의 모든 족속이 너의 씨로 말미암아 복을 받으리라 하셨으니 하나님이 그 종을 세워 복 주시려고 너희에게 먼저 보내사 너희로 하여금 돌이켜 각각 그 악함을 버리게 하셨느니라"(사도행전 3:25-26)

아브라함의 자손은 유대인만이 아니라 "땅 위의 모든 족속"(창 12:1-3)이 될 것이라고 하나님께서는 분명히 말씀하셨다고 베드로는 강조합니다. 이제 예수님은 땅 끝까지 이르러 이 하나님 나라 백성들을 부르실 것입니다. 그런데 그 모든 일을 시작하기 전에 먼저 누구에게 오셨습니까? 바로 선민 유대인들에게 오셨습니다. 유대인에게 구원 순서상 우월성이 있음을 분명히 밝히십니다. 당연히 그들은 이 엄청난 특권에 감사하여 빛과 소금으로 살아야 했습니다. 세상 앞에서 제사장 나라가 되어 이방인들을 주님 앞으로 나아오게 하는 역할을 해야 했습니다. 그런데 그들은 도리어 메시아를 죽였습니다. 그러니 이제 그 특권이 이방인에게로 넘어갈 것입니다. 하지만 베드로는 말합니다. 이제라도 회개하여 죄사함을 받으라고 말입니다. 더는 하나님이 보내신 종 예수의 말씀과 통치를 부정하는 악한 삶에서 떠나라고 촉구합니다. "각각 그 악함을 버리게 하셨다"고 하셔서 회개가 얼마나 개인의 엄정한 개별적 책임이 뒤따르는 일인지를 강조합니다. 이 역사적인 성취의 시대를 살고 있는 자로서 그 특권을 누리라고 촉구하고 있는 것입니다. 이것이 "복"입니다. 하나님의 백성이 되어 영생을 누리는 것이 "복"입니다. 이 복을 물질적이고 현세적이고 세속적인 것으로 변질시켜 복음을 왜곡하고 예수를 우상으로 전락시킨 교회의 죄는 씻을 수 없이 큽니다. 영광스런 이 선물을 허접한 것으로 만들어버린 이 악함이 메시아를 십자가에 달려 죽인 죄와 어찌 다르다 할 수 있습니까? 이는 성전 미문 앞 앉은뱅이들을 계속 그 삶을 살도록 고립시키는 일입니다. 참담합니다.

나가는 말

이제 우리 함께 솔로몬의 행각으로 가봅시다. 여러분 옆에는 방금 전에 평생 동안 앉은뱅이로, 걸인으로 은금을 구걸하던 사람이 멀쩡하게 서 있다고 생각해보십시오. 어쩌면 여러분은 지금껏 예수를 죽이고도 열심히 성전 예배에 참여하였던 유대인과 다를 바 없이 살았을지 모릅니다. 하나님의 아들, 하나님이 보낸 종을 죽였으면서도 하나님을 찬양하고 하나님께 기도하는 사람이었을지 모릅니다. 그게 아니라면 혹시 여러분은 은금을 구하던 앉은뱅이 걸인과 같았을지 모릅니다. 하나님께 드리는 예배에는 관심 없고, 몸은 성전에 들어왔지만 마음은 성전 안으로 들어오지 않고, 오로지 은금에만 관심을 기울이는 사람이었는지 모릅니다. 영적인 앉은뱅이, 영적인 걸인 말입니다. 둘 모두 영적으로는 죽은 사람입니다. 살아도 산 게 아니었습니다. 살기 위해서는 죽어야 합니다. 헛된 선민의식이 죽어야 합니다. 헛된 구원의 확신이 죽어야 합니다. 헛된 종교적인 자긍심이 죽어야 합니다. 소유와 재물에 대한 욕심이 죽어야 합니다. 베드로는 그것을 "회개하고 돌이키라", "돌이켜 그 악함을 버리라"는 말로 도전했습니다. 그러면 '얼생명'이 살 것입니다. 영생을 맛보며 살 것입니다.

가짜들이 기승을 부리는 시대입니다. 산 것처럼 보이지만 죽은 것들이 위세를 떨치는 시대입니다. 하지만 얼빠진 사람들입니다. 실상은 죽은 자들 입니다. 아파트 값만 올려주고 지켜준다면, 세금만 깎아준다면, 이단도 용 납하고 무법자들에게도 관용하는 무서운 시대입니다. 하지만 우리는 생명 없는 그런 것들을 전혀 무서워할 것 없고 부러워할 필요는 더욱 없습니다. 그럴수록 우리는 살리는 삶을 살아야 합니다. 사람은 무엇으로 삽니까? 사 랑으로 삽니다. 사랑을 먹고 살고, 사랑을 하며 삽니다. 그러니 이제 우리도 세상을 향해서 이렇게 말합시다.

"왜 우리를 주목하십니까? 당신을 사랑하시는 예수님을 주목하십시오."

함께 기도하겠습니다

자비와 은총의 주님,

사랑으로 우리를 지으시고, 그 사랑 버리고 떠난 저희를 찾아주시고

더 큰 사랑으로 기어이 저희를 살리셔서

사람답게 살아가도록 복 주셔서 감사합니다.

주님 오실 그 날에, 그 새롭고 상쾌한 날에,

모든 만물이 회복되는 그 영광의 날에,

저희도 주 안에서 살아 있는 영혼으로

주님 다시 뵈올 수 있기를 원합니다.

그러하오니 오늘 주님이 주신 그 생명의 복을 잘 만끽하면서

충만한 기쁨으로 안식을 누리며 살게 하여 주옵소서.

이제라도 우리가 뿌리내린 그 악함, 그 죄에서 돌이켜

주 예수 그리스도께서 말씀하실 때 조아려 듣고

즐거이 순종하는 자녀로 살게 하여 주옵소서.

주께서 허락하신 이 소중한 공동체 안에서

우리 자녀들이 일어나고, 우리 가장들이 생기를 회복하고,

우리 부모님들의 소망이 새로워지고,

우리 어른들이 깨어나게 하여 주옵소서.

그 도도한 구속의 역사의 흐름 속에,

그 장구한 이야기 속에 저희를 불러주셨사오니,

이제 주님을 거스르지 않고 주께서 우리의

영적 불구를 고치시도록 맡기고

썩어질 것에 경도된 우리의 마음을 수술하시도록 의탁하여

주님의 숨을 쉬고 주님의 안식에 오늘 여기서부터 참여하는

복된 자녀들 되게 하여 주시옵소서.

아멘.

보고 들은 것을
말하지 않을 수 없다! ——— 사도행전 4:1-22

증인은 누구인가?

1998년 겨울, 나치의 유태인 포로수용소가 있었던 독일의 플로센부르크Flossenbürg에 다녀왔습니다. 그곳에 다음과 같은 글이 새겨진 석판이 있었습니다.

"디트리히 본회퍼, 그의 형제들 가운데 예수 그리스도의 증인이었던 자.
1906년 2월 4일 브레슬라우에서 태어나고 1945년 4월 9일 플로센부르크
에서 죽다."

우리가 아는 그 본회퍼 목사님이 이곳에 수용되어 있다가 처형당하셨습니다. 이 석판은 본회퍼Dietrich Bonhoeffer 목사님을 단지 '예수 그리스도의 증인'으로만 묘사하고 있습니다. 그가 누군지를 알면, 이것은 성의 없고 심지어 무례하게 보일 만큼 너무 소박한 소개입니다. 그는 히틀러Adolf

Hitler를 암살하려던 계획이 발각되어 독일 패망을 불과 몇 달 앞둔 1945년 4월 9일 이곳에서 생을 마감한 독일의 신학자요 목사였습니다. 신학적인 영민성, 실천적인 저항가의 삶, 흔들림 없는 불굴의 용기, 목회자의 따뜻한 가슴, 자기부정의 인생 역정 등 그를 담을 수 있는 수식어는 차고 넘칩니다. 하지만 본회퍼에게 묻는다면, 그는 '그리스도의 증인'이라는 이 한 마디로 충분하고, 그것마저도 사양했을 것 같습니다. 그는 자신의 삶 전체를 통해서 예수 그리스도의 사랑과 정의만을 전하고 싶어 했고, 그분의 통치와 임재, 그분을 통한 궁극적인 승리만을 가시적으로 드러내려고 했습니다. 그는 예수 그리스도의 증인이라는 이 호칭을 과분하다면서도 가장 영예롭게 여겼을 것입니다.

제가 섬기는 교회가 있는 빛고을 광주에는 그리스도인의 길에 대해 "성공Success이 아니라 섬김Service"이라고 말씀하시고 그대로 사셨던 서서평 엘리자베스 요한나 쉐핑, Elisabeth Johanna Shepping 선교사님이 계셨고, 나환자들의 아버지 최흥종 목사님이 계셨고, 수도자요 사상가인 이현필 선생 같은 분이 계셨습니다. 유감스럽게도 그들이 말로는 무슨 설교를 했는지 기록이 거의 남아 있지 않습니다. 자기 이름으로 책을 남겨두지 않았습니다. 그럴 시간이 없을 만큼 온 삶을 쏟아 복음을 보여주셨습니다. 복음의 능력을 증명해주었습니다. 그들을 기억하시는 분들이 살아 계십니다. 그런데 회고담을 들어보면, 이분들의 가르침과 설교에 대한 언급은 거의 없습니다. 그게 중요하지 않았다는 뜻은 아닐 겁니다. 다만 곁에 함께했던 이들의 마음을 움직인 것은 그 메시지만이 아니라 메시지를 현실화시킨 그들의 삶이었던 겁니다. 아무도 거들떠보지 않던 거지들, 고아들, 한센병자들을 거둬

주시는 모습, 피고름을 짜주고, 심지어 그것을 빨아서 뱉어내시던 모습, 그들 틈에서 잠을 자고, 그들이 안전하게 거하고 치료를 받을 수 있도록 전 재산을 헌납하거나 또 일본인 관료들을 상대로 데모를 하여 여수에 애양원을 만들고, 소록도를 나환자들의 공간으로 조성해주는 헌신적인 모습을 보고서 환자들은 그들이 전하는 예수를 믿기로 했습니다.

분명 역사를 살다 가신 예수는 한 분이시지만, 마태의 예수, 마가의 예수, 요한의 예수, 누가의 예수, 바울의 예수가 달랐습니다. 그렇듯이 누구에게 예수를 소개받았고, 어떻게 소개받았는지에 따라서 우리가 만나는 예수는 달라질 수밖에 없습니다. 여러분의 교회에서 만나고 있는 예수도 이전에 여러분이 거쳐 온 교회들에서 만났던 예수와 다를 것입니다. 어떤 교회든지 자기가 경험하고 이해한 예수만을 고집할 것이 아니라, 늘 겸손하게 열린 마음으로 다른 예수에 대한 간증에 귀를 기울이고, 더 나아가 우리 자신은 역사를 살다간 예수,《성경》이 계시하시는 예수를 얼마나 잘 가시화Visible하고 있고 역사화하고 있고 현재화하고 있는지 살피고 또 살펴야 합니다. 이 땅에 존재하는 동안 교회는 변하고 또 변해서 좀더 그 예수를 더 실감나게 닮아가야 합니다. 어른들은 '왕년의 신앙'을 과시하여 후배들에게 고리타분한 예수님만을 주입하려고 하지 말고, 후배들은 '세련되고 현대감각에 맞는' 신앙만을 주장하여 선배들이 전해준 값진 믿음의 유산을 잃어서는 안 됩니다. 우리는 책이나 교리 안에 예수를 가두지 않아야 합니다. 시대의 도전에는 맞서야 하고, 시대의 흐름에 순응해서는 안 됩니다. 또 예수를 가진 자들과 지배 세력의 이데올로기를 옹호하는 분으로 만들어서는 안 되지만, 동시에 가난한 자들이나 병든 자들, 그 사회 약자들만의 구원자로 만들지도 말아야 합니다. 자칫 그들이 바라는 것은 예수가 아니라, 돈이나 건강이나 신분 상승이나 사회 개혁이 되게 할 수 있어서 그렇습니다.

이제 우리는 '증인들'을 만날 것입니다. 베드로와 요한이라고 하는 증인들이 드러내는 예수를 만날 것입니다. 그 예수님이 오늘 우리의 예수님이 되기를 바랍니다. 예수님은 우리를 통해서 오늘 여기서도 소개되고, 믿어지고, 그래서 역사와 세상의 주인으로 통치하길 원하십니다.

복음을 가둘 수 없다(1-4절)

성전 미문에서 40여 년 동안 앉은뱅이로 살면서 구걸하던 사람이 나사렛 예수 그리스도의 이름으로 일어나 걷게 되었습니다. 성전 종교인 유대교는 결코 할 수 없는 일이었습니다. 특별히 이 기적은 유대인들이 죽인 예수님이 살아나셨다고 주장하는 사도들에 의해서 일어났기 때문에, 이 광경을 본 유대인들은 적잖이 충격을 받았습니다. 이는 그들이 전하고 있는 이 황당한 주장이 거부할 수 없는 명백한 사실이라는 것을 입증하는 증거였기 때문입니다. 성전 안 솔로몬의 행각에서 베드로는 그리스도가 고난을 받는 것은 이미《구약성경》에서 예언한 것이라고 설교합니다. 예수님은 모세가 예언한 새 출애굽, 새 언약의 성취자이고, 더욱 놀랍게도 유대인의 시작이요 뿌리인 아브라함에게 주신 언약, 그 씨를 통해서 모든 민족이 하나님의 언약 백성이 되는 복을 받을 것이라는 언약을 성취하러 오신 분이라고 설교합니다. 예수의 이름으로 앉은뱅이 걸인을 일으킨 사건은 우연한 치유 기적이 아니라, 메시아의 시대, 새 언약의 시대, 죄와 사망에서 해방되고 자유를 얻는 시대가 드디어 예수를 통하여 도래했음을 증명하는 '표적'이라고 설교합니다.

메시아를 몰라보고 죽인 이스라엘이 사실은 영적 앉은뱅이였습니다. 아니 사망 가운데 있는 모든 인류가 '은'과 '금'만을 욕망하고 있고, 그래서 아무도 스스로 구원할 수 없는 구제불능의 영적 불구자들입니다. 소유지 향적인 삶은 하나님과 상관없는 삶인 것을 몰랐고, 영원한 생명, 영적인 생명을 얻는 데 도리어 방해가 된다는 것을 몰랐습니다. 그저 살면서 사는 재미 좀 보게 할 뿐입니다. 그마저도 어떤 사람들은 전혀 누려보지 못한 채 고생만 하다가 끝날 수 있고, 사고나 병으로, 전쟁으로 너무 일찍 죽는 자들도 많습니다. 요양병원을 가보면 왜 사는지도 모르면서 약물에 의지하여 간신히 목숨만 붙어 있는 어른들이 있습니다. 가는 세월 붙잡지 못하고 점점 사그라지는 목숨들이 있습니다. 우리 의지와 상관없이 그렇게 세월은 흘러가고, 때가 이르면 그 자리에 우리가 누워 있을 겁니다. 그런데 증인들은 그렇게 인생이 끝난다는 것을 알기에, 그렇게 돈으로 누릴 수 있는 인생이 생각보다 길지 않다는 것을 알기에, 제 힘으로 움직일 수 있고 융통할 수 있는 소유가 있고 부릴 수 있는 권한이 있을 때, 그것으로 증인 노릇, 청지기 노릇 잘 해보려고 합니다. 살기 위해 살지 않고, 살기 위해서 일하지 않습니다. 사는 것 자체를 목적으로 삼지 않습니다. 좀 덜 불편하게 살려고 하거나 좀 더 인정받기 위해 살려고 하지 않습니다. 증인들은 그리스도를 드러내기 위해 삽니다. 내가 받은 생명을 나눠주고, 받은 사랑을 나눠주고, 그래서 아브라함에게 약속하셨던 천하 만민에게 '복' 주실 하나님의 계획이 이루어지게 하려고 삽니다. 그것을 인생 목표로 여깁니다. 그것은 직업 종교인들만의 소명이 아닙니다. 우리 모든 그리스도인들의 소명입니다.

이제 베드로는 유대인들을 향해서 바로 그 복의 삶, 생명의 삶으로 돌아서도록 요구합니다.

"그러므로 너희가 회개하고 돌이켜 너희 죄 없이 함을 받으라 이같이 하면 새롭게 되는 날이 주 앞으로부터 이를 것이요.... 하나님이 그 종을 세워 복 주시려고 너희에게 먼저 보내사 너희로 하여금 돌이켜 각각 그 악함을 버리게 하셨느니라"(사도행전 3:19, 26)

사도들의 설교와 선포 소식은 곧장 성전 당국자들에게 전해졌습니다. 제사장들과 성전 맡은 자성전 치안담당자(눅 22:4)와 종교권력을 장악하고 있던 사두개인들이 서둘러 나왔습니다. 이 때 베드로는 여전히 열변을 토하고 있는 중이었습니다.

"사도들이 백성에게 말할 때에 제사장들과 성전 맡은 자와 사두개인들이 이르러 예수 안에 죽은 자의 부활이 있다고 백성을 가르치고 전함을 싫어하여 그들을 잡으매 날이 이미 저물었으므로 이튿날까지 가두었으나"(사도행전 4:1-3)

《성경》은 베드로가 무언가를 가르치고 있었다고 말합니다. 앞에서 언급한 메시아가 고난을 받고 죽을 것이라는 《구약성경》의 예언과 그 메시아를 하나님께서 살리셨고, 그분이 언약의 성취자라는 가르침을 의미할 것입니다. 그리고 그들은 베드로가 선포하는 메시지도 들었습니다. 그 내용은 "예수 안에 죽은 자의 부활이 있다"는 메시지였습니다. 사도들이 체포된 것은 일반적인 부활에 대한 가르침을 전했기 때문이 아닙니다. 그것만으로는 사두개인들의 심기가 불편할 수 있지만, 부활을 믿는 바리새인들도 있기 때문에 부활 선포 자체가 체포나 처벌의 이유는 될 수 없었습니다. 사도들에게 문제가 된 것은 그 부활에 대한 가르침이 "예수 안에 죽은 자의 부활"이었기 때문입니다. 한마디로 그들은 하나님의 저주를 받아서 공개적으로 처형당한 예수가 부활했다고 전했기 때문에 체포된 것입니다. 당연히 여기 사도들을 체포하러 온 사람 중에 부활을 믿지 않는 사두개인들도 포함되어 있었기 때문에, 그들의 체포 의지는 더욱 강했을 것입니다. 사도들의 부활 설교를 혹세무민하는 가르침으로 여겼을 것입니다.

하지만 재판을 열기에 날이 너무 어두웠기 때문에 다음 날까지 베드로와 요한 두 사도를 옥에 넣었습니다. 오후 세 시 성전 기도에 가던 중에 앉은뱅이 걸인을 고쳤고, 그 이후에 베드로의 설교가 이어졌고, 고소를 들은 뒤 제사장들과 성전 당국자들이 찾아왔으니, 이미 날이 저물어가고 있었던 것입니다. 늦었기 때문이기도 하지만, 그들의 죄상을 심각하게 보았기 때문에 구금조치가 취해졌을 가능성도 있습니다. 이 체포와 투옥은 사도행전에 나오는 많은 감금과 투옥 가운데 첫 번째입니다. 사도행전 안에는 3장, 10장, 11장만 제외하고 모든 장에 박해 기록이 나옵니다. 초대교회 증인들에게 박해는 예외적인 일이 아니라 일상적인 것이었습니다. 끈질기게 박해를 했고, 끈질기게 버티고 이겨냈습니다. 예수께서도 이미 자기를 따르는 제자들의 삶에는 자신이 겪은 반대와 고난이 있을 것이라고 예고하신 바 있습니다.

"이 모든 일 전에 내 이름으로 말미암아 너희에게 손을 대어 박해하며 회당과 옥에 넘겨주며 임금들과 집권자들 앞에 끌어가려니와"(누가복음 21:12)

베드로는 '감옥에라도, 죽음의 자리에라도 주와 함께 가기로 준비되었다'

266

고 했다가 주님을 부인하고 말았는데, 이제 그 약속을 늦게나마 지키고 있습니다(눅 22:33). 사도들이 갇혔습니다. 복음 선포가 중단되었습니다. 더는 사도들이 전하는 복음을 직접 들을 수 없게 되었습니다. 그런데 만약 이것이 복음 증거의 끝이었다면, 역사상 기독교는 존재하지 않았을 것이고, 복음은 소멸되었을 것입니다. 세상이 복음을 반대하지 않고 무조건 환영하였거나 복음이 확산되도록 그냥 방치한 적은 단 한 번도 없었기 때문입니다. 그러나 반대에도 불구하고 복음은 전진했습니다. 아니 그들의 반대 때문에, 박해 때문에, 증인들의 고난 때문에 복음은 더욱 더 강력하게 전파되었다고 해야 맞을 것입니다. 반대로 증인들이 스스로 복음의 예봉을 꺾고 세상의 사상과 섞어 희석시켰을 때, 복음은 활기를 잃고 교회는 세상과 다를 바 없어지고 전혀 박해를 받지 않았는데도 스스로 세속화되었습니다. 그 짝퉁 복음과 유사 그리스도인들과 생계형 직업 종교인들이 복음을 복음답게 증거하는 교회의 가장 큰 반대세력이 되었습니다. 세상보다 더 강력한 주류세력이 되었고, 순수성을 지키려던 증인들을 변방으로 밀어냈습니다. 하지만 그렇게 사도들은 갇혔지만 복음은, 말씀은 갇히지 않았습니다. 사도들이 전한 복음을 성도들의 마음까지 전달하는 것은 그들의 전달력이나 논리가 아니라 성령의 역사이기 때문입니다. 성령께서 자유롭게 역사하시니 그 말씀을 들은 유대인들 안에 난리가 일어났습니다. 복음을 전한 자들이 무기력하게 체포되어 옥에 갇혔다고 해서 그들은 결코 그 복음이 약하고 보잘것없다고 생각하지 않았습니다.

사탄이 우리에게 종종 심어주는 착각이 그것입니다. 세상에서 성공한 사람이 되고 세상이 부러워하는 자리에 앉는 것이 복음의 능력을 증명하는 길이라고 속입니다. 영향력 있는 자리에서 복음을 전하면 더 많은 사람에게 더 효과적으로 복음을 전할 수 있을 것이라고 말합니다. 그런데 그것은 가장 교묘한 거짓말입니다. 그 기준으로 보면 예수는 실패자입니다. 예수는 한 번도 그 전략을 써본 적이 없습니다. 세상 기준으로 하면, 그는 실패한 혁명가였고, 아주 허황된 몽상가였습니다. 그런데 지금껏 그분의 메시지가 진리로 인정받고 그분이 시작한 하나님 나라가 건재한 것은 예수가 이룬 세상적인 성공 때문이 아니었습니다. 사도들이 반대를 받고 옥에 갇히고 고초를 겪은 것은 자신들이 전한 예수의 길을 사도 자신들부터 걸었기 때문입니다. 사도들은 갇혔지만 복음은 갇히지 않았고 성령의 역사는 중단되지 않았다는 것을 저자는 4절을 통해서 보여줍니다.

"말씀을 들은 사람 중에 믿는 자가 많으니 남자의 수가 약 오천이나 되었더라"(사도행전 4:4)

성령께서 역사하셔서 유대인들의 마음에 불을 지른 것입니다. 무려 오천 명, 그것도 남자만 오천 명이 예수를 믿겠다고 나섰습니다. 백이십 명이 삼천 명으로, 지금은 오천 명으로, 앞으로는 만 명으로 늘어날 것입니다(행 21:20). 그것은 유대교를 버리겠다는 집단 선언입니다. 예수님이 《구약성경》의 완성이며 하나님의 대리 통치자로서 자신들을 구원하시는 메시아, 그리스도라고 인정했다는 뜻입니다. 사도들은 갇혔어도 복음은 힘껏 역사하고 있었습니다. 여기서 누가복음 저자는 아주 분명하게 그들의 회심이 '말씀을 들은' 결과라고 말해줍니다. 말씀을 들을 때만 참 신앙이 발아한다는 것을 보여줍니다. 적어도 사도행전에서 선교는 말씀의 전파이고, 사도들과 증인들은 말씀의 선포자들입니다. 메신저는 갇혀도 메시지는 갇히지 않습니다. 메신저를 떠난 메시지는 이제 성령의 소유가 되기 때문입니다.

이것이 사역자인 저에게 큰 도전을 줍니다. 제가 할 일은 십자가의 도를 전하고 십자가의 길을 가는 것뿐이며, 그것으로 성령께서 어떻게 그리고 언제 역사하실지는 제 소관이 아니기에, 절대로 서둘러 나의 때에 추수하여 내 야망을 만족시키려는 사람은 되지 말자는 다짐을 하게 합니다. 저는 이것이 우리 모두의 적용이 되기를 바랍니다. 우리에게 붙여주시는 영혼이 5명이든, 50명이든, 500명이든 그것은 우리 소관이 아닙니다. 주님이 심판의 날 우리에게 몇 명 모이는 교회를 만들고 왔느냐고 물으시지 않을 것입니다. 그러실 리가 없습니다. 다만 그리스도의 증인으로 어떻게 살다 왔느냐고 물으실 것입니다.

다른 이름은 없다(5-12절)

이튿날이 되었습니다. 재판이 시작되었습니다. 관리들제사장들과 성전 고위 운영자들과 장로들사두개파에 속한 예루살렘 주요 가문의 수장들과 서기관들바리새파 율법학자들이 예루살렘에 모였습니다. 유대의 최종 재판 기관인 산헤드린 공의회구성원은 전현직 대제사장, 성전수비대장, 수비대 장교, 주요 가문의 대표들, 율법학자들로 총 71명가 열렸습니다. 《성경》에는 안나스와 가야바, 요한, 알렉산더의 이름이 나와 있습니다. 안나스는 전임 대제사장이고재임기간, 주후 6-15년, 가야바는 그의 사위로 현직 대제사장재임기간, 주후 18-36년입니다. "다 참여했다"는 언급은 그만큼 이 사안을 심각하게 여겼음을 보여줍니다. 십자가에 죽은 예수 망령이 다시 살아난 것 같았을 것입니다. 그들은 자기 손으로 예수를 죽였지만, 예수가 살았을 때 공언한 대로 죽은 자 가운데서 살아났다는 소식도 이미 들었을 것입니다. 그런데 누군가가 그 이름을 의지하여, 그 예수가 생전에 하던 대로 병을 고쳤다는 소식을 듣고는 정말 그가 살아난 건 아닐까 하는 생각에 두려움이 엄습해왔을 것입니다. 그들은 성전에서 장사하는 자들을 쫓아냈던 예수를 향해서 물었던 질문을 다시 사도들에게도 던집니다.

"사도들을 가운데 세우고 묻되 너희가 무슨 권세와 누구의 이름으로 이 일을 행하였느냐"(사도행전 4:7)

앉은뱅이를 일으켜 세운 권세를 주신 이가 누구냐는 것입니다. 이 "물었다"라는 동사의 시제미완료는 그들이 이 질문 그대로 던졌다기보다는 많은 질문을 던졌는데, 그 요지가 권세와 이름이었다는 것을 말해줍니다. 예수님이 재판을 받으신 것처럼 이제 제자들이 심문을 받고 있습니다. 이상하게도 체포한 이유는 그들이 예수의 부활을 가르친 것 때문이었는데, 여기서는 다른 것을 추궁하고 있습니다. 부활을 전한 것 자체가 사법처리 대상은 아니었기 때문입니다.

이에 베드로가 대답합니다. 그런데 누가는 베드로의 상태를 먼저 설명합니다.

"이에 베드로가 성령이 충만하여 이르되"(사도행전 4:8)

이제 베드로는 체포되는 예수를 보고 도망쳤던 그 베드로가 아닙니다. 그는 성령에 충만한 사람입니다. 《누가-행전》에서 성령은 증인들을 황홀경으로 이끌지 않습니다. 그는 말씀으로 소통하게 하십니다. 소통 가능한 말씀을 주십니다. 예언할 수 있게 하시고, 선포할 수 있는 능력을 주십니다. 성령은 그를 담대하게 하셨습니다(13절). 이것도 이미 예수께서 약속하신 그대로 이루어진 것입니다.

> "이 모든 일 전에 내 이름으로 말미암아 너희에게 손을 대어 박해하며 회당
> 과 옥에 넘겨주며 임금들과 집권자들 앞에 끌어가려니와 이 일이 도리어 너
> 희에게 증거가 되리라 그러므로 너희는 변명할 것을 미리 궁리하지 않도록
> 명심하라 내가 너희의 모든 대적이 능히 대항하거나 변박할 수 없는 구변과
> 지혜를 너희에게 주리라"(누가복음 21:12-15)

성령에 충만한 사람, 베드로는 거칠 것이 없이 대답합니다.

> "이에 베드로가 성령이 충만하여 이르되 백성의 관리들과 장로들아 만일 병
> 자에게 행한 착한 일에 대하여 이 사람이 어떻게 구원을 받았느냐고 오늘
> 우리에게 질문한다면 너희와 모든 이스라엘 백성들은 알라 너희가 십자가에
> 못 박고 하나님이 죽은 자 가운데서 살리신 나사렛 예수 그리스도의 이름으
> 로 이 사람이 건강하게 되어 너희 앞에 섰느니라"(사도행전 4:8-10)

그가 얼마나 확신이 넘치게 말하고 있는지 느껴지십니까? "너희와 모든 이스라엘 백성들은 알라"고 합니다. 이것은 "반드시 알아야 합니다"그노스톤 에스토, γνωστὸν ἔστω라는 뜻입니다(행 2:14 참조). 이것은 재판정에서 피고인이 재판관들에게 할 수 있는 말은 아닙니다. 그러면서 이 앉은뱅이가 일어

선 기적을 "착한 일"이라고 평가합니다. 결코 자신들을 포함하여 인간이 할 수 있는 일이 아니고, 하나님만이 하실 수 있고, 하나님이 하신 일이니 '착한 일'이라는 뜻입니다. 그런데도 굳이 이 사람이 어떻게 나음을 받았느냐고, 어떻게 구원을 받았느냐고, 이 사람이 어떻게 건강하게 되었느냐고 묻는다면, 베드로는 이렇게 대답하겠다고 합니다.

"너희와 모든 이스라엘 백성들은 알라 너희가 십자가에 못 박고 하나님이 죽은 자 가운데서 살리신 나사렛 예수 그리스도의 이름으로 이 사람이 건강하게 되어 너희 앞에 섰느니라"(사도행전 4:10)

만약 베드로가 이 앉은뱅이 치유 기적을 하나님께서 하셨다고 대답했다면, 재판관들 중에 아무도 자극하지 않았을 것입니다. 그렇게 말한다고 해도 틀린 말이 아니고 거짓말도 아닙니다. 공연히 적대감을 불러일으키지 않고도 무마할 수 있었습니다. 그런데 사도들은 "하나님이 하셨다"고 적당히 말하지 않았습니다. 사도들은 매사에 갈등을 피하는 것이 항상 그리고 반드시 좋은 것만은 아니라고 생각한 것입니다. 그들은 사실상 이렇게 말한 것입니다.

"이 기적은 다름 아닌 바로 여러분이 죽인 나사렛 예수가 한 일입니다. 여러분은 하나님께 신성모독을 범한 중죄인을 죽인 것이 아니라 하나님이 보내신 메시아, 그리스도를 죽인 것입니다. 그가 죄인이 아니란 증거가 있습니다. 하나님이 그를 죽은 자 가운데서 살리셨습니다. 그러니 지금 그 예수님이 왕이 되시는 하나님 나라가 도래한 것입니다. 이제 드디어 사탄의 나라, 사망의 나라, 죄의 나라가 패배하였습니다. 이미 여러분 가운데 생명의 나라, 사랑의 나라, 구원의 나라가 임하였습니다. 그 증거가 바로 앉은뱅이가 나사렛 예수 그리스도의 이름으로 나음을 입은 사건입니다."

앉은뱅이 치유 사건이 '착한 일'이고, 그것이 부활하신 예수께서 하신 일이라면, 그 예수를 죽인 자들, 그리고 그 예수의 이름으로 앉은뱅이를 고친 사도들을 심문하는 그들이 '악한 일'을 하고 있는 것입니다. 예수는 분명 죄인으로 십자가에 달려 죽었는데, 어떻게 그가 착한 일을 할 수 있겠습니까? '죄인 예수'와 치유는 어울리지 않습니다. 그런데 그런 일이 일어났습니다. 그렇다면 예수를 죄인으로 정죄한 그들의 기준이 악하고 그릇된 것이었음이 드러난 것입니다. 지금껏 유대인들이 자기 정체성을 세우는 근거로 간직했던 기준들이 완전히 뒤집히고 무력화된 사건이 벌어진 것입니다. 유대인들은 선한 일을 행한 의인을 죽인 악인이 되었습니다.

예수님도 믿고 하나님도 믿는 우리에게는 두 분 중에 누가 하셨는지는 크게 중요하지 않지만, 유대인들 앞에서 하나님이 하셨다고 말하는 것과 하나님이 죽은 자 가운데서 살리신 예수님이 하셨다고 대답하는 것은 천지차이입니다. 적어도 유대인들에게는 예수는 하나님을 사칭한 자였습니다. 하지만 하나님은, 그리고 《성경》은 예수를 "하나님의 아들"이라고 말하고 있습니다. 그를 "메시아, 그리스도"라고 말하고 있습니다. 그가 바로 하나님 나라의 왕이라는 것입니다. 이는 그분이 구원자이시고 심판자도 되실 것이라는 의미입니다. 이것을 인정하지 않는 것은 그분을 보내신 하나님을 인정하지 않는 것과 다름이 없기에 심각한 죄가 됩니다. 그래서 베드로는 에둘러 말하지 않고 돌직구를 날린 것입니다. 베드로는 더 나아가 바로 이 예수가 버림 받을 것과 하나님이 그를 하나님 나라에서 가장 중요한 자리로 신원하실 것을 《성경》이 이미 예언하였고, 그 예언대로 되었다고 말합니다. 그러면서 시편 118편 22절을 인용합니다.

"이 예수는 너희 건축자들의 버린 돌로서 집 모퉁이의 머릿돌이 되었느니라"(사도행전 4:11)

건축물은 성전이고 건축자는 성전 지도자들입니다. 건축자들은 건축 자재를 잘 알아보고 효과적으로 쓸 책임이 있습니다. 하지만 그들은 예수라는 귀한 돌을 버렸습니다. 성전의 머릿돌이 될 수 있는 분을 알아보지 못하고 폐기했습니다. 건축자의 버린 돌이 성전 모퉁이의 머릿돌이 되었듯이, 처형된 죄수 예수가 부활한 치유자가 되었습니다. 한 앉은뱅이만이 아니라 하늘 아래 온 인류를 구원할 치유자가 되었습니다.

우리가 아는 대로 이 구절은 예수님도 포도원 소작인의 비유 끝부분에서 자신의 죽음과 부활을 예고하시면서 인용하신 적이 있습니다(눅 20:17-18). 농부들이 포도원 주인의 아들을 죽인 것처럼 예수님 자신도 죽임을 당할 것이라고 말씀하셨습니다. 그런데 거기서 그치지 않고 그 아들을 죽인 자들에게 심판이 임할 것이라고 하셨습니다.

"그들을 보시며 이르시되 그러면 기록된 바 건축자들의 버린 돌이 모퉁이의 머릿돌이 되었느니라 함이 어찜이냐 무릇 이 돌 위에 떨어지는 자는 깨어지겠고 이 돌이 사람 위에 떨어지면 그를 가루로 만들어 흩으리라 하시니라"(누가복음 20:17-18)

예수께서 이 말씀을 하셨을 때 종교지도자들은 자기들을 가리켜 한 말씀인 줄 알아듣고는 그를 체포하려고 했습니다. 베드로는 예수님이 부활하셔서 이 말씀대로 되었다고 말한 것입니다. 지금 베드로는 성전에서 이 말씀을 전하고 있습니다. 그럼 이 성전이 어떻게 될 것이라는 뜻입니까? 무너질 것입니다. 그때 메시아를 죽인 자들이 그 돌에 맞아 가루가 될 것입니다. 하지만 예수님이 새로운 성전이 되실 것입니다. 건물 성전이 아니라 그를 믿는 자들이 새로운 성전이 될 것입니다. 성전이 세워진다는 것은 하나님이 거기에 임재하신다는 뜻입니다. 성전에 하나님이 돌아오시는 것은 유대인들에게는 하나님 나라가 회복되는 날로 기대되던 순간이었습니다. 지금 로마의 지배 아래 있던 나라가 회복되는 날, 이방인들과 그들에게 영합한 종교인들이 부정하게 한 예루살렘 성전이 정화될 것이라고 기대했습니다. 하지만 예수님이 가져오신 하나님 나라는 그게 아니었습니다. 팔레스타인 땅에 유대인들만의 성전과 유대인들만의 나라를 회복하러 오시지 않았습니다. 아브라함에게 약속하신 대로 온 열방과 민족을 죄와 사망의 다스림에서 해방하셔서 생명의 나라, 사랑의 나라를 세우려고 오셨습니다. 예루살렘 성전제도를 갱신하시는 데 그치지 않을 것입니다.

팔레스타인 땅에서의 나라라면, 유대인들만의 나라라면, 굳이 하나님의 아들 예수님이 오시지 않았어도 되었을 것입니다. 예수님은 방해가 될 뿐이고, 실제 그는 실패자가 되었습니다. 그때처럼 지금도 유대인은 예수보다는 자기 나라, 자기 혈통을 더 중요하게 여깁니다. 유대인만의 나라, 팔레스타인 땅에 서는 나라를 만들려고 세상에서 가장 잔인하고 악독한 방법으로 팔레스타인 사람들을 죽이고, 고문하고, 고립시키고 있지 않습니까? 놀랍게도 그것은 그들이 나치 독일에게 당했던 그대로의 폭력입니다. 나치 독일이 게르만 민족의 우수성을 선전하며 그들이 가진 힘과 권력으로 유대인들을 수용소에 가두고 몰살시켰듯이, 유대인들은 자기 민족의 우월성을 과시하면서 가자Gaza 지구에 세상에서 가장 단단한 장벽을 쌓아두고 오늘도 무고한 시민들을 향해 포격을 날리고 있습니다. 자기들이 가나안 땅을 진멸하여 정복했던 여호수아의 거룩한 전쟁을 수행하고 있다고 여기면서 말입니다.

하지만 그들의 하나님은 예수 없는 하나님입니다. 그러니 이스라엘의 민족적인 재건은 있을지 모르지만, 하나님 나라 재건은 없을 것입니다. 예수님이 유대인들에게 죽임 당하신 이유도 예수의 관심이 유대인의 나라 재건이 아니었기 때문입니다. 유대인만의 예수는 영생을 줄 수 없습니다. 제가 믿는 하나님은 자기를 희생하여 우리를 살리신 하나님입니다. 어린 아이들을 무고하게 희생시켜 자기 자식만 잘 살게 해주는 하나님을 저는 잘 모릅니다. 우리를 단순히 육신의 질병에서 고침을 받게 해주는 정도가 아니라 우리를 영원한 죽음에서 구원해 주실 분은 예수 그리스도를 보내신 하나님밖에 없습니다. 베드로는 그것을 이렇게 표현합니다.

"다른 이로써는 구원을 받을 수 없나니 천하 사람 중에 구원을 받을 만한 다른 이름을 우리에게 주신 일이 없음이라 하였더라"(사도행전 4:12)

베드로는 여기서 두 가지를 이야기합니다. 둘은 사실 하나입니다. 첫째, 천하 사람 중에 다른 사람으로써는 구원을 받을 수 없다고 합니다. 바로 예수님 말고 다른 구원자를 주신 적이 없다는 것입니다. 둘째, 예수 이름으로

만 구원을 받을 수 있다고 합니다. 물론 여기서 '구원하다'라는 것은 1차적으로는 문맥상 '앉은뱅이가 건강해지는 것' 같은 치유를 의미합니다. 지금 줄곧 베드로가 말한 것은 앉은뱅이를 고친 이 착한 일을 누가 했느냐 하는 것이었기 때문입니다. 하지만 동시에 우리는 기적 자체가 목적이 아니라 예수의 부활을 증명하는 역할을 하는 것이 주목적이라는 것에 주목해 왔습니다. 22절 보십시오. 저자는 이 사건을 단순한 기적이 아니라 '표적'세 메이온, σημεῖον이라고 정의하고 있습니다. 이 기적은 예수님이 누구이시며, 그분이 왜 이 세상에 오셨는지를 보여주는 것을 목적으로 일으키신 사건이라는 뜻입니다. 그렇다면 '구원하다'라는 말은 단지 '병에서 고침을 받다'라는 뜻만 있는 것이 아니라, '영혼의 구원'까지를 포함하는 말이라는 것을 알 수 있습니다.

천하에 우리를 구원할 다른 이름은 없습니다. 다른 사람도 없습니다. 오직 하나님이 보내신 유일한 구원자, 유일한 중보자 예수 그리스도밖에 없습니다. 이것 때문에 증인들은 예루살렘의 경계를 넘어 유대, 사마리아, 땅 끝까지(행 1:8) 가야 합니다. 오직 예수 이름 하나로만 구원 받는 것이 아니라면 선교는 결코 정당화될 수 없습니다. 이 말씀은 사실상 요엘서의 인용구인 "누구든지 주의 이름을 부르는 사람은 구원을 받을 것이다"라는 말과 다르지 않습니다. 예수가 아니어도 구원 받을 수 있는 길은 얼마든지 있다는 주장이 점점 지지를 얻고 있지만, 우리는 결코 수긍할 수 없습니다. 그들의 비난대로 우리는 옹졸하고, 비타협적이고, 교만하고, 독선적인 사람이 될 준비가 되어 있어야 합니다. 하지만 세상에 진리가 하나밖에 없다는 주장을 독선으로 치부한다면, 세상에는 동시에 다양한 진리가 존재할 수 있다고 믿는 것도 독선이라는 사실을 인정해야 할 것입니다. 그들은 진리를 확정짓지 않으려고 하는 자신들만 쿨Cool하다고 궤변을 늘어놓습니다. 그 진리에 자신을 걸지도 못하면서 말입니다.

'교만'이라는 말을 진리에 대한 한 사람의 믿음에 적용할 수는 없습니다. 저는 제가 죄인이라는 것을 인정합니다. 저로서는 구원 받을 자격이 없다는 것을 인정합니다. 그런 점에서 저는 교만하지 않습니다. 저는 진리에 대해서 솔직하고 과감하고 담대해지려고 애쓰지만, 진리 앞에서는 교만하지 않고 겸손하려고 애씁니다. 타종교에 대해서 무례하게 대하지는 않지만, 그들도 나처럼 똑같이 옳다고 말하는 사람은 되지 않을 것입니다. 그것이 베드로가 오늘 우리에게 보여준 태도입니다. 《성경》은 지금 베드로 사도를 우리가 절대 본받지 않아야 할 독선적인 사람, 시대정신에 부합하지 않는 고리타분한 사람이 아니라, 예수의 제자들이 가져야 할 태도로 제시하고 있습니다.

교회가 세상으로부터 비난받거나 외면당하고 싶지 않아서 다원주의와 상대주의에게 복음을 양보했을 때마다 사회적 체면은 유지되었지만 복음의 능력과 생명력은 잃었습니다. 하지만 의연하고 담대하게, 그리고 예의와 품위를 지키면서 복음의 진수를 간직했을 때, 세상은 교회를, 그리스도인들을 두려워했습니다. 존경했습니다. 우리를 박해했지만, 결국 우리가 믿는 바를 믿고 싶어 했습니다. 여러분 같으면, 죽음으로 지키려고 하는 진리에 매료되겠습니까, 아니면 살기 위해서 타협하는 진리에 자신을 맡기겠습니까? 윌리엄 바클레이William Barclay는 스코틀랜드의 개혁가이자 장로교의 창시자인 존 낙스John Knox를 보면서 이렇게 평했습니다.

"그는 어느 지위의 사람도 두려워하지 않을 정도로 하나님을 두려워했다."

사도 베드로와 요한에게 어울리는 평판입니다. 세상이 보기에는 '쿨'한 사람은 되지 못하더라도 하나님이 인정하실 만큼 예수 그리스도의 진리를 굳게 붙잡는 하나님의 사람들, 예수의 제자들이 되기 바랍니다. 다른 구원자는 없습니다. 구원 받을 다른 이름도 없습니다. 오직 예수, 오직 예수 그리스도의 이름으로만 우리는 죄 사함을 받고 영원한 안식에 들어갈 수 있음을 믿기 바랍니다.

말하지 않을 수 없다(13-22절)

거침없는 베드로의 설교를 듣고 재판하는 자들이 깜짝 놀랐습니다. 그들이 놀란 것은 베드로가 전한 내용 때문이었을 것입니다. 예수가 살아났다니, 예수가 메시아라니, 예수가 구원자라니, 예수 이름으로만 나을 수 있다니. 충격 그 자체였을 것입니다. 오십여 일 전에 자신들이 심문하던 바로 그 예수가 환생하여 자기 앞에 서 있는 것 같은 착각이 들었을 것입니다. 하지만 그것만이 충격받은 이유의 전부는 아니었습니다.

"그들이 베드로와 요한이 담대하게 말함을 보고 그들을 본래 학문 없는 범인으로 알았다가 이상히 여기며"(사도행전 4:13)

그들이 아는 베드로와 요한은 어부였습니다. 첫째, 그들의 담대함에 놀랐습니다. 사도행전에서 이 '담대함'파레시아, παρρησία이라는 표현은 열두 번 나옵니다. 거침없이, 자유롭게, 확신에 차서, 담력 있게 전하는 태도를 말합니다. 모두 사도들이 유대인들에게 예수의 복음을 전하면서 보여준 태도를 언급할 때 사용되고 있습니다. 그들이 처형된 죄수 예수의 능력과 그의 권위와 그의 이름을 주장하는 것이 매우 담대하게 보였을 것입니다. 거기다가 부활 주장까지 곁들이니 분노를 넘어 기가 막혔을 것입니다.

둘째, 그렇게 기탄없이 전하는 사도들이 학문이 없는 사람, 즉 전문적으로 율법에 대해 공부한 적이 없는 사람인 것에 놀랐습니다. 종교 엘리트인 자신들과 비교할 때 아는 것이 없는 사람들이라고 경멸하고 있었습니다. 또 그들은 '범인', 평범한 사람이며, 결코 직업적인 종교인, 즉 전문가가 아니었습니다. 랍비나 율법전문가가 아니었습니다. 이것 또한 경멸하는 지칭입니다.

그런데 어떻게 《구약성경》에 나온 그리스도에 대한 예언이 예수에게서 성취된 것을 그렇게 잘 알고 잘 설명할 수 있었습니까? 재판관들이 재판하는 중에 비로소 알게 된 사실이 있습니다.

"또 전에 예수와 함께 있던 줄도 알고"(사도행전 4:13)

그들이 예수와 함께 하던 제자들이란 걸 비로소 알게 되었습니다. 어쩐지 예수를 재판하던 때가 생각나더라니, 바로 그 예수의 제자였던 것입니다. 오늘 세상 사람들이 우리를 상대하면서 예수를 떠올릴 수 있다면, 우리는 그리스도의 제자이고 그리스도의 증인이라고 주님도 인정해주실 것입니다. 이 사실은 너무나 중요합니다. 나 혼자 골방에서 중얼거리는 목소리로 '나는 예수님을 믿습니다'라고 고백해도 충분하다고 생각하는 것은 착각입니다. 그 고백밖에는 달리 할 수 있는 것이 없는 사람이 아니라면, 그 고백에 어울리는 사람이 되지 않는 한 결코 우리는 구원 받은 예수의 사람이라고 장담할 수 없을 것입니다. 과연 우리를 보면서 '예수와 함께 있는 사람'이라고 인정해줄 것 같습니까? 우리 교회를 보면서, 예수와 함께 있는 교회라고 인정해줄 것 같습니까? 한 주 한 주 우리만 모여서 믿는 사람처럼 행세하고 서로의 신념을 인정해주는 종교집단에 그치지 맙시다. 세상에서 그 믿음대로 살아보자고, 그 예수의 모습이 나타나는 공동체를 만들어보자고 격려하고 도전하는 만남들이 되기를 바랍니다.

우리가 오늘 예수와 함께하는 사람이라면, 비록 세상적으로 우리가 배움이 짧은 평범한 사람들이고, 신학을 전문적으로 공부하지 않았다 하더라도, 주님의 증인으로서 생명의 소식을 전하는 데 필요한 모든 것을 잘 전할 수 있을 것입니다. 주님과 함께하고 있다면, 우리 같은 부족한 사람들의 나눔을 통해서라도 주님은 얼마든지 당신의 백성들을 부르실 것입니다.

종교지도자들은 베드로의 대답을 듣고 매우 불쾌했습니다. 그들이 전하는 부활의 메시지도 싫었습니다. 그렇다고 대놓고 비난할 수 없었습니다. 이젠 예수님처럼 그들을 무작정 죽일 수도 없었습니다. 왜 그렇습니까?

"또 병 나은 사람이 그들과 함께 서 있는 것을 보고 비난할 말이 없는지라"(사도행전 4:14)

재판을 받는 사도들 옆에는 앉은뱅이였다가 일어선 사람이 서 있었기 때문입니다. 그가 증인으로 재판정에 참여한 것입니다. 유대교 성전 체제가 사십여 년 동안 못 한 일을 사도들은 예수의 이름으로 해냈습니다. 성전을 하루 세 번 오르내리던 사람 중에 이 앉은뱅이를 모르는 이가 없었을 것입니다. 그러니 사도들의 말을 부정할 수도 없고, 비난할 수도 없었습니다. 이제 판결을 내려야 할 시간입니다. 그래서 먼저 자신들끼리 회의를 하려고 사도들을 밖으로 내보냈습니다. 그들의 말을 한 번 엿들어볼까요?

"이 사람들을 어떻게 할까 그들로 말미암아 유명한 표적 나타난 것이 예루살렘에 사는 모든 사람에게 알려졌으니 우리도 부인할 수 없는지라 이것이 민간에 더 퍼지지 못하게 그들을 위협하여 이 후에는 이 이름으로 아무에게도 말하지 말게 하자"(사도행전 4:16-17)

사도들에 대한 그들의 평가는 어떻습니까?

"나사렛 예수 이름으로 일어난 이 유명한 표적을 우리도 부인할 수 없다"

그럼 당연히 어떤 반응이 나와야 합니까? 그럼 우리도 나사렛 예수를 '그리스도'로 인정하자고 해야 하지 않겠습니까? 부인할 수 없는 진리 앞에서 그 진리에 순종하자는 결론 외에 다른 어떤 말을 할 수 있단 말입니까? 그런데 인류는 여태 명백한 증거를 앞에 두고도 인정하지 않았습니다. 믿을 만큼 증거가 충분하지 않아서 하나님을 부인하고 예수를 죽인 것이 아닙니다. "이 유명한 표적을 우리도 부인할 수 없다"고 자백하지 않았습니까? 그럼 그 증거가 합리적이거나 과학적이지 않아서였습니까? 그럼 '믿음' 없는 과학이란 존재할 수 있습니까? 질서에 대한 믿음, 법칙에 대한 믿음 없이 과학이 성립될 수 있습니까? 그럼 이 사십여 년 된 앉은뱅이가 일어나 걸을 수 있게 된 과정이 논리적이지 않기 때문입니까? 그럼 세상에서 벌어지는 일들을 다 인과율因果律로 설명할 수 있습니까? 신비를 인정하지 않고서 어떻게, 그리고 누가 인생을 논할 수 있습니까? 하물며 종교를, 인간의 기원을, 신을, 인간의 경험들로 만든 논리를 갖고서 다 설명하려고 하다니요. 인간은 안 믿고 싶어서 안 믿을 뿐입니다. 부인할 수 없는 증거들이 있다는 것을 알면서도, 자기가 주인이 되고 왕이 되는 인생을 포기하고 싶지 않아서 믿지 않기로 한 것입니다. 살던 대로 살고 싶고, 욕망하고 싶은 대로 욕망하고 싶어서 안 믿는 것입니다. 진리값을 정하는 새로운 근거를 수용하고 싶지 않은 겁니다. 일단 수용하면 하나만 바꾸면 되는 것이 아니라 자기 삶을 통째로 뒤집고 뒤엎어야 한다는 것을 알기 때문입니다.

이제 산헤드린 재판관들은 예수를 죽일 때처럼 사도들을 쉽게 죽일 수 없는 상황 앞에 서 있었습니다. 그들의 입을 막기 위해서 종교지도자들이 시골 출신의 보잘것없고 무지한 사람들에게 할 수 있는 일은 고작 구두경고뿐이었습니다.

"그들을 불러 경고하여 도무지 예수의 이름으로 말하지도 말고 가르치지도 말라 하니"(사도행전 4:18)

이 자체로 이미 종교권력자들의 체면은 실추되었습니다. 이것이 얼마나 유명무실한 경고인지를 그들이 가장 잘 알고 있었습니다. 참으로 옹색한 사태 수습입니다. 무지한 자들, 평범한 자들이라고 조롱하던 이들조차 제대로 통제하거나 징계하지 못하는 그들의 무지와 억지가 만천하에 폭로되고 말았습니다. 그들이 경고한 말은 거세고 거창합니다. "도무지 … 하지 말라!" 하지만 죽기를 두려워하지 않는 자들에게, 죽어도 다시 산다고 믿는 자들에게 통할 수 있는 유의미한 경고는 없고 위협도 없습니다. 이 세상이, 사탄이 가장 체제 위협적인 사람으로 여기는 자들이 누구인지 아십니까? 세상이 보장하는 안전에 관심이 없는 사람들입니다. 체제가 보장하는 보상에 관심이 없고, 체제가 위협하는 처벌을 겁내지 않는 사람들입니다. 큰 교회도 아니고 화려한 건물을 가진 교회도 아닙니다. 세상은 역사가 유구한 교회를 두려워하지 않습니다.

약 오십 일 전에 예수가 자기한테 고분고분하지 않자 빌라도는 부아가 났습니다. 그래서 이렇게 호기를 부렸습니다. "지금 네가 나를 물로 보고 있구나. 내가 너를 놓을 권한도 있고 십자가에 못 박을 권한도 있는 줄 모르느냐?" 이렇게 말하면, 예수가 굽실거릴 줄 알았을 겁니다. 다들 눈만 부라려도 오금이 저려서 말도 못했기 때문입니다. 하지만 예수님은 이렇게 대답하십니다.

"빌라도가 이르되 내게 말하지 아니하느냐 내가 너를 놓을 권한도 있고 십자가에 못 박을 권한도 있는 줄 알지 못하느냐 예수께서 대답하시되 위에서 주지 아니하셨더라면 나를 해할 권한이 없었으리니 그러므로 나를 네게 넘겨 준 자의 죄는 더 크다 하시니라"(요한복음 19:10-11)

무슨 뜻입니까? 예수께는 빌라도보다 더 높은 권세를 가진 하나님이 계셨습니다. 자신의 목숨은 빌라도에게 달린 것이 아니라 그 위의 권세, 즉 하나님께 달려 있었습니다. 그러니 이 세상이 주는 달콤한 보상도, 잔혹한 처벌도 두렵지 않았습니다. 예수님은 더 높은 권위를 예배하셨습니다. 하나님의 눈치만 보았을 뿐인데, 하나님의 뜻만 따랐을 뿐인데, 예수님은 가장 체제위협적인 존재가 되어 있었습니다. 그는 세상이 주는 안전을 포기했고, 세상이 주는 자유도 포기했습니다. 그분의 제자들도 그랬습니다.

> "베드로와 요한이 대답하여 이르되 하나님 앞에서 너희의 말을 듣는 것이 하나님의 말씀을 듣는 것보다 옳은가 판단하라 우리는 보고 들은 것을 말하지 아니할 수 없다 하니"(사도행전 4:19-20)

《성경》에서 이 장면만큼 통쾌한 대목이 얼마나 더 있을까요? 믿는 자의 기개를 적나라하게 드러낸 속시원하고 멋진 장면입니다. 베드로와 요한은 '조용하라'는 그들의 경고가 하나님의 말이 아니라고 담대히 대꾸합니다. 그 대신 예수 그리스도를 전하는 자신들의 말이 하나님의 말씀이라고 확신합니다. 그런데 자신들을 구금하고 재판하고 있는 것 자체가 이미 그들의 자격 없음을 스스로 증명한 것이라고 말하고 있는 것입니다.

> "하나님 앞에서 너희의 말을 듣는 것이 하나님의 말씀을 듣는 것보다 옳은가 판단하라"(사도행전 4:19)

자신들은 믿는 대로, 확신한 대로, 옳다고 생각한 대로 살겠다고 천명합니다. 그 대가가 처벌이든 보상이든 관심이 없었습니다. 그들은 종교지도자들 앞에서 사는 자들이 아니라, 하나님 앞에서 사는 자들이기 때문입니다. 땅의 법정의 판단에 따라서 육신의 목숨이 어떻게 될지에 관심이 있지 않고, 하늘의 법정에서 하나님의 판단에 따라서 영원한 목숨이 어떻게 될지에 더 관심이 있는 자들이었기 때문입니다. 그 유명한 사도 바울의 말이 떠오르지 않습니까?

> "그러므로 형제들아 내가 하나님의 모든 자비하심으로 너희를 권하노니 너희 몸을 하나님이 기뻐하시는 거룩한 산 제물로 드리라 이는 너희가 드릴 영적 예배니라 너희는 이 세대를 본받지 말고 오직 마음을 새롭게 함으로 변화를 받아 하나님의 선하시고 기뻐하시고 온전하신 뜻이 무엇인지 분별하도록 하라"(로마서 12:1-2)

참 예배는 우리 자신을 산 채로 드리는 것이라고 하십니다. 그것이 복음에 합당한 삶입니다. 예배는 이 세상을 본받지 않는 우리를 제물로 드리는 일입니다. 필립스Phillips는 "세상이 너를 그 거푸집에 따라 찍어내지 않게 하라"고 말합니다. 그것은 세상의 뜻이 아니라 하나님의 뜻을 분별하여 그 뜻대로 사는 삶을 말합니다. 사도들이 종교지도자들에게 "무엇이 옳은가 판단하라"고 담대하게 요구했던 대로, 바울도 우리에게 요구하고 있는 것입니다.

사도들은 종교지도자들의 결정 내용을 거절했습니다. 그러자 종교지도자들은 어떻게 반응합니까?

> "관리들이 백성들 때문에 그들을 어떻게 처벌할지 방법을 찾지 못하고 다시 위협하여 놓아 주었으니"(사도행전 4:21)

사도들의 담대함에 재판하는 자들은 말문이 막혔습니다. 예수 이래로 한 번도 당해본 적이 없는 일입니다. 이렇게 목숨을 구걸하지 않는 자들을 만나보지 못했을 것입니다. 죽음을 두려워하지 않는 자들에게 쓸 수 있는 카드란 없습니다. 죽음, 생사여탈권, 이것이 사탄의 가장 비장의 카드이기 때문입니다. 그들은 사도들을 처벌할 방법을 찾지 못했습니다. 그러니 다시 똑같은 위협-"예수의 부활을 전하지 말라"-만 하고 풀어줍니다.

사도들의 석방은 단지 그들의 육신이 풀려나온 것만을 의미하지 않습니다. 그것은 세상이 이 복음을 가둘 수 없고 성령을 통한 이 복음의 역사를 가로막을 수 없다는 것을 보여준 사건이었습니다. 장애물은 있을 것입니다. 돌파하든지 넘어가든지 돌아가든지, 그것은 성령께서 결정하실 것입니다. 하지만 예루살렘과 유대와 사마리아와 땅 끝까지 이를 때까지 아무도 그 길을 중단시키지는 못할 것입니다.

사도들이 석방되는 것을 보고 이 사실을 아는 모든 사람이 하나님께 영광을 돌렸습니다.

"이는 모든 사람이 그 된 일을 보고 하나님께 영광을 돌림이라"(사도행전 4:21)

가장 먼저 하나님이 하신 일을 알아보고 영광을 돌릴 것 같았던 사람들은 말씀에 순종하려던 이들(4:19-20)의 입을 막았고(4:18), 처벌하려 하면서 위협했지만, 무명의 유대인들은 하나님께 영광을 돌렸습니다. 사람들은 지금 두 가지 기적, 두 가지 구원, 두 가지 해방을 모두 목격했습니다. 첫째는 앉은뱅이가 질병에서 해방된 것을 보았습니다. 둘째는 사도들이 감옥에서 해방된 것을 보았습니다. 정리하기 위해 저자는 21절에서 사도들의 석방을 말하고 난 다음에 22절은 다시 한 번 앉은뱅이의 치유를 언급하고 있습니다.

"이 표적으로 병 나은 사람은 사십여 세나 되었더라"(사도행전 4:22)

두 기적-사도의 석방과 앉은뱅이의 치유-모두 예수님이 죽음에서 해방되신 사건이 사실임을 보여주었습니다. 그분의 부활이 사실임을 보여준 것입니다. 두 기적 모두 예수님만이 우리를 죄와 사망에서 구원해주실 그리스도, 구원자이심을 증명해주었습니다.

나가는 말

우리는 예수 그리스도의 증인으로 부름을 받았습니다. 가장 위대한 소명, 가장 최고의 소명은 무엇입니까? 예수 그리스도의 임재와 통치를 입증하는 일입니다. 그분을 증명하고 드러내는 일입니다. 어떻게요? 사람들이 눈으로 볼 수 있도록 예수의 삶을 재현해야 합니다. 그의 생명을 나눠주고, 그분의 사랑을 보여주어야 합니다. 그들을 구체적으로 죄와 사망으로부터 건져주어야 합니다. 또 사람들이 들을 수 있도록 복음을 담대하게, 선명하게, 알아듣기 쉽게, 타협 없이 똑바로 전해주어야 합니다. 그것은 학문이 많고 전문가적인 소양을 갖춘 사람만 할 수 있는 일이 아닙니다. 우리의 일상이 예수의 삶으로 채워지면 됩니다. 일상에서 하나님을 인정하고 예배하면 됩니다. 그래서 세상이 볼 때 우리가 그리스도와 함께 있는 자임을 알아보게 해주면 됩니다.

제자들 옆에 앉은뱅이였다가 일어난 자가 증인으로 있었듯이, 영적 불구자였다가 살아나고 정신적 불구자였다가 살아난 우리 자신이 증인이 된다면, 세상도 비로소 우리가 믿는 예수를 믿을 것입니다. 우리의 교회를 통해 세상에서 소망 없이 살던 자들이 참 소망을 갖게 된다면, 그리고 세상에만 소망 두던 자들이 하늘의 소망을 갖게 된다면, 세상은 우리가 믿는 예수를 믿을 것입니다. 우리가 세상이 주는 보상에 매료되지 않고 세상이 주는 위협에 주눅 들지 않는다면, 세상은 우리가 의지하는 예수님, 우리의 유일한 안전이 되시는 예수를 믿게 될 것입니다.

여러분의 비문에도 "이 사람은 예수 그리스도의 증인으로 하나님을 사랑하고 이웃을 사랑하며 살았습니다"라고 기록되고 싶으십니까? 그것을 가장 큰 영광으로 여기실 것 같습니까?

하나님 아버지, 저희가 얼마나 아는 것이 모자란 것을 아시면서도
영광스런 우리 구주 예수 그리스도의 복음을 들려주시고 믿게 하셔서,
그 복음에 우리 삶을 걸게 하시고,
오직 한 길, 한 진리, 한 생명의 이름,
예수 그리스도의 증인으로 살도록 불러 주셔서 감사합니다.

타협 없이 한결같은 충성으로 언제든 어디서든
주님을 예배하고 진리를 증명하고
복음을 살아내는 신실한 주의 자녀들,
주님의 몸된 교회가 되게 하여 주옵소서.
우리는 매여도 복음은 묶일 수 없고,
우리는 막혀도 복음은 막을 수 없고
우리를 침묵하게 하여도 복음만은 살아서 성령께서 역사하실 줄 믿고
말과 삶으로 주님을 자랑하는 인생이 되게 하여 주옵소서.

주께 고침 받은 자가 사도들 곁에 함께하여
결코 부인할 수 없는 명백한 부활의 증거가 되었듯이,
주님께서 친히 저희 인생 가운데 행하신 일들, 일구신 공동체,
무엇보다 세상과 전혀 다른 하늘의 가치관으로 살아가는 저희 자신이
주님의 살아 계심과 왕 되심을 증명하는
가장 명백한 증거가 되게 하여 주옵소서.

주님, 세상이 무슨 말로 우리를 겁박하더라도

사도들처럼 그들의 말을 듣지 않고

하나님의 말씀을 듣겠노라고 담대히 고백하게 하옵소서.

그리하여 당신 앞에 서는 날 충성스런 증인으로 인정 받고

당신의 기쁨과 영광에 참여하게 하여 주옵소서.

살아계신 주님,

복음이 우리를 자유롭게 하고

복음이 우리를 치유하고

복음이 우리를 담대하게 하고

복음이 우리를 춤추게 하기를 기대합니다.

주님, 그리하여 저희 자신이

이 복음이 생명이며 능력임을 입증하는

가장 확실한 증거가 되게 하옵소서.

아멘.

성령과 성경으로
성도와 함께 담대하게 ——— 사도행전 4:23-31

꼭 지켜야 할 것

목숨 가지고 살면서 꼭 지켜야 할 것은 목숨 주신 창조주 하나님께 도리를 다하는 일입니다. 목숨을 살려주신 주 예수 그리스도께 감사하는 일입니다. 목숨을 유지하여 주시는 성령님을 의지하는 일입니다. 삼위 하나님은 목숨을 주시는 분이며, 동시에 그 목숨을 유지하고 존속하게 해주시는 분입니다. 그분으로 인해 존재하게 된 우리가 그분처럼 되고 그분처럼 사는 것이 그분의 생명을 누리는 길입니다. 하나님처럼 자신의 가장 소중한 것을 내주어 생명을 만들어내고, 예수님처럼 아버지께 순종하기 위해 십자가를 지는 삶을 살고, 성령님처럼 사랑의 공동체 안에서 성경과 기도로 위로하고 격려하며 사는 것, 그것이 이미 임한 하나님 나라에서 영생을 누리며 사는 길입니다.

우리가 이 땅에서 하늘 백성으로 살도록 하나님께서 주신 것이 세 가지 있습니다. 그것은 성경과 성령과 성도교회입니다. 복음은 하나님 나라의 소식이고, 그것은 이 세상 나라에 저항하고 대항하고 세상 나라 질서를 전복하는, 새로운 나라가 왔다는 소식입니다. 하나님의 백성이 된다는 것, 구원을 받는다는 것은 그 나라 백성이 된다는 뜻입니다. 그동안 내가 갖고 있는 모든 것이 내 것인 줄 알았고, 얼마나 많이 갖고 있는지가 내 인생을 결정하는 줄로 알았습니다. 진정한 기쁨은 다른 사람 아래 있지 않고 그 위에 군림하는 것인 줄 알았고, 섬기기보다는 섬김을 받는 것인 줄 알았고, 많이 나누기보다는 많이 쌓는 것인 줄 알았습니다. 하나님의 이름을 높이기보다는 내 이름이 높아지는 것을 원했고, 하나님의 영토가 아니라 내 영토가 넓어지고 내 영향력이 커지고 내 주권이 서는 나라를 만드는 것이 행복인 줄 알았습니다. 복음은 이 가치관이 얼마나 거짓되고 헛된지를 폭로했습니다. 그것은 생명이 아니라 사망의 생각임을 드러냈습니다. 그것은 빛이 아니라 진한 어둠이라는 것을 보여주었습니다. 우리는 바로 그 세상에서 구원을 얻는 길을 소개 받았습니다. 죽은 후에 누릴 천국이 아니라 이미 이 땅에서부터 누릴 천국을 소개 받은 것입니다.

그 천국의 모델 하우스가 교회입니다. 실제 체험할 수도 있는 견본주택입니다. 성경은 매뉴얼입니다. '천국 사용 설명서'가 성경입니다. 어떻게 하면 천국을 잘 누릴 수 있는지 그 방법을 소개해주고 있습니다. 성령은 견본주택의 주인이요, 도우미요, 인도자입니다. 그분이 있어야 견본주택에 불이 들어옵니다. 성령과 성경과 성도, 이것이 이 땅에서 하늘을 살고, 영원을 살고, 천국을 살 수 있도록 하나님께서 저희에게 주신 영적 여정의 동반자들입니다. 하나님 나라로 들어가는 길은 좁은 길, 좁은 문이라고 했습니다. 그리로 가는 사람이 적다고 했습니다. 그러니 늘 세상에 비해서는 열세이고 수세일 수밖에 없습니다. 믿는 일에 고난은 피할 수 없습니다. 그런데 분명

293

한 희망도 있습니다. 그 싸움이 눈에 보이는 혈과 육에 대한 싸움이 아니기 때문입니다. 총과 칼의 전쟁이 아닙니다. 그것은 영적인 전쟁입니다. 영적인 씨름입니다. 그러니 우리에게 필요한 것은 총이나 칼이나 돈이나 건물이 아닙니다. 수만 명이 모인 교회도 사탄에게 무너질 수 있지만, 열 명이 모인 교회도 사탄의 오금을 저리게 할 수 있습니다.

다윗과 골리앗의 싸움이나, 여호수아의 여리고성 싸움의 공통점이 무엇입니까? 모든 싸움이 여호와의 전쟁이고 거룩한 전쟁이었습니다. 승패는 군사력에 달린 것이 아니라 하나님께 대한 태도, 즉 영적 전력에 달려 있었습니다. 겉으로 이겼어도 하나님이 인정하지 않으시는 승리가 있습니다. 사무엘상 15장에서 사울은 아말렉을 쳐서 큰 승리를 거둡니다. 하지만 진멸하라는 명령을 거역하고 왕 아각과 좋은 소와 양을 전리품으로 끌고 왔습니다. 하나님은 그 전쟁을 승리한 전쟁이 아니라 패배한 전쟁으로 간주하셨습니다. 천천만만의 소와 양의 기름보다 순종을 원하셨기 때문입니다. 우리는 십자가와 부활을 통해 이미 이긴 싸움에 전리품을 거두는 전투를 날마다 벌이는 자들입니다. 이미 승리자로 하나님 보좌 우편에서 이 세상을 다스리시는 주 예수 그리스도의 통치에 참여하여 그분의 주권을 인정하는 자가 되는 결단을 우리 삶의 일상에서, 크고 작은 선택의 순간에 내려야 합니다. 그것을 '신앙'이라고 부릅니다. 죽어서 가는 천국 티켓만 믿는 것이 아니라, 내게 주신 승리, 오늘 누릴 수 있는 승리를 믿는 것이 참 신앙입니다. 나만의 승리가 아니라 공동체의 승리를 추구하는 것이 참 신앙입니다.

사도들은 성전 미문에 앉아 있는 앉은뱅이 걸인을 바로 그 승리자, 그 주권자 나사렛 예수 그리스도의 이름으로 일어나 걷게 해주었습니다. 늘 그 입으로 은과 금만 구하고, 그것만 있으면 이 세상 잘 살 수 있다고 여기던 자를, 이제 그 입에서 여호와 하나님과 주 예수 그리스도를 찬미하고 전하는 자로 변화시켜주었습니다. 이것은 거대한 건물과 막대한 재정과 어마어마한 종교권력을 갖고 사람들의 모든 삶을 통제하고 그들의 관심을 사로잡고 그들의 열망의 중심이 되어온, 성전 체제와 유대교는 결코 할 수 없었던 일입니다. 그들은 생명을 생명답게 만들거나 창조하지 못하는 시체 같은 종교, 핏기 없는 죽은 종교에 불과했습니다. 이 치유 사건은 그 유대교에 대해 생명의 복음이 강력하게 저항하고 도전한 사건입니다. 그 거짓과 허위를 까발린 사건입니다. 그 실체 없는 껍데기를 드러낸 사건입니다.

사도들은 이 기적과 그 이후 이어진 성전에서의 예수의 부활을 전한 설교 때문에 산헤드린 공의회와 성전권력자들에게 붙잡혀 재판을 받습니다. 하지만 베드로와 요한 옆에는 자신들이 주장하는 복음, 메시아 예수의 승리를 증명해줄 증인이 서 있었습니다. 그동안 거짓말을 해온 것은 유대교이지 예수가 아니었습니다. 사도들을 감옥에 계속 묶어둘 수 있는 근거는 없었습니다. 그래서 결국 사도들은 풀려납니다. 석방되면서 "이 후에는 예수의 이름으로 아무에게도 말하지 말고 가르치지도 말라"는 경고를 받았습니다. 하지만 사도들은 석방을 위해서 양보하거나 물러나는 시늉조차 하지 않았습니다. 도리어 당차게 대들었습니다.

"베드로와 요한이 대답하여 이르되 하나님 앞에서 너희의 말을 듣는 것이 하나님의 말씀을 듣는 것보다 옳은가 판단하라"(사도행전 4:19)

이는 예수께서 빌라도 앞에서 재판을 받으실 때 보이셨던 태도를 연상케 하는 반응입니다. 왜 빌라도와 유대교 당국자들이 예수를 그토록 위협적인 존재로 여겼습니까? 예수님이 칼부림을 하신 것도 아니고 무력시위를 하신 것도 아닌데 말입니다. 예수님은 그들이 차지하고 있는 기득권에 저해가 될 만한 그 어떤 발언도 하신 적이 없습니다. 그런데도 굳이 종교사범이 아니라 정치사범으로 몰아서 가장 흉악한 형벌인 십자가형에 처한 이유가 무엇입니까? 예수님이 하신 일은 그들보다 더 높은 권세가 있다는 것을 인정한 것뿐입니다. 자신의 운명을, 자신의 안전을 결정하는 것은 그들이 아니라 바로 그들 위에 있는 권세라고 말씀하셨을 뿐입니다. 세상은, 사탄은 누구를 가장 두려워한다고 했습니까? 자신들이 제공하는 안전체제를 의존하지 않는 자들을 두려워합니다. 자신들이 제공하는 형벌을 두려워하지 않고, 자신들이 제공하는 보상을 부러워하지 않고, 자신들이 제공하는 자유를 거절하고, 자신들이 제공하는 미래에 매료되지 않는 자들을 가장 두려워합니다. 자신들의 권력과 부를 시시하게 여기는 자들을 가장 무서워합니다.

사도들이 무사히 풀려나는 것을 보고 모든 사람들이 하나님께 영광을 돌렸습니다. 하나님이 유대교의 편에 서신 것이 아니라 사도들 편에 서신 것을 그들이 확인한 것입니다. 그것은 사도들이 은과 금 편에 서지 않고, 유대교 성전체제에 자기 안전을 맡기지 않았기 때문입니다. 오로지 하나님만을 의뢰하였고, 예수의 주권만을 인정하였기 때문입니다.

공동체의 기도
풀려난 사도들은 곧장 자신들을 위해 기도해주던 공동체로 돌아왔습니다.

"사도들이 놓이매 그 동료에게 가서 제사장들과 장로들의 말을 다 알리니"(사도행전 4:23)

사도들이 육신의 가족들에게로 가지 않고 동료, 즉 주 안에서 새로운 가족이 된 신앙공동체를 찾아갔다는 것은 초대교회가 이미 대안 가족이 되었고, 성도들이 얼마나 구별된 정체성을 갖기 시작했는지를 보여줍니다. 다른 사도들과 초대교회 그리스도인들이 그들을 기다리고 있었습니다. 그들은 그간 재판 중에 벌어졌던 일을 전해주었습니다. 특별히 제사장들과 장로들이 경고했던 말을 전해주었습니다.

"그들을 불러 경고하여 도무지 예수의 이름으로 말하지도 말고 가르치지도 말라 하니"(사도행전 4:18)

하지만 사도들이 전해주려고 했던 것은 앞으로 그들에게 닥칠 수 있는 또 다른 박해에 대한 경고가 아니었을 것입니다. 산헤드린의 고압적인 자세에도 불구하고 이에 굴하지 않고 자신들이 담대히 답변했던 내용도 전달했을 것입니다. 이는 사실상 승리의 간증이었습니다.

이런 사도들의 담대한 대응, 그리고 통쾌한 석방 앞에서 믿음의 공동체는 어떤 반응을 보입니까? 그들은 무시무시한 종교권력자들의 추상같은 경고보다는 이 사도들처럼 하늘의 하나님을 신뢰하기로 결정합니다. 그리스도인들이 홀로 이런 위협과 박해를 감당해야 했다면 어려웠을 것입니다. 하지만 그들에게는 동료 공동체, 교회가 있었습니다. 그들이 선택한 첫째 대응 방법은 '기도'였습니다.

"그들이 듣고 한마음으로 하나님께 소리를 높여 이르되"(사도행전 4:24)

그들은 한마음의 공동체였습니다. '한마음'호모쑤마돈, ὁμοθυμαδόν이란 이 표현이 『신약성경』에 열한 번 나오는데 그 중 열 번이 사도행전에 나옵니다(롬 15:6 참조). '한마음'이야말로 초대교회 공동체의 가장 큰 특징 가운데 하나였던 것입니다. 한마음으로 하나님께 소리를 높여 기도할 수 있었기에 그들은 세상의 소리에 굴복하지 않을 수 있었습니다. 이제 박해는 기정사실이 되었습니다. 예수의 이름으로 말하지도, 가르치지도 말라는 그들의 경고는 사실상 그리스도인 되기를 포기하라는 말과 같았기 때문에 추호도, 단 한순간도 따를 수 없었습니다. 사도행전 4장에서는 경고만 하고 놓아주었는데, 5장에 가면 채찍질하고 석방합니다. 7장에 가면 스데반이 결국 돌에 맞아 죽습니다. 8장에 가면 큰 박해가 예루살렘에서 일어나 교회가 잔멸당합니다. 각 집에까지 들어가 예수 믿는 사람들을 잡아들여 옥에 가둡니다. 12장에서는 급기야 요한의 형제 야고보, 예수와 늘 함께 다녔던 세 명의 핵심 제자 가운데 한 명인 야고보가 칼로 죽임을 당합니다. 날이 갈수록 박해의 강도가 거세지는 것을 확인하실 것입니다. 산헤드린 공의회가 오늘은 베드로와 요한을 보고 너무 당황하여 말로 경고만 하고 풀어주었지만, 앞으로는 그렇게 하지 않을 것입니다. 공동체도 그 사실을 알고 있었습니다. 얼마든지 주눅들 수 있는 상황이고, 또 몸조심 하자고 말할 수 있는 상황이었습니다. 그때 그들의 첫 반응은 한마음으로 기도하는 것이었습니다.

대주재 하나님

그들은 시편 2편 1-2절을 인용하여 기도하고 있습니다. 먼저, 그들은 기도를 들으시는 하나님을 어떤 분으로 생각했습니까?

"대주재여 천지와 바다와 그 가운데 만물을 지은 이시요"(사도행전 4:24)

'대주재'Despotes는 '부하나 노예들에게 법적 권위나 지배권을 행사하는 주인'을 가리키는 단어입니다. 절대적인 주종관계, 지배와 복종의 관계를 명백히 보여주는 호칭입니다. 그래서 나중에 예수와 사도들 자신들을 '종'이라고 부르고 있는 것입니다. 29절에서 보듯이 이 대주재가 계시니 주님의 종들이 담대히 말씀을 전할 수 있다고 믿은 것입니다. 지금 그들은 산헤드린 공의회보다, 저 성전 권력자들보다 훨씬 더 높은 권위에 복종하겠다고 고백하며 이 호칭을 사용하고 있습니다. 그것이 기도입니다. 물론 우리는 국가의 판결을 존중하고 복종해야 하지만, 그 판결이 하나님의 법에 어긋났을 때에는 불복종 하는 것이 의로운 결정입니다. 기도는 하나님만이 절대 권력자라고 인정하는 일입니다. 그래서 기도는 가장 적나라한 정치 행위입니다. 내 신앙이 위협받는 상황에서, 이 사회에서 하나님의 정의가 무너졌을 때, 그리스도인들은 기도로써 신앙을 표현해야 하는 자들입니다. 기도는 겁쟁이들의 종교행위가 아니라 아주 적극적이고 실천적인 신앙행위인 것입니다.

공동체는 한마음이 되어 담대하게 기도했습니다. 기도는 용기 있는 자만이 할 수 있습니다. 믿음이 없을 때 우리는 위기의 순간에 인간적인 해결책을 찾으려고 애쓸 뿐 좀처럼 기도하지 않습니다. 상황이 진정되고 마음이

편안해져야 기도할 맘이 생기는 사람들입니다. 베드로는 일전에 자기와 예수를 붙잡으러 온 사람들을 향해 칼을 든 적이 있었습니다. 이런 시험이 올 것이니 기도하라고 할 때는 잠을 자더니 말입니다. 베드로처럼 우리도 내 힘으로 칼을 휘두르는 것이 하나님의 힘을 의지하여 기도하는 것보다 더 쉬운 사람들입니다. 그래서 기도는 복음 전파만큼이나 담대한 신앙 행위인 것입니다.

창조주 하나님

또 그들은 하나님을 어떤 분으로 알았기 때문에 기도할 수 있었습니까?

"대주재여 천지와 바다와 그 가운데 만물을 지은 이시요"(사도행전 4:24)

박해를 직면해야 하는 사도들이 의지하는 하나님은 만물을 지으신 창조주였습니다. 자신들뿐 아니라 종교권력자들, 역사 전체를 창조하셨고, 따라서 지금도 그 존재하는 것들을 당신이 원하시는 대로 만들어 가시는 하나님을 그들은 믿었습니다. 《구약성경》에서 창조의 하나님과 구원의 하나님은 늘 함께 고백되었습니다. 하나님은 창조의 능력으로 당신의 백성들을 구원하셨습니다. 구원은 곧 하나님의 새 창조 행위입니다. 흑암의 권세 아래 있던 자들을 하나님의 통치 안에서 사는 자들로 변화시키는 것이 구원이고 새 창조입니다. 따라서 여기 창조의 하나님에 대한 고백은 다름 아니라 어떤 환란 가운데서도 하나님은 자신들을 구원하시고, 또 설령 순교를 당한다 할지라도 그것을 통해서 우리를 새 창조하여 영원한 나라에 참여하게 하실 것이라는 고백입니다. 그러니까 하나님이 '대주재'가 되실 수 있는 것은 그분이 창조주이시기 때문입니다. 창조주 하나님을 향한 기도는 무슨 일이 있어도 사도들이 육신적으로 안전할 것이라고 기대하며 드린 기도가 아닌 것입니다. 어려움을 사전에 막아주시거나 악인들을 즉시 제거하셔서 복음 전도의 길에 장애물이 전혀 없게 하시는 하나님이 아닙니다. 박해는 더욱 거세질 것입니다. 복음 전도자들은 옥에도 갇히고 채찍에 맞고 돌에 맞고 칼에도 맞을 것입니다. 그래도 하나님은 무관심하거나 무능하거나 무책임한 분이 되지 않습니다. 그분은 변함없이 대주재이시고, 모든 것을 주관하시는 창조주 하나님이시고, 한 분 유일한 주권자로 경배를 받으실 수 있습니다.

말씀의 하나님

셋째, 이 절체절명의 위기 가운데서 교회가 한마음 되어 기억하고 고백한 하나님은 '말씀하시는 하나님', 즉 계시의 하나님이었습니다. 사도들의 공동체, 초대교회 공동체는 이 위기의 순간을 《성경》으로, 하나님의 말씀으로 해석하는 공동체였습니다. 어떤 잣대를 들이대느냐에 따라서 몸을 숨겨야 하는 상황으로 여길 수도 있고, 담대하게 맞서야 하는 상황으로 여길 수도 있었습니다. 그들의 잣대는, 그들의 기준은 《성경》이었습니다. 그들은 말씀하시는 하나님, 계시의 하나님을 기억했습니다. 말씀으로 세상을 창조하신 하나님이 그 말씀으로 지금도 세상 역사를 주관하고 계신다고 믿었습니다. 말씀은 그때 그곳 그 사람들에게만 적용되고 끝나는 것이 아닙니다. 그랬다면 《성경》은 더는 유효하지 않은 책, 필요 없는 책이 되고 말았을 것입니다. 특히 《구약성경》은 혈통적인 이스라엘만을 위한 책으로 간주되어 폐기해야 했을 것입니다. 그런데 하나님의 말씀은 단 한 번의 성취로 끝나지 않고 그 궁극적인 완성을 향하여 나아가고 있습니다. 하나님이 살아 계시는 한 그 말씀도 살아 있습니다.

그들이 기억해낸 말씀은 시편 2편입니다. 시편 2편은 《신약성경》에서 가장 많이 인용되고 있는 《구약성경》 가운데 하나입니다. 특히 하나님께서 예수께 세례를 베푸실 때, 그리고 변화산상에서, "이는 내 사랑하는 아들이요"라고 할 때 바로 이 시편 2편을 인용하고 있습니다. '사랑하는 아들'은 원래 이스라엘이나 이스라엘의 왕을 가리키는 표현입니다. 그런데 그 이스라엘을 대표하는 존재, 그래서 새 이스라엘의 왕으로 다스릴 기름 부음을 받은 자가 바로 예수라고 하나님께서 친히 선언하신 것입니다. 예수를 당신의 대리 통치자, 하나님 나라의 왕으로 삼으셨습니다. 그런데 세상은 그 메시아, 하나님의 기름 부음을 받은 종을 영접하지 않을 것입니다. 요한복음에서도 세상이 그 메시아를 영접하지 않는 것을 이렇게 표현합니다.

"참 빛 곧 세상에 와서 각 사람에게 비추는 빛이 있었나니 그가 세상에 계셨으며 세상은 그로 말미암아 지은 바 되었으되 세상이 그를 알지 못하였고 자기 땅에 오매 자기 백성이 영접하지 아니하였으나 영접하는 자 곧 그 이름을 믿는 자들에게는 하나님의 자녀가 되는 권세를 주셨으니"(요한복음 1:9-12)

이 상황을 이미 하나님께서는 다윗을 통해 시편 2편에 말씀해두셨습니다. 사도행전 저자는 다윗의 입을 통해 "성령으로" 말씀하셨다고 표현합니다.

"또 주의 종 우리 조상 다윗의 입을 통하여 성령으로 말씀하시기를…"(사도행전 4:25)

'성령의 영감으로' 말씀하셨기 때문에, 다윗은 죽었지만 성령께서는 지금도 살아 계시니 그 말씀은 유효합니다. 역사상 하나님께서 보낸 메시아들, 그리스도들, 기름 부음을 받은 종들은 이 세상에게 거절을 당했습니다. 이 세상이 하나같이 하나님을 인정한 적은 단 한 번도, 어느 한 시대도 없습니다. 소수의 사람들만이 좁은 길로 걸으면서 하나님을 인정했고 하나님의 말씀에 복종했습니다. 그러면서 언젠가는 다윗의 후손에서 하나님 나라의 왕이 등장하여 사탄의 권세를 이기고 하나님 나라의 승리를 가져올 것이라고 기대했습니다. 그때마다 그들이 암송하고 찬양한 본문이 이 시편 2편입니다. 이제 박해를 목전에 둔 상황에서 초대교회가 이 시편 2편을 기억한 것은 놀랄 일이 아닙니다.《신약성경》저자들이 그토록 자주 예수의 십자가와 부활 사건을 이 시편 2편의 성취라고 해석한 것은 자연스런 일입니다.

인용

그들은 시편 2편 1-2절을《칠십인역성경》으로 '인용'합니다.

"어찌하여 열방이 분노하며 족속들이 허사를 경영하였는고 세상의 군왕들이 나서며 관리들이 함께 모여 주와 그의 그리스도를 대적하도다 하신 이로소이다"(사도행전 4:25-26)

해석

그리고 이 말씀을 이렇게 '해석'합니다.

"과연 헤롯과 본디오 빌라도는 이방인과 이스라엘 백성과 합세하여 하나님
께서 기름 부으신 거룩한 종 예수를 거슬러 하나님의 권능과 뜻대로 이루려
고 예정하신 그것을 행하려고 이 성에 모였나이다"(사도행전 4:27-28)

사도들은 자신들이 겪은 고난이 예수께서 겪은 고난과 유사하다는 생
각을 하고 있습니다. 이는 자신들이 지금 하고 있는 일이 예수의 활동을 계
승하고 그 역할을 이어받는 것이라고 이해하기 시작한 것입니다. 여기 시편
에 나오는 "세상의 군왕들과 관리들"을 헤롯 안티파스와 본디오 빌라도라고
해석합니다. 그리고 열방과 족속들을 "이방인과 이스라엘 백성"으로 해석합
니다. 이 이방인들은 로마 병사들을 가리킬 것입니다. 그리고 "주와 그의 그
리스도"를 "하나님께서 기름 부으신 거룩한 종 예수"라고 해석하고 있습니
다. 물론 이들은 시편 2편 1절과 2절만 인용하고 있지만, 당연히 그들의 머
릿속에는 시편 2편 전체가 들어 있었을 것입니다. 시편 2편에서는 하나님
께서는 이렇게 하나님께서 세우신 왕을 대적하고 거절하기 위해서 헛된 것
을 꾸미는 이 열방과 족속들을 어떻게 하실 것이라고 말합니까?

"하늘에 계신 이가 웃으심이여 주께서 그들을 비웃으시리로다 그때에 분을
발하며 진노하사 그들을 놀라게 하여 이르시기를 내가 나의 왕을 내 거룩한
산 시온에 세웠다 하시리로다 내가 여호와의 명령을 전하노라 여호와께서
내게 이르시되 너는 내 아들이라 오늘 내가 너를 낳았도다"(시편 2:4-7)

그럼 이제 생명의 길은 어디에 있습니까? 비록 당장은 강력한 이방 나라들이 약소국 이스라엘을 업신여기고 침략하고 있지만, 하나님 백성들은 어떻게 반응해야 합니까?

"내게 구하라 내가 이방 나라를 네 유업으로 주리니 네 소유가 땅 끝까지 이르리로다 네가 철장으로 그들을 깨뜨림이여 질그릇 같이 부수리라 하시도다"(시편 2:8-9)

이방 나라들도 살기 위해서는 어떻게 반응해야 합니까? 세상에서 힘을 자랑하면서 하나님과 하나님 나라를 업신여기는 자들이 이제는 멸망당하지 않고 살 방법은 무엇입니까?

"그런즉 군왕들아 너희는 지혜를 얻으며 세상의 재판관들아 너희는 교훈을 받을지어다 여호와를 경외함으로 섬기고 떨며 즐거워할지어다 그의 아들에게 입맞추라 그렇지 아니하면 진노하심으로 너희가 길에서 망하리니 그의 진노가 급하심이라"(시편 2:10-12)

시편 2편에서 제시하고 있는 구원의 길, 생명의 길은 무엇입니까? "여호와께 피하는 모든 사람은 다 복이 있다"고 하십니다. 시편 1편에서 "여호와의 말씀을 즐거워하여 그 말씀을 주야로 묵상하는 자"가 복이 있다고 하신 말씀과 일맥상통합니다. 그렇게 말씀을 묵상하며 살 때, "악인의 꾀에 빠지지 않고 죄인의 길에 서지 않고 오만한 자의 자리에 앉지 않을 수 있습니다." 여기 '묵상하다'라는 단어와 시편 2편에 나온 헛된 일을 '꾸민다'라고 할 때 쓰인 단어하가, יהוה가 같습니다. 하나님의 백성들은 하나님의 말씀을 묵상하고 그 주권에 순종하며, 그래서 의로운 하나님의 자녀가 되는 복을 받지만, 악인들은 하나님을 대적할 일을 꾸미고 불순종하여 저주를 받게 될 것입니다. 그들은 이미 사망 가운데 있는 자들입니다.

초대교회는 예수님이 바로 하나님께서 시온 산에 세운 왕이라고 믿었습니다. 부활을 통해서 예수님이 주와 그리스도가 되셨다고 믿었습니다. 애굽의 바로의 불순종이 첫 출애굽과 하나님 나라 탄생을 이루는 데 사용되었듯이, 이제 새 출애굽과 새 하나님 나라 탄생에 헤롯과 빌라도가 사용되었다고 교회는 해석하고 있습니다. 사도행전 4장 28절에 "예정하신 그것을 행하려고 이 성에 모였다"고 말한 데서 알 수 있습니다. 하나님은 말씀하시고 그친 것이 아니라, 그 말씀을 반드시 성취하시는 신실한 분이십니다. 말씀으로 역사를 창조하고 계시는 하나님, 역사의 주인 되시는 하나님이 이 성취를 위해서 세상 어떤 권력도 다 사용하실 수 있는 하나님이라고 초대교회는 믿고 있었습니다. 때로는 세상의 불신앙도 사용하시지만, 부디 자신들은 순종의 신앙으로 사용되기를 바라고 있는 것입니다. 심지어 자신들의 이 순종이 박해와 순교로 이어진다 하더라도 이 말씀이 성취되는 일에, 이 하나님 나라의 이야기가 이루어지는 일에 자신들이 사용되기를 그들은 기도하고 있는 것입니다.

여기 헤롯과 빌라도가 예수를 핍박하고 십자가에 달려 죽게 한 사건을 "예정하신 그것을 행하려고 이 성에 모였다"고 표현한 것을 쉽게 이해하기는 어렵습니다. 2장 23절에서 이미 예수의 죽음을 "그가 하나님께서 정하신 뜻과 미리 아신 대로 내준 바 되었거늘 너희가 법 없는 자들의 손을 빌려 못 박아 죽였으나"라고 해석한 바 있습니다. 하나님의 주권적인 통치를 강조하지만, 이것이 결정론이나 운명론을 지지하는 것은 아닙니다. 예수의 죽음이 하나님의 손과 뜻 아래서 이루어진 사건이라고 할지라도, 유대인과 이방인이 연합한 대적 행위 자체가 무효화되거나 사면되는 것은 아닙니다. 인간의 잘못과 배반은 그대로 남습니다. 다만 그럼에도 불구하고 역사는 이 땅의 유한한 권세에 의해 운영되는 것이 아니라는 사실이 세상 권력 앞에서 핍박을 당할 때 성도에게는 큰 위안이 될 수 있을 것입니다.

적용

이제 29절부터 이 하나님의 말씀을 자신들에게 '적용'하고 있습니다.

"주여 이제도 그들의 위협함을 굽어보시옵고 또 종들로 하여금 담대히 하나님의 말씀을 전하게 하여 주시오며 손을 내밀어 병을 낫게 하시옵고 표적과 기사가 거룩한 종 예수의 이름으로 이루어지게 하옵소서 하더라"(사도행전 4:29-30)

기도하는 이들은 구약의 말씀과 예수를 통한 그 말씀의 성취를 근거로 이제 자신의 시대를 향하여 간구하기 시작합니다.

"주여 이제도"

주하나님께서 다윗에게도, 예수에게도, 대주재요 창조주로서 주권적으로 역사하셨듯이, 지금도 살아 계시니 이제 그 하나님 나라의 왕 예수의 역할을 이어받은 자신들에게도 주권적으로 역사해 달라고 부탁하고 있습니다. 기도를 통해 성도들은 예수와 하나가 되고 다윗과도 하나가 되고 있습니다. 이것이 기도입니다. 역사 전체를 관통하여 일관되게 자신의 목표를 이루어 오시고 자신의 이야기를 써오신 하나님을 알수록 우리는 더욱 그분의 기쁘신 뜻과 그분의 의와 그분의 나라와 그분의 영광을 구할 수 있습니다. 기도는 역사 속의 하나님을 현재화하는 일입니다. 그때 그곳 그 사람들의 하나님을 오늘 여기 우리의 하나님이 되게 하는 일입니다.

그 하나님께서 이제도 역사하실 수 있는 것은 그분이 대주재요 하늘과 땅과 그 안에 있는 모든 것을 만드신 창조주로서 "그들의 위협함을 굽어보실" 수 있는 분이기 때문입니다. '굽어보다'에피돈 에피, ἐπεῖδον ἐπί는 "내려다 보다"라는 뜻입니다. 당연히 주 하나님께서 초월의 공간인 하늘에 계신 것을 전제로 하고 있습니다. 우리 인간이 헤아릴 수도, 상상할 수도 없는 곳에서 우리의 기대와 계산과 예측을 뛰어넘어 역사하실 수 있는 하나님에 대한 기대를 담은 표현입니다. 인간이 "자, 성읍과 탑을 건설하여 그 탑 꼭대기를 하늘에 닿게 하여 우리 이름을 내고 온 지면에 흩어짐을 면하자"라고 의기투합하여 바벨탑을 만들었을 때, 하나님께서는 "사람들이 건설하는 그 성읍과 탑을 보려고 내려오셨던"(창 11:5) 일이 기억나지 않습니까? 높이 쌓는다고 쌓았지만, 하나님께서는 도저히 보이지 않아서 친히 수고롭게아마 한참이나 내려오셔야 했다는 이 우스꽝스러운 묘사가 생각납니다. 앞서 시편 2편에서도 이방 나라들이 분노하며 민족들이 헛된 일을 꾸미고묵상하면서 세상의 군왕들이 나서며 관원들이 서로 꾀하여 여호와와 그의 기름 부음 받은 자를 대적할 때에도 하늘의 하나님의 반응은 웃음과 비웃음이었습니다(시 2:4). 이 땅을 굽어보실 수 있는 하나님께 대하여 적들은 두려움과 공포로 몸서리치고, 믿는 그분의 백성들은 외경심으로 기도할 수 있습니다.

　신자들은 예수님이 핍박을 받으신 것으로 시편 2편이 다 성취되었다고 생각하지 않았습니다. 예수님이 십자가에서 승리하셨지만, 완전히 그 어둠의 세력들이 사라진 것은 아닙니다. 주 예수님이 다시 재림하실 때까지는 그 세력이 여전히 활동할 것입니다. 그들이 교회를 핍박할 것입니다. 그렇다면 지난 이틀간 자신들이 당한 일은 이미 시편 2편이 예고한 핍박이었고, 앞으로도 그 핍박은 당연히 찾아올 것이라고 생각하고 있습니다. 그러니 그때마다 대주재이신 하나님, 창조주이신 하나님, 역사의 주관자이신 하나님, 예수를 통해 이미 승리를 주신 하나님께 자신들을 지켜달라고 기도한 것입니다. 그들은 이 핍박이 사라지게 해달라고 구하지 않았습니다. 어떤 핍박 가운데서도 자신들이 믿음을 지킬 수 있게 해달라고 기도하고 있습니다. 그렇습니다. 예수 잘 믿어도 어려움은 닥칠 것입니다. 아니 예수님 믿는다는 이유로 그전에 안 믿었을 때는 당할 필요가 없었던 핍박까지 당할 것입니다. 생명의 길, 빛의 길, 진리의 길, 의로운 길을 가려고 하니 사망이, 어둠이, 거짓과 불의가 우리를 가만두지 않을 것입니다. 예수를 믿어도 사고가 나고, 암에 걸리고, 사업이 잘 안 될 수도 있습니다. 그런 것은 하나님의 자녀로 사는 것과 아무 상관없습니다. 대주재이신 하나님께서는 그런 상황에서도 우리가 하나님의 주권을 인정하고 하나님 자신만이 영원한 생명을 주실 수 있는 유일한 분으로 믿기를 바라십니다.

　그렇게 자신들의 형편을 굽어 살피시고 나서 하나님께서 해주시기를 바라는 구체적인 제목은 두 가지입니다. 첫째, "종들로 하여금 담대히 하나님의 말씀을 전하게 하여 주십시오"라고 기도합니다. 그들은 이제 더 거센 영적 전투가 벌어질 것을 직감하고 있었습니다. 그러더라도 위축되지 않고 더욱 담대히 하나님의 말씀을 선포할 수 있는 담력을 달라고 기도하고 있습니다. 종교 권력자들은 베드로와 요한이 아주 평범하고 보잘것없는 사람인 줄 알았다가 담대하게 말하는 것을 보고 놀랐는데(행 4:13), 앞으로도 그렇게 선포할 수 있게 담대함을 달라고 구하고 있습니다. 사도행전 안에서 복음 선포자들에게 이 담대함이 얼마나 절실하게 요청되는지를 자주 강조하고 있습니다(행 2:29; 4:13, 29, 31; 28:31). 여기서 우리가 눈여겨볼 것은, 오순절 성령 강림으로 사도들이 복음을 증거하는 첫 장면에서 담대하게 선포하는 모습이 나오고(행 2:29), 사도행전 맨 마지막에 사도 바울이 "하나님의 나라를 전파하며 주 예수 그리스도에 관한 모든 것을 담대하게 거침없이 가르치더라"(행 28:31)는 말로 끝나고 있다는 점입니다.

이 '담대함'은 유대적 배경이 거의 없는 전형적인 그리스적인 단어라고 합니다. 정치적 배경에서 한 사람이 갖는 '발언권'을 의미했습니다. 아테네 의회에서 발언권은 노예나 이방인들에게는 없는 자유시민들만의 특권이었습니다. 아무나 제약 없이 기탄없는 발언을 할 수 있는 이 권리는 심지어 권력자들에게조차 진리를 말할 수 있게 해주었습니다. 그러니 이 '담대함'은 용감함, 단호함, 담대함, 자유로움을 연상시키는 단어입니다. 이제 그리스도인 복음 전도자들은 세상의 어떤 권력자 앞에서도, 어떤 저항과 반대를 무릅쓰고라도, 이 복음을 전하는 담대함이 필요했던 것입니다. 하나님 나라의 시민으로서, 진리가 주는 참 자유를 가진 진정한 자유인으로서 우리에게는 이 담대함이 필요하기에 신자들은 지금 기도하고 있는 것입니다. 시편 2편에서 다윗이 담대하게 세상의 군왕들을 향해 명령했듯이 말입니다.

"그런즉 군왕들아 너희는 지혜를 얻으며 세상의 재판관들아 너희는 교훈을 받을지어다 여호와를 경외함으로 섬기고 떨며 즐거워할지어다 그의 아들에게 입맞추라 그렇지 아니하면 진노하심으로 너희가 길에서 망하리니 그의 진노가 급하심이라 여호와께 피하는 모든 사람은 다 복이 있도다"(시편 2:10-12)

우리도 오직 예수만 구원의 길이라는 주장을 포기하라고, 그러면 우리 편으로 인정해주겠다고 손을 내미는 세상을 향하여 "오직 그의 아들에게 입맞추라"고 말할 수 있는 이 같은 담대함을 달라고 기도해야 할 것입니다.

둘째, 신자들은 "손을 내밀어 병을 낫게 하시옵고 표적과 기사가 거룩한 종 예수의 이름으로 이루어지게 하옵소서"(4:30)라고 기도합니다. 놀랍게도 그들은 자신들을 핍박하는 자들을 향해서는 어떻게 해달라는 기도를 하지 않습니다. 다만 자신들이 전하는 말씀이 진리임을 증명할 만한 표징을 달라고 기도합니다. 그것이 병 고침이요, 표적과 기사입니다. 예수님에게 나타났던 바로 그 기적이, 사도들이 앉은뱅이를 고쳤던 것과 같은 그 표적이 이제 고난을 두려워하지 않고 말씀을 선포하는 제자들에게도 나타나게 해달라고 구하는 것입니다. 생명의 복음이 전해지는 곳마다 실제로 사망의 증상들이 고쳐지는 역사가 나타나게 해달라고 구하는 것입니다. 특별히 "거룩한 종 예수의 이름으로" 이루어지게 해달라는 간구는 산헤드린의 경고, 즉 "예수의 이름으로 말하지도, 가르치지도 말라"는 명령을 거절하겠다는 의사를 하나님께 분명히 밝히고 있는 기도입니다. 그들이 얼마나 결연한 태도로 구하고 있는지 알 수 있습니다. 그러니 꼭 들어달라는 것입니다.

오늘날에도 특히 선교지에서는 이런 기적들이 일어나기도 합니다만, 이제는 초대교회의 상황과는 많이 달라졌습니다. 무엇보다 이제는 그때와는 달리 계시, 즉 성경이 완성된 시기입니다. 또 교회의 기나긴 역사 자체가 이 복음이 사람을 살리는 생명의 복음임을 입증해왔습니다. 하지만 그런 병 고침이나 기적적인 역사는 아니더라도 말씀이 전해지는 곳마다 성령의 열매가 맺히고, 세상에서 볼 수 없는 사랑과 자비의 공동체가 형성된다면, 그것이 병 고침이나 다른 어떤 기적보다 더 강력한 말씀의 증거가 될 것입니다.

사도들의 기도는 모호하거나 추상적이지 않았습니다. 두루뭉술하지 않았습니다. 왜냐하면 이 기도는 이뤄지지 않으면 절대 안 되는 기도였기 때문입니다. 백병전을 눈앞에 둔 상황에서 드리는 기도였습니다. 그래서 아주 실제적이고 구체적입니다. 그들은 기도의 능력을 믿었습니다. 기도가 최상의 영적 싸움의 무기라고 생각했습니다(엡 6:18-19). 그것은 지금도 마찬가지입니다. 기도할 때 하나님의 말씀이 역사합니다. 기도할 때 예배 가운데 하나님께서 임재하십니다. 기도는 익숙한 종교행위가 되어서는 안 됩니다. 우리 존재 방식의 일부가 되어야 합니다. 육신의 생명을 이어가기 위해 숨을 쉬듯이, 기도는 영혼의 숨쉬기입니다. 시간을 정하여 기도해야 합니다. 또 수시로 어떤 결정을 앞에 두고, 누군가를 만나기 전에, 옛 성품들이 마음에서 일어나려고 할 때마다 기도해야 합니다. 하나님께 아뢸 수 없는 일은 하나님이 기뻐하실 만한 일이 아닙니다. 하나님의 도움이 없이도 행할 수 있는 일은 세상에 없습니다. 큰 일 작은 일 가리지 않고 늘 기도하는 영혼으로 살 때, 우리는 빛 가운데 걸어갈 수 있고 영생을 누릴 수 있습니다.

기도 응답

초대교회의 기도에 하나님께서 응답하십니다. 응답 역시 세 가지 방식으로 찾아왔습니다. 표적과 기사가 이루어지게 해달라고 기도한 대로 즉시 놀라운 일들이 일어났습니다.

"빌기를 다하매 모인 곳이 진동하더니 무리가 다 성령의 충만하여 담대히 하나님의 말씀을 전하니라"(사도행전 4:31)

첫째, 빌기를 다하매 모인 곳이 진동했습니다. 초자연적인 현상입니다(행 16:26 참조). 하나님께서 신속하게 응답하십니다. 그만큼 그들의 기도는 간절했고 상황은 급박했습니다. 여기 "모인 곳이 진동했다"는 것은 하나님의 말씀이 모든 견고한 땅의 기초까지 뒤흔들 수 있다는 것을 보여줍니다. 그들이 온몸으로 느낄 수 있도록 하나님께서 그 가운데 임재하셔서 그들의 기도를 듣고 계셨다는 사실을 알게 해주셨습니다. 모인 곳이 진동함으로 교회는 이제 더욱 흔들리지 않을 수 있는 믿음을 얻게 되었을 것입니다. 여러분의 삶 가운데서도 여러분의 힘이 아니라 하나님의 힘으로 흔들리는 경험을 해보시기 바랍니다. 하나님께서만 진동하셔서 역사하시는 것을 볼 때마다 우리는 세상의 핍박에도 흔들리지 않을 수 있을 것입니다.

둘째, 무리가 다 성령이 충만했습니다. 이것을 "작은 오순절"이라고 부르기도 합니다. 성령님은 한 번 강림하시면 앞으로 내내 충분한 분이 아님을 보여줍니다. 하나님의 말씀을 믿지 않고 거절하는 이 세상과 맞서려면 진리의 영이신 성령이 꼭 필요했습니다. 성령이 충만한 성도들 안에 복음에 대한 확신과 하나님의 동행에 대한 확신, 그로 인한 담대함도 가득 차게 되었을 것입니다. 성령의 능력으로 그들이 구했던 치유의 기적도 나타날 것입니다.

"사도들의 손을 통하여 민간에 표적과 기사가 많이 일어나매 믿는 사람이 다 마음을 같이하여 솔로몬 행각에 모이고"(사도행전 5:12)

"예루살렘 부근의 수많은 사람들도 모여 병든 사람과 더러운 귀신에게 괴로움 받는 사람을 데리고 와서 다 나음을 얻으니라"(사도행전 5:16)

셋째, 교회는 담대히 하나님의 말씀을 전했습니다. 여기 "전했다"가 미완료 시제인 것을 볼 때 기도한 즉시 이루어진 일은 아니고, 기도를 마친 이후의 상황을 요약한 것으로 보입니다. 그들은 성령이 충만한 상태에서 담대히 말씀을 전하곤 했습니다. 그들은 기도만 한 것이 아니라 그들 자신이 곧바로 기도의 응답이 되었습니다. 기도가 간절한 만큼 그 기도를 현실화하려는 기도자의 의지도 확고하게 됩니다. 자기는 기도만 하고 실행은 다른 사람들을 통해서 되기를 바라는 것은 참 기도가 아닙니다. 주님이 누구를 보낼꼬, 하고 말씀하시는데, "주님 쟤가 저기 있사오니 쟤를 보내소서"라고 기도하기보다는 "주님 제가 여기 있사오니 저를 보내소서"라고 기도해야 합니다. 나의 순종을 통해서, 나의 실천과 베풂을 통해서 하나님의 뜻이 이뤄지도록 구해야 합니다. 배고픈 아이들을 위해서 기도하면서 자신은 기부하지 않는다면 기도가 아니고 위선입니다. 이 땅의 정의를 위해서 기도하면서 자기 아파트 값 걱정만 한다면 주님께 모멸감을 안겨주는 위선적인 기도입니다. 경제 정의를 위해서 기도하면서 자신은 투기를 한다거나 전세값을 턱없이 높여서 세입자를 곤란하게 하는 일을 하면 주님은 그 기도를 역겨워하실 것입니다. 사도들의 교회는 담대하게 복음을 전하게 해달라고 기도했고, 그 기도대로 자신들부터 복음을 담대하게 전하며 살았습니다.

나가는 말

오늘 저희는 복음을 전한다는 이유로 고난을 받은 공동체가 어떻게 반응했으며, 다시는 그 복음을 전하지 말도록 경고와 위협을 받은 후 초대교회가 어떻게 반응했는지를 보았습니다. 이 기도는 3장에서 앉은뱅이를 고친 사건이 계기가 되어 일어난 일련의 일들의 마무리로 나왔습니다. 하지만 더 나아가 오순절부터 시작된 사도들의 예루살렘 활동을 정리하고 되짚는 의미도 있습니다. 그리고 앞으로 이어질 더 심한 박해와 그 가운데서 이루어질 사도들과 교회의 담대한 복음 선포를 준비하는 역할을 하고 있습니다. 기도로 마무리하고 기도로 시작하고 있는 것입니다. 마치 이 기도가 경첩 역할을 하고 있는 것 같습니다. 우리 삶에서도 이 기도가 모든 것의 시작과 과정과 끝이 되기를 바랍니다. 기도하는 마음으로 우리 자신의 마음과 우리의 처지와 계획을 하나님 앞에 내어놓는다면, 우리는 주님의 시각으로 조망할 수 있게 될 것입니다.

초기의 믿음의 선배들은 어떻게 시련 가운데서도 부르심에 충성하고 교회로서의 사명을 잘 감당해나갈 수 있었습니까?

'그들에게는 함께 기도할 공동체가 있었습니다.'

'그들에게는 함께 상고할 말씀이 있었습니다.'

'그들에게는 함께 사역할 성령이 있었습니다.'

그들은 고난을 없애달라고 기도하지 않고 자신들이 그 고난 앞에서도 담대해지게 해달라고 구했습니다. 그들은 자신들이 위험에 빠지지 않도록 해달라고 기도하지 않고 자신들을 통해서 위험에 빠진 자들이 치유를 받고 살아날 수 있도록 해달라고 기도했습니다. 그들은 어떤 상황에서도 하나님께서 임재하시고 동행하시고, 자신들을 굽어 살펴 주신다는 사실을 인식할 수 있는 믿음을 달라고 기도했습니다. 말씀과 기도, 공동체와 성령, 그들은 이 네 가지 때문에 이 악한 세상에서 위축되거나 굴복하지 않고 담대해질 수 있었습니다.

우리 그렇게 우리에게 닥친 모든 상황을 하나님께 아뢰는 '기도의 사람'이 되기를 바랍니다. 예수께서 "시험에 들지 않게 기도하라"(눅 22:39-46)고 하실 때는 말 안 듣고 잠만 자다가 결국 예수를 부인하고 내빼기에 바쁜 자들이 되더니, 이제 제자들은 산헤드린의 경고를 기도로 대응하고 담대히 복음 증거의 자리로 나아가고 있습니다. 기도할 때 상황에 침잠하고 자기 자신에게만 몰두하던 우리가 어린아이처럼 아버지 하나님께 초점을 맞출 수 있게 됩니다. 기도한다는 것은 우리가 그 하나님의 절대적인 돌봄이 필요한 존재임을 인정하는 행위입니다. 그것은 또한 강력한 저항의 몸짓입니다. 사람의 말보다 하나님의 말씀을 듣겠다는 선언입니다. 세상의 횡포와 폭력에 분노하고 맞서는 일입니다. 그리고 우리의 정체성을 기억하는 일입니다. 이미 십자가에서 승리를 얻은 그리스도의 사람임을 확인하는 일이 기도입니다.

우리도 이 초기 성도들처럼 '말씀의 사람'이 되기를 바랍니다. 서둘러 내 처지를 판단하지 말고 말씀 앞에 나아와서 주께서 뭐라고 하시는지 잘 들어보길 바랍니다. 말씀의 약속을 듣고 그때 그 하나님이 오늘 우리의 하나님이 되시게 하고, 여전히 남은 하나님 나라의 이야기를 우리를 통해서 써나가도록 기대하기 바랍니다. 세상의 잣대가 아니라 성경의 잣대로 내 삶을 평가하는 우리가 되기를 바랍니다. 이를 위해서 날마다 말씀을 묵상하여 그 감각을 유지하고 또 영적인 감수성을 예민하게 하는 우리가 됩시다.

우리 믿음의 선배들처럼 '성령의 사람'이 되기를 바랍니다. 그 어떤 선물보다도 성령의 충만함의 선물을 구합시다. 육의 욕망에 휘둘리지 않고 성령께서 기도 가운데, 말씀 묵상하는 가운데 들려주시는 음성에 귀를 잘 기울여, 성령의 소욕을 따라 사는 우리가 되기를 바랍니다. 단 한 번의 성령체험으로 평생을 살 수 없습니다. 특별한 일을 할 때만 구하기보다 일상 속에서 하나님 나라가 이루어지도록 늘 성령의 간섭을 구하는 우리가 됩시다.

끝으로 '공동체의 사람'이 되기를 바랍니다. 혼자는 설 수 없고 당해낼 수도 없습니다. 그래서 교회를 주신 것입니다. 서로 도움을 청합시다. 서로 도움을 나눕시다. 지체의 삶에 참여하여 기도해주고, 그들의 문제를 내 문제로 여기며 살펴줍시다. 하나님의 자비하신 손길을 전달하는 공동체가 되기를 바랍니다. 그렇게 말씀과 기도로, 공동체와 성령 안에서 담대하게 하나님 나라와 복음을 자랑하고 영생을 누리는 우리 모두가 되길 바랍니다.

함께 기도하겠습니다

대주재요 온 세상을 지으시고 다스리시는 창조주 하나님,

하나님께서 우리의 하나님이시니 감사합니다.

얼마나 좋고 얼마나 든든한지 모릅니다.

말씀을 통하여 역사 속에서 주의 뜻을 이루셨던 신실한 하나님께서

여전히 오늘도 살아서 그 남은 이야기를

저희를 통해서 이루어가시겠다고 하시니 감사합니다.

세상의 위협과 경고 앞에서 공동체가 한마음으로 기도하여

하나님께 모든 사정을 아뢰고,

말씀으로 상황을 해석하고,

성령의 능력으로 깨닫게 하신 사명을 잘 감당하도록 기도한

믿음의 선배들의 모습이 얼마나 멋지고 또 벅찬지 모르겠습니다.

주님, 저희도 그렇게 살고 싶습니다.

하늘의 하나님이 굽어보시고 능한 손으로 역사하실 줄 믿고,

오늘도 말과 삶을 통해서 하나님 나라의 그 영광스런 생명의 복음을

드러내며 살게 하여 주옵소서.

시시한 인생의 문제에 빠져서 골몰하기보다는

어지간한 것은 다 주님의 처분에 맡기고,

저희는 다만 마음을 지키고 마음을 모아서,

어디에서 무슨 일을 하면서 살든지 주님만 드러내며 살게 하여 주옵소서.

저희에게도 이 세상보다 더 높은 권위가 있고

이 세상보다 더 강한 권세가 있고

세상을 이기고 남을 만한 성령님이 계신 것을 믿으면서

믿음의 선배들처럼 뒤로 물러나지 않고 담대히 주의 복음을 자랑하며

소소한 일상 속에서 그 복음을 실천하여

어둠이 물러가고 사망이 물러가는 역사를 보는

생명의 공동체가 되게 하여 주옵소서.

성도들의 기도에 땅을 진동하여 응답하셨던 하나님,

먼저 세상의 겁박에 흔들리는 저희 마음을 굳게 잡아주시고,

복음으로 우리의 몸과 마음이 고침을 받고,

죄에 매여 살던 영혼들이 주께 돌아오는 표적과 기사를 일으켜 주옵소서.

주님, 저희가 이 기도의 첫 번째 응답이 되게 하여 주옵소서.

아멘.

부흥의 사도행전
사도행전 1-4장

초판 1쇄 발행 2022년 4월 30일
초판 2쇄 발행 2024년 1월 15일

지은이 박대영
펴낸이 이재원

펴낸곳 선율
출판등록 2015년 2월 9일 제 2015-000003호
주소 경기도 구리시 동구릉로 148번길 15
전자우편 1005melody@naver.com
전화 070-4799-3024   팩스 0303-3442-3024
인쇄 성광인쇄

ⓒ 박대영. 2021

ISBN 979-11-88887-17-0   03230

값 16,000원